高职高专系列教材

文献检索与毕业论文写作

林义华　吴英华　编著

中国石化出版社

内 容 提 要

《文献检索与毕业论文写作》遵循以行动为导向、以案例带教学的课程教学思路，采用案例教学法设计教学任务和内容。书中内容包括文献检索和毕业论文写作两大部分，前者是全书重点，涵盖文献基础知识、文献存储场所利用和不同类型文献的检索等，其中又以各种类型文献检索为重点；后者覆盖高职毕业论文的写作过程、写作格式、答辩与评审等。

《文献检索与毕业论文写作》主要读者对象为高职院校师生，也可供一般读者学习使用。

图书在版编目（CIP）数据

文献检索与毕业论文写作／林义华，吴英华编著．
—北京：中国石化出版社，2016.9(2024.8 重印)
高职高专系列教材
ISBN 978-7-5114-4247-5

Ⅰ.①文… Ⅱ.①林… ②吴… Ⅲ.①信息检索-高等职业教育-教材②高等教育-毕业论文-写作-高等职业教育-教材 Ⅳ.①G254.9 ②G642.477

中国版本图书馆 CIP 数据核字(2016)第 200826 号

中国石化出版社出版发行

地址：北京市东城区安定门外大街 58 号
邮编：100011　电话：(010)57512500
发行部电话：(010)57512575
http://www.sinopec-press.com
E-mail:press@sinopec.com
北京科信印刷有限公司印刷
全国各地新华书店经销

*

710×1000 毫米 16 开本 13.75 印张 268 千字
2016 年 9 月第 1 版　2024 年 8 月第 6 次印刷
定价：32.00 元

前　　言

随着经济发展和科技进步，社会和用人单位对大学生能力与素质的要求越来越高，大学毕业生既要能通过各种渠道和方式进行文献检索，又要会分析和利用文献，撰写产品、技术和市场等调研报告以及技术论文。这些能力与素质的培养和提升，不可能等到毕业后走上工作岗位才开始，而是必须在大学期间即完成。因此，如何有效培养大学生的相应素质和能力，就成为摆在各所高校面前的现实问题。尤其是高职院校，不仅学制短，而且学生要顶岗实习将近1年时间，因此，必须设法有效实施相关教学。

根据国务院和教育主管部门的有关规定以及各所院校的实际做法，高职院校学生在校期间要完成专业实习和顶岗实习，撰写专业实习报告和顶岗实习报告，并完成毕业论文。这些教学任务的完成，要求学生必须具备文献检索能力和文稿写作能力。因此，在这些教学任务开始之前，以行动为导向，采取案例教学法，实施文献检索等知识传授与技能训练，不失为一条捷径。

《文献检索与毕业论文写作》按照上述思路，采用案例教学法设计教学任务和内容，将文献检索和论文、报告撰写能力的培训融为一体，具有如下特点。

第一，结构合理，体系完整。不同于一般图书孤立对待文献检索和论文写作的处理方式，本书以论文写作为主线，将文献检索知识与技能、论文和报告写作知识与技能贯穿其间，构成有机、统一的整体。全书内容包括文献检索、论文与报告撰写两个既彼此独立又互相关联的模块，每个模块都有完整、系统的训练和学习内容。

第二，案例牵引，思路明晰。与纯粹介绍相关知识或技能的图书不同，本书按照案例教学法要求，从生产实际出发，认真设计教学案例，并围绕案例展开。全书由一篇高职毕业论文撰写任务开始，按照毕业论文结构顺序逐步延伸，恰当融入文献检索、参考文献著录等相关内容，至毕业论文撰写完成。因此，全书情境真实，思路清晰，便于理解和接受。

第三，技能中心，知识支撑。按照《国务院关于大力发展职业教育的决定》(国发[2005]35号)提出的“以服务社会主义现代化为宗旨，培养数以亿计的高素质劳动者和数以千万计的高技能专门人才”的职业教育人才培养目标要求，高职院校课程(尤其是专业课程)应以技能培养为重。本书突出技能要求，以技能训练为中心，在实践操作过程中引入相关知识的学习，将理论知识作为技能训练的理论支撑，引导和促进技能训练。因此，全书既将技能训练与知识学习有机结合起来，又凸显了技能训练的中心地位。

第四，学生为主，教师为辅。有别于一般图书所贯彻的教师主讲、学生主听的传统教学思路，本书强调学生的主体地位，按照“学生为主、教师为辅”的新型思路进行内容设计和编排。其中，理论知识作为先导内容，主要由学生自学完成；实际操作属于课堂环节，基本由学生独立完成。整个教学过程中，教师起到引导、点拨和督促的作用，辅助完成课程教学。因此，本书内容便于学生学习和掌握，利于教师备课和指导。

第五，图文并茂，直观易学。根据高职学生习惯于“看图说话”的接受心理，本书较多运用图表形式，尽量将复杂的内容直观化、简洁化，方便学生理解、学习和掌握，也更有利于学生自学。

本书主要作为高职院校各专业毕业论文写作和文献检索教材，在大学二年级下学期或者大学三年级上学期使用，也可供本科院校相关专业作为教学参考，并供一般读者学习使用。

由于编者水平有限，尽管已经用心设计、认真撰写，但不足之处在所难免，恳请使用本书的师生不吝提出宝贵的意见和建议。编者在此表示衷心感谢！同时，本书的编写得到重庆能源职业学院教务处和石油天然气工程系的大力支持和帮助，并得到相关网络资源的支撑，编者在此向相关人员一并致谢！

编　者

目　录

绪　论

【情景一】

小李从某所高职院校毕业了，在一家待遇颇佳的生产企业工作，工作比较顺心，挺受领导器重。然而，最近几天，他却愁眉不展，抓耳挠腮；辗转反侧，寝食难安。“怎么办？怎么办？怎么办……”十万个“怎么办”奔腾在心头。

为什么呢？

原来，该单位最近考虑改进某产品的生产工艺，车间主任把论证任务交给他，要求他在一周之内提交一份调研报告，全面分析工艺改进的可行性。可是，小李压根儿不知道从何入手。

“怎么办呢？”小李心里已充满了焦虑。

【情景二】

小冯是某所高职院校大三学生，正在一家化工企业顶岗实习。按照学校的教学计划和指导教师的相关安排，春节过后，他一边忙于工作，一边利用业余时间撰写毕业论文。不同于身边其他学校顶岗实习的学生，他比较顺利地完成了论文撰写，并很快定稿，似乎没费什么劲儿，早早就把论文提交给了指导教师。身边一道顶岗实习的其他学校大三学生对此都感到非常诧异：他没抄、没仿、没应付，怎么这么顺利、这么快？

工作岗位上，上述两种情景都比较多见。那么，同样来自高职院校，为什么小冯撰写毕业论文会那么顺利，而小李完成调研报告却那么为难呢？

【情景三】

记者：小李，你好。听说你最近遇到一件烦心事儿，正为撰写一份调研报告着急上火。为什么会这么恼火？

小李：唉，我压根儿就不知道去哪儿调研，怎么调研；也不知道调研报告怎么写。你说恼火不恼火？

记者：这些方法，你以前在大学应该学过呀？

小李：没有。要是学过，哪会这么着急啊？

记者：那么，你没有学过“应用文写作”之类的课程吗？

小李：那门课程虽然学过，但是内容不包括调研报告这一块。

记者：哦，原来是这样啊。别着急，我送给你一本书吧，相信会对你有所帮助。

小李：谢谢您！非常感谢！

记者：不用谢。

【情景四】

记者：小冯，你好。据说你最近在单位成了传奇人物，不声不响、顺顺利利地完成了毕业论文。快给我们说说，你是怎么做到的？

小冯：嗨，这其实没什么。我们学校开设了“文献检索与毕业论文写作”的课程，我是上完课才来顶岗实习的，所以没那么恼火。

记者：祝贺你！

小冯：谢谢！

原来，区别就在这里：小李当年就读的高职院校没有开设相关课程；而小冯则在大学期间系统学习过文献检索和论文写作的方法和知识，接受过相关训练。可见，文献检索与论文写作课程的学习，对工作、学习的影响颇为明显。那么，文献检索与毕业论文写作课程究竟有哪些方面作用？怎样才能真正学以致用呢？

一、课程作用

(1) 落实高职教育政策要求，完善高职教育专业人才培养方案，丰富高职教育专业课程体系。国家对大学生文献检索和论文写作课程的开设与施教非常重视，从20世纪80年代我国高职教育再度兴起开始，国家教育主管部门便连续颁布相关政策，渐次提出实施要求。在文献检索方面，1984年，教育部颁布《关于在高等学校开设<文献检索与利用>课的意见》([84]教高一字004号)，提出“在高校开设《文献检索与利用》课程很有必要”，要求“各高等学校(包括社会科学和理工农医各专业院校)应当积极创造条件，开设《文献检索与利用》课程。有条件的学校可作为必修课”。1985年，教育部下发《关于改进和发展文献课教学的几点意见》([85]教高一司字065号)，要求全国各高校“进一步贯彻[84]教高一字004号文件的精神，继续提高认识，创造条件，逐步推广普及”。1992年，国家教委(现教育部)又下发《文献检索课教学基本要求》(教高[1992]44号)，明确要求各所高校开设这门课程，“作为专业必修课或选修课”。3份文件，要求越来越具体，越来越明确，文献检索课程最终成为各所高校必然之选。

论文写作方面，国家教育主管部门也有明确要求。2004年，教育部制定下发《教育部办公厅关于加强普通高等学校毕业设计(论文)工作的通知》，指出“做好毕业设计(论文)对大学生思想品德、业务水平、工作能力和综合素质的提高具有深远影响”，要求普通高等学校“进一步强化和完善毕业设计(论文)的规范化要求与管理……制定明确的规范和标准”。其中，对高职高专院校的毕业设计(论文)教学也有专门要求。

多年来，随着对开设“文献检索与毕业论文写作”课程重要作用和意义的认识不断加深，各所高职院校陆续将该门课程列入高职教育专业人才培养方案，使之趋于完整，并丰富了专业课程体系，为培养高素质技能型人才夯实了基础。

(2) 传授文献检索和毕业写作的知识，培养文献检索和论文写作的素质，传授文献检索和论文写作的技能。虽然随着网络技术与设备的普及，中小学信息技术课程的开设与施教，大学生普遍具备一定的网络运用能力。但是，由于没有受到相关的系统教育，他们普遍缺乏完整的文献检索知识、过硬的文献检索素质和熟练的文献检索技能，论文写作知识、素质和技能更是一片空白。文献检索与毕业论文写作课程内容包括文献检索和毕业论文写作两个模块，旨在传授相关知识，训练相应素质和技能，学会文献检索、整理、分析与利用，树立信息意识、检索意识和写作意识，培养知识、素质和技能全面掌握的高素质大学生。

(3) 完成大学教育，夯实素质基础，拓宽发展前景。高等职业教育不仅要培养技能型人才，而且要培养高素质技能型人才，为大学生毕业后将近 10 年的全方位发展做铺垫、打基础。同时，随着机器人迅速普及，很多原本属于高职毕业生的就业岗位都有受到替代的可能性，高职毕业生必须具备学习能力，掌握应变之策，避免遭到机器人淘汰。文献检索与毕业论文写作课程即肩负此项职责。这门课程不仅是高职学生大学教育的重要组成部分，而且为毕业以后的职业发展和学业进修铺路搭桥、保驾护航，帮助学生在工作单位顺利完成诸如市场调研、技术调研等业务调研，岗位总结、部门总结等业务总结，技术论文、研究论文等业务论文；如果工作几年之后重新走进校园进修，那么，这门课程也可以为学业进修期间顺利完成课程论文、毕业论文等学业论文奠定基础；即使今后遇到机器人替代岗位的严峻形势，也能主动学习，积极应变，立于不败之地。因此，学会并掌握文献检索与毕业论文写作的知识、素质和技能，显然有助于大学生毕业之后拓宽发展前景，应对就业危机，使得业务进步、学业进修成为可望亦可及的事情。

(4) 实现教育目的，顺遂家长心愿，满足社会需求。高等职业教育的重要目的，就是培养高素质技能型人才；其重要标志，就是掌握文献检索与论文写作的知识，具备这两方面的素质和技能。广大家长的美好心愿，就是子能成龙、女可成凤；其重要指标，就是孩子受到高等教育，前途如花似锦。社会和用人单位对大学毕业生的真实需求，就是知识足、技能强，留得住、做得好；其重要参数，就是既能完成岗位基本工作，又能满足单位发展需求。掌握了文献检索与论文写作相关知识、素质和技能的大学生，理论知识完整、实践技能扎实，综合素质较高、发展潜力较大，可以让学校如愿、家长放心、社会满意。

此外，学好、掌握并运用这门课程的知识与技能，也可以给日常生活带来诸多方便，提高幸福指数，甚至找到致富之路。

这门课程给生活带来的便利随处可见。比如，**省时省钱**。你想邀约亲朋好友聚餐叙旧，但是不知道哪家餐饮场所物美价廉，也不愿意逐家店面查问。后来通过网络检索，你找到各家饭店菜品和酒水的标价，并认真比较，选定了理想的聚餐场所，足不出户便预定下来。比如，**寻医看病**。有个熟人生了重病，想找最好的医生求医问诊，却不知如何去找。你可以利用自己掌握的检索知识，在中国期刊网(http：//www. cnki. net)寻求最新治疗方法、确定全国权威专家，再使用中国搜索网(http：//www. chinaso. com)查询权威专家信息和专家门诊时间，难题迎刃而解。再比如，**便捷旅行**。你和家人要去一个陌生的城市旅游。为了避免到达目的地之后盲目乱撞，就需要提前确定旅游线路、订购酒店客房，甚至找到交通方案、选定用餐地点。通过网络检索，这一切都可以顺利解决。

学好这门课程，发家致富的机会和本领也能明显提高。比如，发现商机。你在网上发现一种商品价格较高，但销路很好、市场较大，于是想了解其生产情况。你拿出检索与写作本领，制订了缜密的调研计划，开展大范围全面调研。经过检索和分析，你发现该商品生产工艺比较简单，原料供应比较充足，原料价格比较低廉，生产成本相对不高，利润空间让人满意，值得一搏。

二、课程学法

(1) 课程思路了解为先，学习为后。学习任何一点知识或一门课程，都应该遵循“先总后分、由浅入深、循序渐进”的原则，首先了解课程整体概貌，然后认识课程内容构成，接着理顺课程知识层次，最后确定课程学习顺序。这样，学习过程中就会有总有分有方位，始终不晕不乱不糊涂。在学习“文献检索与毕业论文写作”这门课程之前，尤其需要首先了解其逻辑架构、内容模块、衔接顺序等课程思路，做到心中有数，然后按照课程思路指引的方向和节点，一步一步往后学。课程学完，就能清楚了解文献检索和论文写作的关系，准确掌握检索方案的编制方法和毕业论文的撰写技能。否则，就会越学越迷糊，越学越泄劲。

(2) 理论知识自学为主，听讲为辅。“文献检索与毕业论文写作”是一门理论与实践相结合的课程。在高等职业教育领域，这门课程依托一定的理论知识作为基础，强调实践技能训练。因此，课程结构以实践技能训练为主，以理论知识教学为辅。为了将有限的课时尽量用于实践技能传授与训练，这门课程的理论知识内容必须安排的少而精，一般只在实践技能介绍过程中稍有涉及，并不集中陈述、专门介绍。因此，这就需要学生课前自学完成，否则会影响课堂教学效果。自学过程中如果遇到难题或困惑，可以认真记下来，由自己查询求解，或找同学讨论解决、请教师答疑解惑。

(3) 实践技能训练为主，受教为辅。作为一门实践性较强的课程，“文献检索与毕业论文写作”的实践技能需要在训练过程中学习和掌握，在操作过程中熟练和巩固，谁学谁会，谁练谁得，而单纯的教学示范则难以让学生学有所得。因此，要学好这门课程，必须以学生亲自参加实践技能训练为主，接受教师讲解和示范为辅，在不断实践中学会和掌握检索与写作技能。学习者不仅要在课堂上多练多用，课下也要安排一定的时间和精力进行练习，遇到困惑或难题，再设法解决。

(4) 意识素质养成为主，学习为辅。“文献检索与毕业论文写作”课程教学的终极目的，在于让学生具备检索意识和写作意识，提高和完善自身素质。然而，意识的培养并非朝夕之功，必须经过较长时间的不断实践，形成习惯或条件反射，进而养成和巩固意识。此外，也需要认真学习，活化意识。检索和写作意识的培养同样需要大量的检索和写作实践，逐步形成检索和写作习惯：遇事便检索，动脑即写作。随着习惯的形成，检索和写作意识逐步养成并得到巩固。因此，要学好本门课程，必须大量练习，常检索、常写作，以练习养成检索和写作意识；适当学习，学检索、学写作，以学习活化检索和写作意识。

此外，多讨论，多交流，多整理，多记录，也是行之有效的学习方法。自由、开放的讨论和交流，可以激发彼此的兴趣和思维，经历一场“头脑风暴”，得到许多意外收获。在讨论和交流中，能够受到启发，化解疑惑，解决难题。记录是进行系统整理的基础，是形成牢固记忆的前提。经过记录和整理，可以把讨论与交流中得到的收获长时间保留下来，促进知识的学习、技能的掌握和素质的培养。

三、本书内容

《文献检索与毕业论文写作》主要包括文献检索和毕业论文写作两大模块，经由特定案例予以引导，按照合理逻辑进行编排。

本书设计了一个常见课题，作为毕业论文的主题，按照毕业论文撰写的思路安排，从文献检索开始，到论文答辩结束。沿着这条思路，首先进入文献检索模块，依次学习文献知识和检索知识，顺次进行检索技能训练；然后进入毕业论文写作模块，根据检索结果确定毕业论文题目，逐步学习论文写作相关知识，先后进行题名、摘要、关键词、正文、参考文献等结构部件的写作训练；最后给定几个调研主题，借鉴论文写作思路，开展资料调研训练、撰写调研报告。本书主要内容安排概况见图 0-1。

在正式开始学习本书之前，我们可以认真分析毕业设计(论文)指导教师给出的众多选题，用心筛选，确定其中一个作为自己毕业设计(论文)的选题并开展资料检索，明确该选题的研究意义、研究内容、研究方法，或者再写一篇简短的文献综述。然后，随着本书内容学习进度，运用学到的检索方法和技能，课余时间重新进行相应的检索。在学完本书内容之后，你将学习期间检索的信息归纳整理，仔细对比前后两次检索的差别，并完成一篇正式的调研报告。

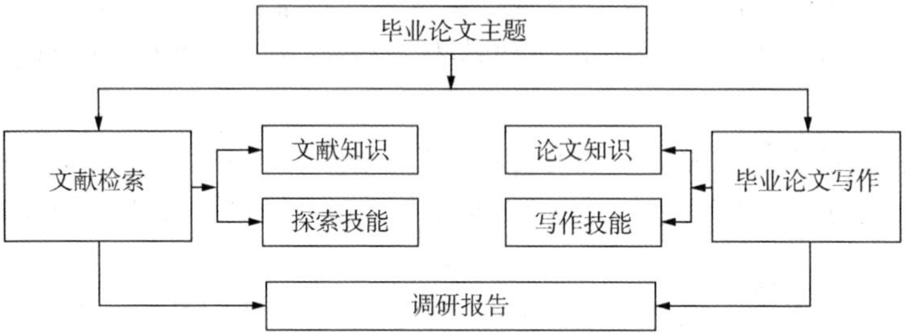

图 0-1　本书主要内容结构

第一篇
文献检索

第一章　文献检索基础

课堂教学：论文工作方案拟制

高素质技能型人才必须掌握2种复杂文档的撰写本领，尤其是即将毕业的高职院校大学生。这2种复杂文档都具有较强的专业性、重要的实用性：一种是毕业论文，用以完成毕业任务；另一种是调研报告，用以完成工作任务。在学习如何撰写这2种文档之前，必须认识和了解它们，掌握其结构、内容、特点、写法等。

1. 准备文章

授课教师事先准备1篇高职院校学生的优秀毕业论文，所属专业与教师授课班级学生的专业相同或接近；1篇应用文(比如通知等)。

2. 阅读文章

在教师的引导下分别阅读这2篇文章，阅读速度可以稍快。一边阅读，一边标记文章各个部件和各级标题。

3. 分析结构

根据阅读时标记出来的部件和标题，分别找出每篇文章的结构要素，指出每篇文章的一级结构和二级结构；比较2篇文章结构的异同，重点指出2种体裁文章的结构差异，着重明确毕业论文的结构特点。

4. 分解任务

根据对高职院校毕业论文结构的认识，明确毕业论文工作的内容范畴，并进行合理的任务分解，了解主题确定、框架搭设、文献检索、论文撰写等任务目标。

5. 拟制方案

根据毕业论文工作任务涉及的方方面面内容，确定毕业论文工作包括哪些阶段或模块，每个阶段或模块包含哪些工作任务，每项工作任务的工作量和时间消耗等，并明确每个阶段或模块的基本要求和工作重点。

6. 课后作业

学生根据自己选定的毕业论文主题，对自己的毕业论文工作进行任务分解和方案拟制，然后与指导教师讨论并确定。

课前自学：文献检索基础知识

一、文献概念

联合国科教文组织出版的《文献术语》将“信息源”定义为：个人为满足其信息需要而获得信息的来源。广义地讲，信息源是指信息活动中各种要素的总称，即除了信息本身，还包括与信息相关的人员、设备、技术和资金等各种资源；狭义地说，信息源是指文献信息资源(包括数据和各种媒介形式的信息集合)。

信息的表现形式多种多样。了解文献信息的不同形式，不仅有助于加深对信息内涵及其待征的认识，而且可以为利用文献信息打下坚实的基础。

(一) 文献的定义

在我国，“文献”一词始见于《论语·八佾》：“夏礼吾能言之，杞不足徵也；殷礼吾能言之，宋不足徵也；文献不足故也。足，则吾能言之。”大意是，孔子能讲解夏、殷的典章制度，但杞、宋两国的典章制度却因缺乏足够的文献而无法证实。对孔子所说的文献，宋代朱熹在《四书章句集注》中注释为：“文，典籍也；献，贤也。”这就是说，文献包括典籍和宿贤。典籍指有关典章制度的文字资料；宿贤指阅历丰富、满腹经纶的贤人。

到了现代，由于科学技术的发展，出现了各种各样的载体材料，发明了各种样式记录知识信息的方式，文献大量涌现，文献概念的外延也在不断扩大。按照国际标准化组织《文献情报术语国际标准》(ISO/DIS 5217)对文献的定义：“在存储、检索、利用或传递记录信息的过程中，可作为一个单元处理的，在载体内、载体上或依附载体而存储的信息或数据的载体。”此一定义不仅包括了传统的书刊、文稿等，而且包括了缩微品、音像资料、机读资料和电子出版物等新型的信息知识载体。国家标准 GB 3792·1—1983《文献著录总则》则如此定义：“文献是记录有知识的一切载体。”

因此，综合起来，“文献”这一概念定义为：运用文字、图形、符号、声频、视频等技术手段记录人类知识的一种载体。

事实上，无论怎样下定义，知识、载体、记录方式都是文献构成不可分割的子要素。文献有存储知识、传递和交流信息的功能，其属性有知识性、物质性、记录性、发展性等。

(二) 与文献相关的几个概念

1. 信息

信息的概念十分广泛，在当今社会，信息无时无处不在。信息是物质存在并运动着的表征，人们正是通过来自自然界和社会的不同信息对各种事物进行区分，从而认识世界、改造世界的。人与人、人与计算机、动物界和植物界等的消息交换，都是信息的传输。

由于信息论广泛运用于各个学科领域，因而人们对信息的认识和定义各有差别。自 1948 年以来，学术界专家、《辞海》、《韦伯斯特词典》、《牛津词典》等有关信息定义的表述，多达几十种。

一般认为信息的定义为：生物以及具有自动控制功能的系统，通过感觉器官和相应的设备与外界进行交换的一切内容。

2. 知识

知识是人脑意识的产物，是经过人脑加工且系统化了的信息，是人类对客观世界的物质形态及其运动过程和规律的认识。信息在自然界和人类社会普遍存在，通过人的感觉器官获取并送到大脑之后，再经过大脑思维加工处理，重新组合成为序列化的新内容，最后在物质载体上固化或“沉淀”，便成为知识。

知识定义为：是人类通过信息对自然界、人类社会以及思维方式与运动规律的认识，是人的大脑通过思维重新组合的、系统化的信息的集合。

人类知识的存在有 3 种方式：第一，存在于人脑的记忆中，是属于人们主观精神世界的东西；第二，存在于实物中，如文物、样品、样机、各类产品等，即可以通过研究实物而获得某种知识；第三，存在于文献中，人们使用文字、图形、符号、声频、视频、代码等技术手段，将知识记录在一定的载体上，如纸、感光材料、磁录材料等。

3. 情报

“情报”一词最早产生于军事领域，指战时关于敌情之报告，后来扩充为泛指一切最新情况报道。一般认为，情报是针对特定目的、特定对象、特定时间所提供的能够起到借鉴和参考作用的信息或知识。

情报的定义在国内外学术界尚无定论，但在其基本属性上达成了共识，即知识性、传递件和效用性。

情报的主要功能有：启迪思维，增进知识，提高人们的认识能力；帮助决策，协调管理，节约各项事业的人力、物力和财力；了解动向，解决问题，加快人们各项活动的进程，以便在竞争中获胜。

（三）信息、知识、情报和文献的关系

根据概念含义可知，信息是有组织的数据，知识是对信息的理解与认识，文献是知识的一种载体。因此，从科学概念和客观对象的规律性考虑，信息、情报和知识之间的逻辑关系为包含和被包含的关系。情报、知识都属于信息这个大的范畴，三者都可以记录、储存和传递，而且在一定条件下还可以相互转化。

文献不仅是知识传递的主要物质形式，也是吸收利用信息的主要手段。文献是记录知识的载体，是信息、知识、情报赖以存在的外壳，从图 1-1 可以直观地了解四者的关系。

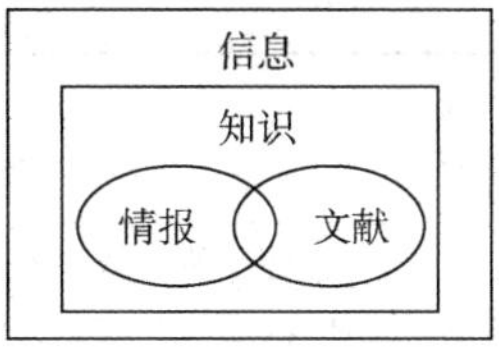

图 1-1　信息、知识、情报与文献的关系

二、文献类型与识别

文献的类型有很多，分类方法也多种多样，分类方式见表 1-1。

表 1-1　文献分类

分类方式	种类	分类方式	种类
载体形式	纸质文献 感光材料文献 磁性材料文献 光盘文献	介质的可识别性	人可读型文献 机器可读型文献
		记录信息所采取的形式	文字型 代码型 视频型 声频型

将上述多种形式集于一体的文献，称为综合型文献。其中，按照文献外在形态划分的文献类型又有刻写型等多种。

(一) 文献的载体类型

常见文献载体的类型见表 1-2。

表 1-2　文献载体的类型

文献载体类型	定义	举例
刻写型	是指在印刷术发明之前的古代文献和当今尚未正式付印的手写记录，以及正式付印前的草稿	古代的甲骨文、金心文、绵帛文、竹木文以及现今的日记、书信、笔记、会议录等
印刷型	是指以纸张为存储载体，通过铅印、油印和胶印等手段，将知识固化在纸张上的一类文献	图书、期刊以及各种印刷资料
缩微型	也称为缩微复制品。以印刷型文献为母本、感光材料为存储介质、缩微摄影为记录手段，采用光学摄影技术，将纸质文献的影相固化在载体上的一类文献	缩微平片、缩微胶卷等

续表

文献载体类型	定义	举例
声像型	这是一种非文字形式的文献，也称为视听资料。它是以磁性材料或者感光材料为存储载体，借助特定的机械设备直接记录声音和图像信息	唱片、录音带、录像带、幻灯片、电影片、激光视听系统等形式出现的记录声音和图像的文献
电子型	也称机读型，其全称为计算机可读型文献。由计算机与网络技术支持，通过编码和程序设计，将信息变为数字语言和机器语言并存储在磁带、光盘、磁盘等介质上，从而建立起相应的文献数据库	文摘、题录、全文等各种类型的数据库
多媒体型	多媒体即多种信息媒体，是较新的文献载体。它采用计算机、通信、数字、超文本或超媒体方式，将声音、图像、文字、数据等多种媒体信息综合起来，在内容表达上具有多样性与直观性，并且有人机交互的友好界面，是以上数种裁体形式的混合型，也是一种立体式的信息源	

（二）文献的出版类型

文献的出版类型一般分为十二大类，包括图书、期刊等。

1. 图书(Book)

一般来讲，图书是指内容比较成熟、资料比较系统、有完整定型的装帧形式的出版物(图1-2)。图书又可分为：

① 阅读性的图书　如教科书、科普读物和一般生产技术图书；

② 工具性的图书　如辞典、手册和百科全书等；

③ 含有独创性内容的专著　如原始文献。

图书的著录特点包括：有著者(编者)、书名、类型码M；有出版地、出版社名称和出版年份；版次、国际标准书号(ISBN)、所在页码等。

图1-2　不同图书

2. 期刊(Periodical)

期刊也称杂志(Journal 或 Magazine)，指名称固定、开本一致的定期或不定期连续出版物。期刊论文内容新颖，报道速度快，信息含量大，是传递科技情报、交流学术思想最基本的文献形式。据估计，期刊情报约占整个情报源的60%~70%，因此，受到科技工作者的高度重视。大多数检索工具也以期刊论文作为报道的主要对象。需要深入了解某一问题时，较普遍的做法是查阅期刊论文，如图1-3(a)所示。

期刊的著录特点包括：有作者、篇名、类型码J；有期刊名称(或刊名缩写)、年(卷、期)、所在页码等。

3. 报纸(Newspaper)

报纸是一种出版周期最短、发行量最大的出版物。其报道内容极为广泛，与人们生活息息相关，是人们日常生活中最常接触到的信息源。报纸的信息具有极强的时效性，信息量大，但这也是造成报纸查找不便的原因，如图1-3(b)所示。

报纸的著录特点包括：有作者、文章名、类型码N；有报纸名称、年月日、所在版面。

4. 学位论文(Dissertation)

学位论文是高等院校和科研院所的本科生、研究生为获得学位资格(学士、硕士和博士)而撰写的学术性较强的研究论文，是在学习和研究中参考大量文献、开展科学研究的基础上完成的。其质量参差不齐，但都是就某一专题进行研究所作的总结，多数有一定的独创性。学位论文是非卖品，除极少数以科技报告、期刊论文或专著的形式发表外，一般不公开出版，属难得文献，如图1-3(c)所示。

学位论文的著录特点包括：有论文作者、论文题目、类型码D；有论文作者所在学校的地名和校名、答辩时间、所在页码等。

5. 会议文献(Conference Paper)

会议文献是指各种科学技术会议上所发表的论文、报告稿、讲演稿等与会议有关的文献，如图1-3(d)所示。会议文献可分为：

① 会前文献，如会议日程预报和会议论文预印本；

② 会后文献，如各种会议录、会议论文集、摘要汇编或会议综述。会后文献是主要的会议文献，其特点是：传播信息及时、论题集中、内容新颖、专业性强、质量较高，往往代表某一学科或专业领域内最新学术研究成果，基本上反映了该学科或专业的学术水平、研究动态和发展趋势。

会议文献的著录特点包括：有表示会议或会议录的专门用词(如Conference、Proceedings of等)、类型码C；有会议召开的地点、届次、时间，会议录的出版社、出版地、出版时间、所在页码等。

6. 科技报告(Sci-Tech Report)

科技报告又称研究报告和技术报告，是科学技术工作者围绕某个课题研究所取得的成果的正式报告，或对某个课题研究过程中各阶段进展情况的实际记录。报告的出版特点包括：各篇单独成册，统一编号，由主管机构连续出版。在内容方面，报告比期刊论文等专深、详尽、可靠，是一种不可多得的情报源。可分成技术报告（Technical reports）、技术备忘录（Technical memorandums）、札记（Notes）、通报（Bulletins）和其他（如译文、专利等）几种类型。有些报告因涉及尖端技术或国防问题等，所以又分绝密、秘密、内部限制发行和公开发行几个等级，如图 1-3（e）所示。

科技报告的著录特点包括：有作者、报告名称、类型码 R；有报告号、完成时间等。

(b)　(b)　(c)　(d)　(e)

图 1-3　非图书型文献（一）

7. 专利文献（Patent Document）

专利文献是指发明人或专利权人申请专利时向专利局所呈交的一份详细说明发明的目的、构成及效果的书面技术文件，经专利局审查，公开出版或授权后的文献。广义的专利文献还包括专利公报（摘要）及专利的各种检索工具。主要由专利说明书构成，内容比较具体，有的还有附图，通过它可以了解该项专利的主要技术内容。由于只有符合新颖性、创造性和实用性的发明创造才能获得专利权，所以专利说明书对于工程技术人员，特别是产品工艺设计人员来说，是一种切合实际、启迪思维的重要情报源，如图 1-4（a）所示。

专利说明书的著录特点包括：有专利申请人、专利名称、类型码 P；有专利号、公开或授权时间等。按照国际规定，专利号由两个字母表示的国家名称和其后的顺序号构成。

8. 标准文献（Standard Document）

标准文献是技术标准、技术规格和技术规则等文献的总称。它是记录人们在从事科学试验、工程设计、生产建设、商品流通、技术转让和组织管理时共同遵守的技术文件。一个国家的标准文献反映出该国的生产工艺水平和技术经济政策，而国际现行标准则代表了当前世界水平。作为一种规章性文献，它具有一定的法律约束力；国际上最重要的两个标准化组织是国际标准化组织（ISO）和国际

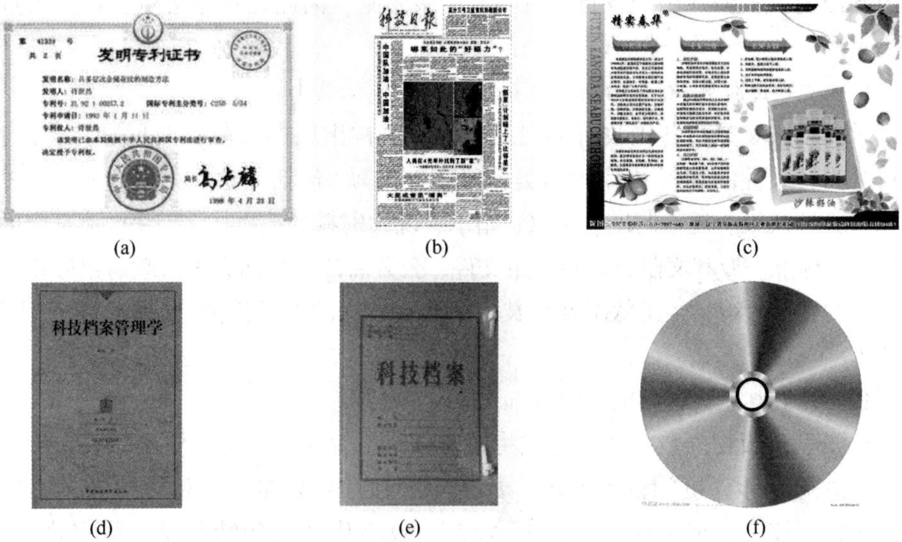

(a)　(b)　(c)　(d)　(e)　(f)

图 1-4　非图书型文献(二)

电工委员会(IEC)，如图 1-4(b)所示。

标准文献的著录特点包括：有编撰单位、标准名称、标准号(每个标准一个号，并按惯例由标准颁布机构代码顺序号和颁布年份三部分构成)、类型码 S；有出版地名称、出版单位名称和出版时间等。

9. 产品技术资料(Product Literature)

产品技术资料是厂商为推销产品而印发的介绍产品情况的文献，包括产品样本、产品说明书、产品目录、厂商介绍等。其内容是对产品的规格、性能、特点、构造、用途、使用方法等的介绍和说明，技术成熟，数据可靠，内容通俗易懂，有较多的外观照片和结构简图，形象直观，对科技人员选型和设计、引进国外仪器设备有参考价值，见图 1-4(c)。

产品技术资料的著录特点包括：有编撰者名称、资料名称、类型码 M；有编制单位所在地名称、单位名称、编制或出版时间等。

10. 技术档案(Technical Record)

技术档案是在技术活动过程中形成的，是某个工程对象的技术文件、图样、图表、照片或原始记录等，见图 1-4(d)。其内容真实、详尽，难确可靠，是科研和生产建设工作的重要依据。详细内容包括任务书、协议书、技术指标、审批文件、研究计划、方案大纲、技术措施、调查材料、设计资料、试验和工艺记录等。这些材料是科研工作中用以积累经验、吸取教训的重要文献。技术档案一般为内部使用，不公开出版发行，有些有密级限制，因此在参考文献和检索工具中极少引用。

11. 政府出版物(Government Publications)

政府出版物是指各国政府部门及其所属机构出版的文献，又称官方出版物。它可分为行政性的和科技性的两类：行政性文献(包括立法、司法文献)有政府法令、方针政策、规章制度、决议、指示、统计资料等；科技文献是政府部门的研究报告、标准、专利文献、科技政策文件、公开后的科技档案等。政府出版物对了解各国的方针政策、经济状况及科技水平，有较高的参考价值，一般不公开出售，见图 1-4(e)。

12. 电子型出版物(Digital Publications)

电子型出版物以数字代码方式将图、文、声、像等信息存储到磁、光、电介质上，并通过计算机阅读的文献。数字化文献信息容量大、检索方便，容易更新、复制、交互，成本低，见图 1-4(f)。数字化文献的特征是：数宁化存储、多媒体处理和网络传输。数字化文献的实质是形成有序的信息空间，实现真正意义的信息资源共享。主要包括电子期刊、电子图书、电子报纸、各类数据库等。

(三) 文献的等级类型

由于文献出版量的急剧增长，再加上文献的种类繁多，且各具特色，不同类型文献所记载的信息内容也各有侧重，因此，了解文献的级别类型和特点，对进一步做好文献检索工作将有很大的帮助。依据文献内容性质和加工程度的不同，文献可分为以下四个级别。

1. 零次文献

零次文献是一种特殊形式的信息源，包括两个方面的内容：一方面是形成一次文献以前的知识信息，即未经记录、未形成文字材料，是人们的“出你之口、入我之耳”的口头交谈；另一方面，是未经正式发表的原始文献，或未正式出版的各种书刊资料，如书信、手稿、记录、笔记和包括一些内部使用、通过公开正式的订购途径不能获得的书刊资料。零次文献一般是通过口头交谈、参观展览、参加报告会等途径获取，不仅在内容上有一定的价值，而且能弥补一般公开文献从信息的客观形成到公开传播之间费时甚多的弊病。

2. 一次文献

一次文献是人们直接以自己的生产、科研、社会活动等实践经验为依据生产出来、首次出版的各种文献，也称原始文献；其所记载的知识信息比较新颖、具体、详尽、价值大。一次文献包括期刊论文、科技报告、会议论文、专利、学位论文等，具有创新性、实用性和学术性等明显特征。

3. 二次文献

二次文献是将大量分散、零乱、无序的一次文献进行整理、浓缩、提炼，并按照一定的逻辑顺序和科学体系加以编排存储，使之系统化，以便于检索利用的文献；是报道和查找一次文献的检索书刊，如各种目录、题录和文摘等，属检索工具类。二次文献也是一次文献的集约化、有序化的再次出版；是储藏、利用一次文献的主要的、科学的途径。

4. 三次文献

三次文献是选用大量有关的文献，经过综合、分析、研究而编写出来的文献。它通常是围绕某个专题，利用二次文献检索搜集大量相关文献，对其内容进行深度加工而成。如各种述评、进展报告、动态综述、手册、年鉴和百科全书等，属参考工具类。这些对现有成果加以评论、综述并预测其发展趋势的文献，具有较高的实用价值。我们使用的各种教科书也属三次文献。

零次文献由于没有进入出版、发行和流通这些渠道，收集利用十分困难，一般不能作为文献类型。而其后三种文献的形成过程，是由分散到集中、由无序到有序、由博到精对知识信息进行不同层次的加工过程。一般说，零次文献是一次文献的素材；一次文献是基础，是检索利用的对象；二次文献是检索一次文献的工具，称为检索工具；三次文献是一次文献内容的高度浓缩，是重要情报源，称为参考工具书。各级文献的关系见图 1-5。

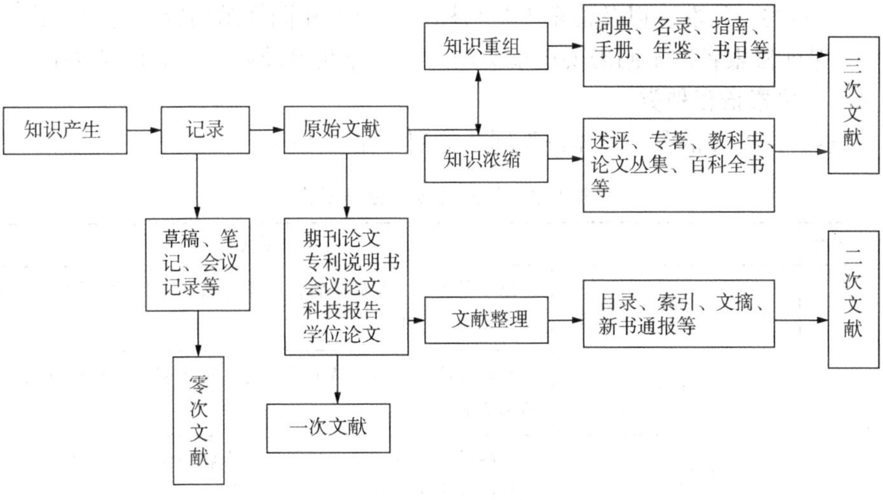

图 1-5　文献分级关系示意

三、文献检索语言

文献检索是指对文献信息的查找与获取。检索，即查找与索取的意思。检索不是目的，检索是为了利用，而利用的基础则是文献的整合。文献的整合是指对获取文献的鉴别、整理和加工。人们无论是学习、工作、生活、娱乐，还是进行科学研究，都离不开文献利用。只有具备一定的文献信息检索与整合能力，学生们才不至于面对汪洋大海般的文献资料时，陷入找不到、读不完的困境。

文献检索需要一定的知识和技巧，而检索语言则起到重要作用。

检索语言是为了解决对文献标引、存储和检索之间认识和理解上的差异，提高检索效率而创造的一种人工语言，即保证存储与检索一致的一种语言。检索语言在信息检索中具有极其重要的作用，它是沟通信息存储与信息检索两个过程的桥梁。在信息存储过程中，用它来描述信息的内容和外部特征，从而形成检索标识；在检索过程中，用它来描述检索提问，从而形成提问标识；当提问标识与检索标识完全匹配或部分匹配时，结果即为命中文献。

检索语言的主要作用如下：

① 标引文献信息内容及其外部特征，保证不同标引人员表征文献的一致性；

② 对内容相同及相关的文献信息加以集中或揭示其相关性；

③ 使文献信息的存储集中化、系统化、组织化，便于检索者按照一定的排列次序进行有序化检索；

④ 便于将标引用语和检索用语进行相符性比较，保证不同检索人员表述相同文献内容的一致性，以及检索人员与标引人员对相同文献内容表述的一致性；

⑤ 保证检索者按不同需要检索文献时，都能获得最高查全率和查准率。

（一）检索语言种类

检索语言种类很多，具体按不同功能划分见表 1-3。

表 1-3　不同种类的检索语言

按功能分类	种类	定义
按结构原理划分	分类语言	以学科体系为基础，将信息概念按学科性质进行分类、排列，用分类号来表示
	主题语言	是以表达信息内容特征的主题词汇为基础，经规范化处理所形成的
	代码语言	又称号码语言，对文献所论述事物的某一方面特征，用代码加以描述和标引
	引文语言	是利用文献的引文关系而建立的一种自然语言

续表

按功能分类	种类	定义
按描述文献的特征划分	文献外表的特征语言	包括题名、著者、代码语言等 题名语言是按文献题名字顺，逐字排检著者语言，是按著者姓名(姓前名后)字顺，逐字排检
	描述文献内容的持征语言	包括分类、主题、分类主题一体化语言等
按规范化程度划分	自然语言	就是直接从原始信息中抽取出自由词作为检索点的检索语言。对主题概念中的同义词、多义词等不加处理，取其自然状态
	规范化语言	又叫受控语言，就是人为地对标引词和检索词加以控制和规范，使每个检索问只能表达一个概念。经过规范化控制，使词和事物概念之间具有一一对应的关系，排除了自然语言中同义词、多义词、同形异义词现象
按标识的使用方法划分	先组式语言	指在检索前检索词已被预先用固定关系组配好，并编制在词表中。检索时，用户只能根据词表去查找信息，而不能任意组配检索词
	后组式语言	是指在检索前，检索词在词表中没有被预先组配，检索时用户可根据不同的检索需求对某些词进行任意组配

综上可见，表达文献外部特征的检索语言比较简单，主要是题名(常见的有书名或刊名)、著者姓名、文献号码(代码或序号)和出版事项等。这类检索语言检索速度快，容易检索、不易造成误检或漏检。但是，它只适合于核查类型的检索，判断某文献的有或无、是或非，而不能提供相关文献的线索。比较而言，表达文献内部特征的检索语言，如分类语言、主题语言和代码语言等，则具有提供检索线索等优势。

(二) 分类语言

分类语言是按照学科范畴划分而成的一种语言体系，将各种概念按照学科的性质进行分类和系统排列，集中体现学科的系统性，反映事物的从属、派生关系，是一种等级体系。具体是按知识门类的逻辑次序，从上而下、从总到分、从一般到具体、从低级到高级、从简单到复杂，层层划分、逐级展开、分门别类，每个类目都用分类号作为标识，即由类目(语言文字)或其相对应的类号(字母、数字或它们的组合)表达各种概念，构成一个完整的分类类目表。分类号代表特定的信息内容，是检索课题的主要依据。

分类语言具有如下检索特征：

① 分类目录浏览有助于无经验用户充分利用等级体系分类表的长处，从学科专业角度获取所需文献信息；

② 能够按用户所需扩大或缩小检索范围，并可将检索提问限定在某一类目下，提高查准率；

③ 能够检出检索词的上下文内容，消除同形异义词；

④ 可以进行多语种查询（因分类表采用不依赖语种的标识符号，即使用不同语种编制的分类表索引，通过分类系统的中介转换可实现多语种检索）；

⑤ 能够促进跨库浏览和检索；

⑥ 可以分成若干专业表进行学科专业文献信息组织与检索。

常见分类语言很多，我国在图书情报系统广泛采用的有“中国图书馆图书分类法”（简称“中图法”）、“中国科学院图书馆图书分类法”（简称“科图法”）、“中国人民大学图书馆图书分类法”（简称“人大法”）。世界上比较著名的分类法有：“杜威十进分类法”（DDC）、“国际十进分类法”（UDC）、“美国国会图书馆图书分类法”（LC）、“国际专利分类表”（IPC）等，见表 1-4。

表 1-4　著名图书分类法大类一览

中国图书馆图书分类法（5 大部，22 大类）	中国图书馆图书分类法（5 大部，25 大类）	中国人民大学图书馆图书分类法（4 大部类、17 大类）	杜威十进分类法 DDC（10 大类）	国际十进分类法 UDC（10 大类）
A 马列，毛泽东思想、邓小平理论	00 马列、毛泽东思想、邓小平理论	1 马克思列宁主义、毛泽东著作	000 总论	0 总论
	10 哲学		100 哲学	1 哲学、心理学
B 哲学	20 社会科学总论	2 哲学、辩证唯物主义与历史唯物主义	200 宗教	2 宗教、神学
C 社会科学总论	21 历史		300 社会科学	3 社会科学、法律、行政
D 政治、法律	27 经济、经济学	4 经济、政治经济学与经济政策	400 语言学	
E 军事	31 政治、社会生活		500 纯粹科学	4（语言学）
F 经济	34 法律、法学	5 国防、军事	600 技术科学	5 数学、自然科学
G 文化、科学、教育、体育	36 军事、军事学	6 国家与法、法律	700 美术	
	37 文化、科学、教育、体育	7 教育	800 文学	6 应用科学、医学、工学、农学
H 语言、文字	41 语言、文字学	8 艺术	900 历史	

续表

中国图书馆图书分类法（5大部，22大类）	中国图书馆图书分类法（5大部，25大类）	中国人民大学图书馆图书分类法（4大部类、17大类）	杜威十进分类法 DDC（10大类）	国际十进分类法 UDC（10大类）
I 文学	42 文学	9 语言、文字学		7 艺术、美术、摄影、音乐、娱乐、竞技
J 艺术	48 艺术	10 文学		
K 历史、地理	49 无神论、宗教	11 历史、革命史		
N 自然科学总论	50 自然科学(总论)	12 地理、经济地理		8 语言学、文学
O 数理科学和化学	51 数学	13 自然科学		9 地理、传记、历史
P 天文学、地理科学	52 力学	14 医药、卫生		
Q 生物科学	53 物理学	15 工程、技术		注：1964年UDC将“4语言学”并入“8语言学、文学”，现序号4暂缺
R 医学、卫生	54 化学	16 农艺、畜牧、水产		
S 农业科学	55 天文学	17 综合参考		
T 工业技术	56 地质、地理科学	注：1～2为第一部类总结、结晶性，3～12为第二部类社会科学，13～16为第三部类自然科学，17为第四部类综合性		
U 交通运输	58 生物科学			
V 航空、航天	61 医药、卫生			
X 环境科学、劳动保护科学(安全科学)	65 农业科学			
	71 工程技术			
Z 综合性图书	90 综合性图书			

1. 中国图书馆图书分类法——简称“中图法”

“中图法”是我国建国后编辑出版的、具有代表性的大型综合性分类法，也是我国图书分类法的基础，其余分类法均是在其基础上以适应各种特殊需要而产生的。尽管从名称看，这是图书分类法，但其实质乃是针对一切文献资料的。“中图法”是北京大学图书馆联合全国36个图书情报部门组织全国力量编辑的，具有分类完整等特征，它于1973年3月完成了初稿，当前最新版本是2010年9月出版的第五版。

“中图法”由22个基本大类组成，归属于5大部类：(1)马列主义、毛泽东思想、邓小平理论；(2)哲学；(3)社会科学；(4)自然科学；(5)综合性图书。在5大部类的基础上，建成由22个基本大类组成的体系系列，每一大类(用字母表示)又分成若干小类(用数字表示)，如此层层划分。如TS2为食品工业，TS20为食品工业一般性问题，TS201为基础科学，TS201·2为食品化学。

2. 中国科学院图书馆图书分类法——简称“科图法”

“科图法”是中国科学院图书馆1958年编制的，它仍然包含对社会科学文献的分类，共分5大部类25个大类。与“中图法”不同的是，它用2位数字作为大类类号。

“科图法”以对自然科学分类见长，广泛应用于中科院系统各分院、研究所，各部属研究所、科研系统的图书情报部门及理工科高等院校等。

3. 中国人民大学图书馆图书分类法——简称“人大法”

“人大法”是由4大部类、17大类组成的。类标识使用数字1~17表示17个基本大类。

4. 杜威十进分类法——DDC

杜威十进分类法(Dewey Decimal C1assification and Related Index，简称DC或DDC)是由美国图书馆学家麦维尔·杜威(Melvil Dewey)在1876年根据培根关于知识分类的思想创建的。这是世界上出现最早、流行最广、影响最大的一部分类法，它按学科系统组织和检索图书，将全部学科分为10大类，以0~9序号代表。

5. 国际十进分类法——UDC

国际十进分类法(Universal Decimal C1assification，简称UDC)是由比利时学者鲍威尔·奥特勒(Paul Otlet)和亨利·拉芳(Henri La)在“杜威法”第6版的基础上扩充而成的，又称为通用十进制分类法，是世界上规模最大、用户最多、影响最广泛的一部文献资料分类法。UDC在揭示文献内容方面比“杜威法”更加深入，它把人类的全部知识划分为10大部类，是一种组配式的体系分类法。现已得到世界上几十个国家的10多万个图书馆和情报机构采用，成为名副其实的国际通用文献分类法，被广泛应用于科学论文的分类。

“国际十进制分类法”分类级别为：类一部一科(·)细科，每个级别均分为10级。科与细科用“·”分开，“·”后的第2位乃至第3位数字表示更细的分类。比如，500为数学和自然科学类，540为该部中的化学类，543为该类的分析化学，543·7为该科的有机分析。

(三) 主题语言

分类语言存在不足之处，例如一本图书只能分入一个类别，规定一个类号，若书中涉及多方面内容，则反映不出来。即使是内容单一的图书，由于分类法本身原因和编目人员的理解和掌握下同，同样内容的不同图书也有可能被分入不同的类目中，从而影响文献检索效果。而使用主题语言，则可以在很大程度上克服这些不足。

主题语言是以文献的主题为依据，用语词作为概念标识。将概念标识进行字顺排列，并用参照系统等方法间接显示概念之间相互关系的一种检索语言。以主题语言来描述和表达信息内容的信息处理方法，称为主题法。

主题标识使用自然词语，即以自然语言的字符为字符，以规范化或未经规范化的名词术语为基本词汇，以概念之间的形式逻辑作为语法和构词法，用一组词语作为文献检索标识而构成的一种直接性的检索语言。不同的检索工具和检索系统通常都有自己的主题词表，如《汉语主题词表》。主题语言按照主题性质的不同，又分为关键词语言、标题词语言和叙词语言。

主题语言具有如下 4 个特点。

① 直观性强。主题词来源于自然语言，用主题词作为标识比较直观，符合人们的辨识习惯。主题词在词表中按字顺排列，易于利用。如要查找催化剂方面的文献，就可以直接按“催化剂”这个词的字顺在主题目录中查找这个标题，而不必如分类法那样，在检索之前先要把需要查找的主题范围转换成相应的或特定的标记代码或分类号，然后再按照分类号的顺序查找文献。

② 专指性强。用做主题词的词语标识一般都经过规范化处理，一个标识对应一个概念，使主题词对概念描述具有专指性。

③ 灵活性强。通过主题词之间的概念组配来揭示文献一中形形色色的主题，这是主题词语言的主要优点。尤其是后组式主题词语言，便于人们按照检索需要，自由组配检索概念，具有很大灵活性。

④ 集中性强。能够按照需要研究的对象来集中资料，将属于同一主题的各种性质不同的文献资料集中在同一主题下，从而使不同科学领域中论述和研究同一事物的文献资料得到集中反映，利于读者从专题角度查找所需文献。

常见主题语言如下。

1. 关键词语言(Keyword)

是直接选用原始文献中的自然语言作基本词汇，并将能够揭示文献题名或主要意旨的关键性语词抽出，作为关键词进行标引的一种检索语言。

关键词是指那些出现在文献的标题(篇名、章节名)、摘要或正文中，表征文献主题内容且具有实质意义的语词，也就是对揭示和描述文献主题内容起关键性作用的词语。几乎所有具有实际意义的信息单元(冠词、连词、副词、介词等除外)都能作为关键词。概括地说，关键词就是将文献原来所用的，能描述其主题概念的那些具有关键性的词抽出，不加规范或只作极少量的规范化处理，按字顺排列，以提供检索途径的方法。

由于检索词来自文章标题或文摘、正文，专指度高，查准率也高；因未经规范处理，故查全率较低。

2. 标题词语言(Subject Heading)

是用以标明和查询信息主题概念的规范词。标题词又分为主标题词和副标题词；若有多级标题，副标题词还可细分为第三级、第四级标题。主标题词和副标题词是固定组配好的，属于先组式检索语言。

标题词语言是采用规范化了的自然语言即经过标准化处理的名词术语作为标识，表达文献所论述或涉及的事物——主题，并将全部标识按字顺排列。

3. 叙词语言(Descriptor)

是经过规范化处理的词和词组。叙词语言是以表达文献主题内容的概念单元为基础，经过规范化处理，可进行逻辑组配的一种主题语言。

叙词是指一些以概念为基础，经过规范化处理，具有组配功能并可以显示词间关系和动态性的词或词组。概念组配是叙词语言的基本原理，概念组配是概念的分析和综合，而不是简单的依据字面意义进行组词和拆词。叙词语言是后组式检索语言，有一套较完整的参照系统，能显示叙词之间的相互关系，对于熟悉自己专业词汇的科技人员来说，从叙词表中找到切题的叙词后，只要组配得当，就能大大提高检索效率。

4. 单元词语言(Uniterm)

单元词是一种最基本的、不能再分的词语单位，又称元词，是指能够用以描述信息所论及主题的最小、最基本的词语单位。经过规范化处理、能表达信息主题的元词集合，便构成了元词语言。即，单元词语言是在标题词语言基础上发展起来的一种规范化的检索语言。元词法是通过若干单元词的组配来表达复杂的主题概念的方法。元词语言多用于机械检索，适于用简单的标识和检索手段(如穿孔卡片等)标识信息。

(四) 代码语言

代码语言是指对一事物的某方面特征，用某种代码系统(字母、符号、数字、图形等)表示和排列事物概念，从而提供检索的检索语言。例如，根据化合物的分子式这种代码语言，可以构成分子式索引系统，允许用户从分子式出发，检索相应的化合物及其相关的文献信息。本书重点介绍中国标准书号和中国标准连续出版物号。

1. 中国标准书号(China Book Number)

根据 GB/T 5795—2006(ISO 2108：2005)，采用国际标准书号(International Standard Book Number，简称 ISBN)作为中国标准书号(简称 CSBN)。国际标准书号由前缀号、组号、出版者号、书序号、校验码等 5 部分共 13 个数字组成，各部分用“-”或空格隔开。各部分的顺序为：ISBN 前缀号-组号-出版者号-书序号-校验码。

① 前缀号：国际物品编码协会提供给国际 ISBN 中心使用的编码。目前使用的前缀号为 978。

② 组号：代表一个语言或地理区域，国家或集团的代码，由国际标准书号中心分配。取值范围为0~7，80~94，950~995，9960~9989，99900~99999，共199个，按“出版量愈大、组号愈短”的原则分配。由国际ISBN中心分配我国大陆为7，香港为962，澳门为2，台湾为957。

③ 出版者号：代表一个地区或国家ISBN中心分配和设置，标识具体的出版者(出版社)，长度2~6位数字。

④ 书序号：一个图书一个号码，由出版社自行分配。书名号的长度取决于组号和出版者号的长度。

⑤ 校验码：其数值由中国标准书号的第4~12位数字按照一定的计算式得到，功能在于对中国标准书号的正确与否进行检验。

2. 中国标准连续出版物号(International Standard Serial Numbering)

根据GB 9999—2001(ISO 3297：1998)，由国际标准连续出版物号(简称ISSN)和国内统一标准连续出版物号两部分组成。

① 范围。本标准规定了中国标准连续出版物号的结构、内容、印刷格式与位置及其分配原则。本标准适用于经国家出版管理部门正式许可出版的任何载体的连续出版物。连续出版物包括期刊、报纸、年度出版物等。

② 引用标准。下列标准所包含的条文，通过在本标准中引用而构成为本标准的条文。本标准出版时，所示版本均为有效。所有标准都会得到修订，使用本标准的各方应探讨使用下列标准最新版本的可能性：

GB/T 2260—1999 中华人民共和国行政区划代码；

GB/T 2659—2000 世界各国和地区名称代码(eqv ISO 3166-1：1997)。

③ 中国标准连续出版物号的结构。中国标准连续出版物号由一个国际标准连续出版物号和一个国内统一连续出版物号两部分组成。中华人民共和国国家质量监督检验检疫总局2001年11月14日批准于2002年6月1日实施GB/T 9999—2001，其结构格式为：

$$\frac{\text{ISSN XXXX-XXXX}}{\text{CN XX-XXXX/YY}}$$

④ 国际标准连续出版物号。国际标准连续出版物号由前缀ISSN和8位数字组成。ISSN与8位数字之间空半个汉字空。8位数字分为2段，每段4位数字，中间用半字线“—”隔开。8位数字的最后一位是校验码。国际标准连续出版物号不反映连续出版物的语种、国别或出版者。如：ISSN 1234-5678，其中，前面7位数字为单纯的数字符号，无任何特殊含义，最后1位为计算机校验码，其数值根据前7位数字按照一定的计算公式求出。

⑤ 国内统一连续出版物号。国内统一连续出版物号以 GB/T 2659—2000 规定的中国国别代码"CN"为识别标志，由报刊登记号和分类号 2 部分组成。前者为国内统一刊号的主体，后者为补充成分，其间以斜线"/"隔开，结构形式为"CN 报刊登记号/分类号"。报刊登记号由前缀 CN 和 6 位数字组成。6 位数字由国家出版管理部门负责分配给连续出版物。CN 与 6 位数字之间空半个汉字空。6 位数字由地区号(前 2 位数字)和序号(后 4 位之间)2 部分组成，中间用半字线"-"隔开。

各省、自治区、直辖市的国内连续出版物序号范围一律为 0001~9999，其中 0001~0999 为报纸的序号，1000~5999 为印刷版连续出版物的序号，6000~8999 为网络连续出版物的序号，9000~9999 为有形的电子连续出版物(如光盘等)的序号。

分类号作为国内统一出版物号的补充成分，用以说明连续出版物的主要学科范畴，以便于对连续出版物进行分类统计、订阅、陈列和检索。一种期刊只能给定一个分类号。期刊的分类号按"中国图书馆分类法"(第 5 版)的基本大类给出，其中文化教育类(G)和工业技术类(T)按二级类目给出。报纸暂不分类。

3. 条形码与条形码技术(Bar Code and the Relative Technology)

条形码是一种利用光电扫描阅读设备识读并实现数据输入计算机的特殊代码，简称条码。它是由一组粗细不同、黑白相间、规则排列的条(黑条)与空(白条)及其对应的代码字符组成的标记，表示一定的信息。条形码是随着计算机技术的普及应用而发展起来的一种高速/准确的电子计算机数据输入手段，其实用性和经济性远远高于键盘输入、光学字符等的自动识别系统。

条形码作为一种可印刷的计算机语言，被未来学家称之为"计算机文化"。20 世纪 90 年代，国际商品流通领域将条形码誉为商品进入国际超级市场的"身份证"，它在信息传输过程中起着重要作用。如果条形码出现问题，物品信息的通信将被中断。因此，必须对条形码质量进行有效控制，确保条形码符号在供应链上能够被正确识读，而条形码检测是实现此目标的一个有效工具。条形码检测的目标就是要核查条码符号是否能起到其应有的作用。

(1) 条形码遵循的原则。

① 唯一性原则。这是指同一商品项目的商品必须分配相同的商品标识代码(即一个商品项目只有一个代码，商品项目代码一旦确定，永不改变)；不同商品项目的商品必须分配不同的标识代码。

② 无含义性原则。这是指商品标识代码中的每一位数字一般不表示任何与商品有关的特定信息。

③ 稳定性原则。这是指商品标识代码一旦分配，若商品的基本特征没有发

生变化，就应保持标识代码终身不变。当此种商品不再生产了，其对应的代码只能搁置起来，不得重复启用再分配给其他商品。

（2）常用条形码介绍。商品条形码主要有 EAN-13 代码、UPC 条形码、店内码。下面对 EAN-13 条形码做一简单介绍。

标准型的 EAN-13 代码结构（图 1-6）由 13 位数字组成，不同国家或地区的条形码组织对 13 位条形码的结构有不同的划分。在中国大陆，这种条形码结构由以下几部分组成，见表 1-5。

图 1-6　EAN-13 商品条码的符号结构

表 1-5　条码组成

项目	前缀码	企业代码	商品项目条码	校验码
位置（从右到左）	1～3 共 3 位	4～7 共 4 位	8～12 共 5 位	13 共 1 位
特点	用于标识国家或地区的编码，由国际物品编码协会总部赋予，如中国为 690～695。由于前缀码是由国际物品编码协会总部赋予并统一分配注册的，因此确保了商品前缀码在国际范围内的唯一性，不重复	用于标识商品生产（或批发）企业的独有代码，由国家或地区的物品编码中心赋予；我国由中国物品编码中心赋予。由于制造厂商代码是由中国物品编码中心统一分配注册，确保了唯一性，不重复	用于标识商品的唯一固定代码，由企业自己分配	为校验条码使用过程中的扫描正误而设置的特殊代码，其值由前三种代码数值计算而得

四、文献检索工具

（一）检索工具的概念

检索工具是指用以报道、存储和查找文献线索的一种工具，具有存储和检索两方面的功能。它是附有检索标识的某一范围文献条目的集合，属于二次文献。检索工具的作用主要有三方面。一是起到报道作用，揭示出某一时期、某一范围文献的发展状况，通过检索工具对文献的报道，可以获知文献的基本内容，了解整个科学技术的历史、新概貌和新水平，某门学科的沿革、新动向和新成就。二是可以起到存储的作用，即把有关文献的特征著录下来，成为一条又一条文献线索，并将其系统排列起来，组成检索系统，永世留存。检索工具的正文实际上是文献线索的集合体。三是检索功能，人们按一定的检索方法，随时从相关资料中检索出所需的文献线索，以便进一步获取文献原文。

一般说来，检索工具应具备以下 5 个条件：

① 有明确的收录范围；

② 有完整明了的文献特征标识；

③ 每条文献条目中必须包含有多个有检索意义的文献特征标识，并标明供检索用的标识；

④ 全部条目按照一定规则、科学地组织成为一个有机整体；

⑤ 有索引部分，提供多种必要的检索途径。

（二）检索工具的类型

目前可供人们使用的检索工具有很多，不同的检索工具各有特点，可以满足不同的检索需求。检索工具有不同的分类方法：按加工文献和处理信息的手段不同，可分为手工检索工具和机械检索工具；按照载体形式不同，可分为书本式检索工具，磁带式检索工具，卡片式、缩微式、胶卷式检索工具；按收录范围不同，可分为综合性、专科性、专题性和单一性检索工具；按文献揭示方式不同，可分为目录、题录、文摘、索引和数据库。

按照著录格式的不同，则可将检索工具分为以下四种类型。

1. 目录型检索工具

目录型检索工具是记录具体出版单位、收藏单位及其他外部特征的工具。它以一个完整的出版或收藏单位为著录单元，一般著录文献的名称、著者、文献出处等。目录的种类很多，对于文献检索来说，国家书目、联合目录、馆藏目录等尤为重要。如《北京图书馆善本书目》、《国家书目》、馆藏书目、专题文献目录、联合目录、出版社与书商目录等。

2. 题录型检索工具

题录型检索工具是以单篇文献为基本著录单位来描述文献外部特征（如文献题名、著者姓名、文献出处等），无内容摘要，是快速报道文献信息的一类检索工具。它与目录的主要区别是著录的对象不同。目录著录的对象是单位出版物，题录的著录对象是单篇文献。如美国《化学题录》、《中文科技资料目录》、《中国报刊索引》等。

3. 文摘型检索工具

文摘型检索工具是将大量分散的文献，选择重要的部分，以简练的形式做成摘要，并按一定的方法组织排列起来的检索工具。按照文摘的编写人员不同，可分为著者文摘和非著者文摘。著者文摘是指按原文著者编写的文摘；非著者文摘则是指由专门的熟悉本专业的文摘人员编写而成。就摘要的详略程度，可分为指示性文摘和报导性文摘两种。指示性文摘以最简短的语言写明文献题目、内容范围、研究目的和出处，实际上是题目的补充说明，一般在100字左右；报道性文摘以揭示原文论述的主题实质为宗旨，基本上反映了原文内容，讨论的范围和目的，采取的研究手段和方法，所得的结果或结论，同时也包括有关数据、公式，一般500字左右，重要文章可多达1000字。如美国《化学文摘》、《中国化学化工文摘》、《食品文摘》、《环境科学文摘》等。

4. 索引型检索工具

索引型检索工具是根据一定的需要，把特定范围内的某些重要文献中的有关款目或知识单元，如书名、刊名、人名、地名、语词等，按照一定的方法编排，并指明出处，为用户提供文献线索的一种检索工具。

索引的类型是多种多样的，在检索工具中，常用的索引类型有：分类索引、主题索引、关键词索引、著者索引等。

按照文献自身类型，检索工具分为如下6类。

① 书目检索。数据库内存储的是书目、索引、文摘等二次文献。用户检索到的是围绕某个特定主题的一系列文献条目(有文献题名、出处、收藏机构)，据此再查找原文。

② 数据检索。对数据库进行数据或数字资料检索，如科研数据、统计数字、化学式等。

③ 事实检索。又称事项检索，查找专门的事实材料，如人名、机构名称、产品等。

④ 全文检索。对原始文献检索，用检索词在全文数据中进行对应扫描和查找。

⑤ 图像检索。以图像、图形或图文信息为检索内容的信息查询。

⑥ 多媒体检索。以文字、图像、声音等多媒体信息为检索内容的信息查询。通过此检索，各种信息实时集成和处理，使检索界面有声有色、交互友好，检索结果图文并茂、丰富多彩。

(三) 检索工具的结构

1. 印刷型检索工具组成

① 使用说明。使用说明通常放在检索工具的开头部分，是编者为使用者提

供的必要指导。主要包括编制目的、适用范围、收录文献年限、文献记录或索引著录格式、查阅例述、注意事项等。用户首次使用某一检索工具之前，需要仔细阅读内容。

② 目次。又称分类目次表，是正文部分的分类类目和对应的页码，提供从分类途径查找文献的方法，作为编排检索工具正文和从分类查找文献信息的依据。

③ 正文。正文部分是检索工具的主体部分，由描述文献特征的记录排列组织而成，即由所收录文献的著录款目，按一定顺序编排而成。每条款目均由若干著录项目组成，如篇名、作者、出处、文摘等，为用户提供了解文献原文的内容和索取原文的线索。

④ 索引。索引是将表达文献主题内容的检索标识(主题词、分类号、作者等)和与其相关的文献信息地址(文摘号或顺序号等)，按照一定的顺序和方法组织编排而成。索引虽然处于辅助地位，但在检索过程中起到主导作用，是利用正文内容的钥匙。通常有分类索引、作者索引、书名或篇名索引、主题索引等。

⑤ 附录。附录是对检索工具内容的必要补充，主要包括专业术语缩略语、字母英译对照表、引用期刊一览表、文献来源名称缩写与全称的对照表、收藏单位代码等。有助于检索者更好地利用检索工具正文的内容。

2. 数据库结构组成

数据库结构由相互关联的文档组成，文档由记录组成，记录由字段组成。

① 记录。这是作为一个单位来处理有关数据的集合，是对某一实体属性进行描述的结果。

② 字段。它记录的是下一级数据单位，用来描述实体的某一属性。

③ 文档。这是由若干记录构成的集合，是数据库中数据组成的基本形式，包括顺排文档和倒排文档两种。

顺排文档，指文档中全部记录按顺序一个接一个地存放，也称主文档。

倒排文档，是将数据库中记录的一切可检字段或检索标识抽出，按某种顺序重新组织的一种文档，相当于印刷型检索工具的各种索引。

五、文献检索途径

确定检索途径，就是根据文献的外部特征或内部特征选择检索入口。检索途径的作用各有不同，所产生的检索效果和检索结果也不相同。因此，不同的检索途径具有各不相同的特点，对于不同检索课题、不同的文献类型及检索者自身的不同条件和水平，具有不同的适应性，检索者要根据各方面实际情况，细心斟酌，恰当选择。一般的检索途径主要有著者途径、题名(书名、刊名等)途径、学科分类途径、主题途径、引文途径、序号途径、代码途径、专门项目途径共八种。

1. 著者途径

许多检索系统备有著者索引、机构(机构著者或著者所在机构)索引，专利文献检索系统有专利权人索引。利用这些索引工具，从著者、编者、译者、专利权人的姓名或机关团体名称进行检索的途径，统称为著者途径。

2. 题名(书名、刊名等)途径

一些检索系统中提供按题名字顺检索的途径，如书名目录和刊名目录。

3. 学科分类途径

按学科分类体系来检索文献。这一途径是以知识体系为中心分类排检的，因此，比较能体现学科系统性，反映学科与事物的隶属、派生与平行的关系，便于我们从学科所属范围来查找文献资料，并且可以起到“触类旁通”的作用。从分类途经检索文献资料，主要是利用分类目录和分类索引。

4. 主题途径

通过反映文献资料内容的主题词来检索文献。由于主题法能集中反映一个主题的各方面文献资料，因而便于读者对某一问题、某一事物和对象作全面系统的专题性研究。我们通过主题目录或索引，即可查到同一主题的各方面文献资料。

5. 引文途径

文献所附参考文献或引用文献，是文献的外部特征之一。利用这种引文而编制的索引系统，称为引文索引系统，它提供从被引论文去检索引用论文的一种途径，称为引文途径。

6. 序号途径

有些文献有特定的序号，如专利号、报告号、合同号、标准号、国际标准书号和刊号等。文献序号对于识别一定的文献，具有明确、简短、唯一性特点。依此编成的各种序号索引，可以提供按序号自身顺序检索文献信息的途径。

7. 代码途径

利用事物的某种代码编成的索引，如分子式索引、环系索引等，可以从特定代码顺序进行检索。

8. 专门项目途径

从文献信息所包含的或有关的名词术语、地名、人名、机构名、商品名、生物属名、年代等的特定顺序进行检索，可以解决某些特别的问题。

此外，还有分子式途径、化学物质途径等，只有根据课题的需要选用相应的检索途径，才能获得相关的文献。

六、文献检索方法

常见分类方法见表1-6。

表1-6 文献检索方法

方法		定义
直接检索法		又称为直查法，是指不利用检索工具或检索系统，通过直接浏览或查阅原始文献以获取所需信息的一种检索方法
间接检索法	基本含义	又称间接法，是利用检索工具并从中查出特定文献的过程，就是利用文摘或题录等各种文献检索工具查找文献的方法，也称常用法或工具法
	顺查法	以所查课题起始年代为起点，由远而近地按时间顺序进行文献查找的方法。这种方法能收集到某一课题的系统文献，它适用于较大课题的文献检索。运用该法，首先要确定具体课题研究的历史背景，从研究开始的年代查起，逐年或逐卷地翻阅查找
	倒查法	这是一种由近而远、逆时间顺序的查找方法。从新到旧、近期往远期查找，多出于新开课题或有新内容的老课题，注意力一般放在查找近期文献。近期文献不仅能反映现在的研究水平，而且可以通过引用、论证了解早期文献，不必逐年查找完
	抽查法	根据研究课题的特点，抽取一段时间(几年或十几年)或一段时间内的几个点，再按照顺查法或者倒查法展开检索
追溯检索法		又称追溯法，是指从已有文献后面所列的参考文献着手，逐一追查原文，再从这些原文后面所附参考文献逐一检索，获得一批相关文献的方法
循环检索法		也称综合法、分段法或循环法，是常用法和追溯法的结合。具体地说，该法先利用检索工具查找出一批有参考价值的相关文献，然后利用这些文献后面所附的参考文献或原文中涉及的重要线索进行追溯，分期分段地交替使用，直到满足检索提问需要为止

实际课题的检索要根据具体情况而定，一是根据课题研究的需要，二是视所能利用的检索工具和检索手段。在检索工具书刊比较丰富的条件下，可以利用常用法；若能获得针对性很强的文献，则可利用追溯法获得相关性较强的文献；获悉研究课题出版文献较多的年代即可利用抽查法。总之，只有视条件的可能和课题的需要，选用相应的检索方法，才能迅速获得相关的文献，完成课题检索的任务。

七、文献检索步骤

文献检索是一项实践性很强的活动，它要求我们善于思考，并通过经常性的实践，逐步掌握文献检索的规律，从而迅速、准确地获得所需文献。文献检索步骤是对查找文献全过程的程序划分，一般包括分析课题、选用检索工具或数据库、确定检索途径与方法、检索实践和效果评估等系列过程。

（一）分析研究课题，明确检索要求

首先分析检索目的是什么，是深入研究还是一时学习解难析疑之需；其次分析检索内容范围的广度及其所需文献的时间跨度有多长等。例如，查词语解释或成语典故的出处，与查有关事实、数据及相关参考文献这两种不同层次的课题，其所需文献及所用工具书刊是有很大区别的。

弄清课题研究的目的性和重要性，掌握与课题有关的专业知识，明确课题检索范围的要求，然后再确定检索范围。检索的范围要考虑以下几个方面。

① 专业范围。要弄清课题所属学科与专业，与该专业相邻的学科是哪些，它们的性质特点和已知发展水平等。

② 时间范围。目的是想获得最新资料，还是想了解历史发展？可能出现在哪类出版物中和时间范围区间？综合已有情报，寻找新的情报线索。

③ 国家范围。需要了解哪些国家的文献资料？国内哪些检索工具中收录了这些资料？

④ 文献类型。需要查找有关的全部文献还是部分文献，需要查找哪些类型的文献（专利、期刊论文、标准或其他）？

⑤ 检索角度。需要检索的文献信息是侧重于理论方面，还是应用方面？

在充分分析的基础上，选取最恰当的检索标识或检索词。

（二）仔细分析比较，选用检索工具

检索工具（含数据库）的类型很多，每一种检索工具都有其独自的特点，因此在使用检索工具时，应有所分析、有所比较、有所选择，主要根据检索课题的内容、性质以及检索的文献类型进行选择。

在选择检索工具或者数据库的时候，应注意以下几点。

① 根据检索目的选择检索工具；

② 根据需求的专业、学科、专题范围选择检索工具；

③ 根据检索文献类型选择检索工具，这也是选择检索工具的重要原则；

④ 根据客观条件选择检索工具。

（三）选择检索途径，确定检索方法

检索途径也称检索入口。文献的特征标识是存储文献的依据，也是检索文献的依据，因此，文献特征标识便构成了检索途径，其分类见表 1-7。

表 1-7　检索途径的分类

<table>
<tr><th colspan="2">方法</th><th>定义</th><th>注意事项</th></tr>
<tr><td colspan="2">外部途径</td><td>以文献需求外部特征标识作为检索入口，包括篇名(书名)途径、著者途径和序号途径</td><td rowspan="4">①从掌握的线索入手，确定检索途径。
②按检索工具提供的“入口”进行检索</td></tr>
<tr><td rowspan="3">内容途径</td><td>基本含义</td><td>以文献内容特征标识作为检索入口</td></tr>
<tr><td>分类途径</td><td>以分类标识作为入口，检索文献资料的途径
特点：系统性强、查全率高
适用范围：系统检索某一方面文献资料时采用这一途径
特点：专指性强、查准率高
适用范围：特性检索即检索课题的专指性较强时，采用这一途径</td></tr>
<tr><td>主题途径</td><td>以检索课题的主题词(叙词、关键词)作为人口，检索文献资料的途径</td></tr>
</table>

(四) 依据检索方案，实施文献检索

1. 详细查找适合检索需求的文献线索

利用先期确定的检索标识和制定的检索策略，详细查找适合检索需求的文献线索。

① 将检索课题的主题概念和初选的检索标识用所查阅的检索工具所用的检索语言正确标引，确定查阅各检索工具应该使用的正式标识。

② 用正式标识查阅检索工具的有关部门索引，得到文献的存储顺序号和所在页码。

③ 阅读存储文献的各条著录款目，主要是题名项和内容提要，判断是否符合需要。

2. 详实记录适合检索需求的文献线索

记录的文献线索是获取原始文献的依据，记录要详细。文献线索包括：文献名称、作者、文献类型、文献出处、时间等。

① 期刊论文。一般记录篇名、刊名、年、卷、期、页码。对重要的检索结果，要做摘要。

② 图书。一般记录书名、作者、出版社、出版日期。对重要的检索结果，要做摘要。

③ 专利。一般记录专利的名称、专利号。

④ 标准。一般记录标准的名称、标准号。

⑤ 科技报告。一般要记录报告名称、完成科研的单位及报告号。

⑥ 会议论文。一般要记录会议论文的标题、会议录名称、会议录出版单位、出版时间、页码。

⑦ 学位论文。一般要记录学位论文的名称、刊载处。

⑧ 报纸论文。一般记录报纸名称、论文名称、出版日期、所在版面等。

3. 根据已得文献线索查找各种原始文献

检索的最终目的是获取原始文献，否则再多的检索也无多大用处。索取原始文献的步骤如下。

① 将缩写刊名变成刊名全称。为了节省篇幅，检索工具中著录的文献出处几乎全部采用缩写名称。但若要索取原文，必须将其变成全称。

② 通过馆藏目录查文献收藏单位。

图书：查图书书名目录。

期刊论文：利用期刊馆藏目录查找，及各种期刊联合目录。

专利、科技报告、标准：可分别用专利号、科技报告号、标准号到收藏此类文献的单位查找。

会议文献：方法与图书基本相同。

（五）按照评价方法，评估检索效果

这是对检索过程的初步总结。如有失误，应重新检索，以求最佳效果。按照"文献检索效果评价"方法，主要从三个方面分析：检索出的文献数量是否符合要求、文献的准确性是否符合要求、文献的新颖性内容是否符合要求。如需重新调整检索策略，可从检索工具、检索方法、检索途径三个方面进行调整。

八、文献检索技术

检索技术是指利用计算机检索系统，检索有关信息而采用的相关技术，是应用于信息检索过程的原理、方法、策略、设备条件和检索手段等因素的总称。常用的有分类导航检索、布尔逻辑检索、截词检索、位置检索、字段限定检索等。

（一）分类导航检索

分类导航检索（Subject Directory）是通过文献的主题类目，引导用户从主题等级分类的途径来浏览数据库记录。从学科分类的途经对文献进行检索，便于用户从学科的角度入手进行文献检索，几乎所有的数据库都支持分类导航功能。

（二）布尔逻辑检索

布尔逻辑检索（Boolean Operators Searching）是采用逻辑算符将不同的检索词组配起来，使一些具有简单概念的检索单元成为一个具有复杂概念的检索式，用以表达用户的信息检索要求。它是构造检索表达式最基本、最简单的匹配模式，也是当今检索理论中最成熟的理论之一。

布尔逻辑检索是通过布尔逻辑算符(布尔算符)来实现的。用算符来表示检索词与检索词之间的逻辑关系，常用“与”(and)、“或”(or)、“非”(not)表示不同的逻辑思想。

逻辑“与”：通常用AND或“*”表示，用于交叉概念和限定关系的组配，可以缩小检索范围，有利于提高查准率。

【示例1】A AND B，表示查找文献记录中同时包含“文献检索”和“信息教育”两个概念范围的文献，即C的内容(图1-7)。

逻辑“或”：通常用OR或“+”表示，用于并列关系的组配，可以扩大检索范围，防止漏检，有利于提高安全率。

【示例2】A OR B，表示查找文献记录中包含“文献检索”或者“信息教育”任何一个概念的文献，即图中所有的内容(图1-7)。

逻辑“非”：通常用NOT或“-”表示，用于排斥关系的组配，即从原来的检索范围中排除不需要的概念或影响检索结果的概念。

【示例3】A NOT D，表示查找文献记录中包含“文献检索”概念内容，去掉其中含有“信息教育”这个概念范围的文献，即A-C的内容(图1-7)。

反之，B NOT A，表示查找文献记录中包含“信息教育”概念内容，去掉其中含有“文献检索”这个概念范围的文献，即B-C的内容(图1-7)。

逻辑算符的优先顺序为NOT、AND、OR，可以根据需要，使用括号改变执行顺序。

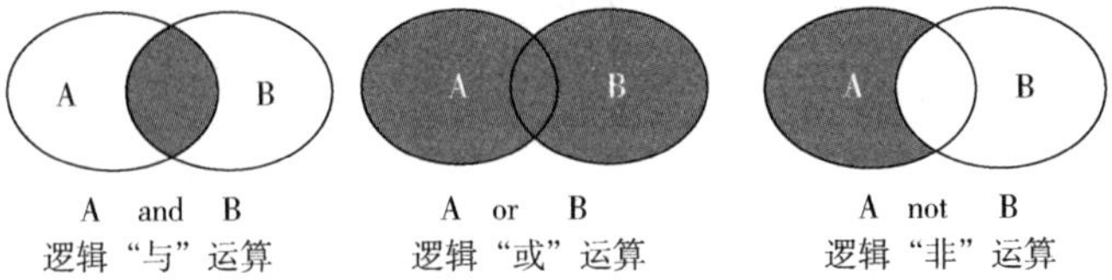

图1-7　逻辑算符关系示意

(三) 截词检索

截词检索(truncation)指在检索词的某个局部截断，采用专门的截词符号表示检索词的某一部分有一定的词形变化，构成模糊检索的方式。目的是针对由于近义词、同一词根、单复数等词汇的变化，减少检索词的输入而保证相关检索概念的涵盖，防止漏检，提高查全率。

截词按位置不同，可以分为前截词、中间截词和后截词三种。前截词因误检率高，一般不用；中间截词也很少使用；最常用的是后截词，又称后端截词或前端一致。截词符，也称统配符，通常用“*”、“?”表示。截词符的使用，各检索系统略有差别。如Dialog系统。

comput? compute，computer，computation，computerisation 等(词尾无限截断)；

computer?? <=1 computer，computers；

compt?? <=2 compute，computer；

comput??? <=3 compute，computer，computing(词尾有限截断)；

alumin?? m<=2 aluminum，aluminium(中间截断)。

(四) 字段限定检索

字段限定检索(Field Searching)是指限定检索词在数据库记录中的一个或几个字段范围内。

进行查找的一种检索方法。检索时，系统只对指定字段范围进行匹配运算，提高了检查效率和查准率。字段检索有时用代码表示，不同检索系统，其数据库的字段名称和代码有所不同，常用字段名称及代码见表 1-8。通常检索字段符分作两类：后缀式和前缀式。

后缀式对应基本索引，反映文献的主题内容(如篇名、文摘、叙词、自由标引词等)，字段代码用“/”放在检索词之后，如 electron/TI 表示 electron 一词必须出现在篇名字段。

前缀式对应辅助索引，反映文献的外部特征(著者及其机构、文献类型、语种等)，字段代码用“=”放在检索词之前。如 AU=Johnson，A. R. 表示 Johnson，A. R. 必须出现在作者字段。

表 1-8 数据库常用字段名称及代码

西文数据库常用手段		中文数据库常用手段
字段名称	字段代码	
Title	TI	题名
Author	AU	作者
Keyword，Topic	KW	关键词
Descriptor，Subject	DE	主题词
Crporate Source，Company	CS	机构(作者单位)
Abstract	AB	文摘
Document Type	DT	文献类型
Journal Name，Publication Title	JN	期刊名称
Publication Year	PY	出版年
ISSN/ISBN	ISSN/IBSN	ISSN/IBSN
Full text	FT	全文

(五) 位置算符检索

位置算符(Proximity Operator)又称邻近算符或全文查找逻辑算符，表示其连接的两个检索词之间的位置关系，以原始记录中词与词之间特定位置关系为检索对象的运算。

常用的位置算符有：With（W、nW），Near（N、nN），Field（F），Subfield（S），以及与 NOT 的连用 NOT W，NOT N，NOT F，NOT S 等。

1. W 与 nW 算符

W 是 with 的缩写。W 或用( )表示其连接的两个检索词必须按序出现，中间不允许插词，只能有一空格或标点、符号；nW 与 W 类似，只是它允许插词，插词量小于或等于 n 个。

例如：computer W network 会出现 computer network 或 computer-network 等；laser lW printer 会出现 laser printer，laser color printer，laser and printer 等。

2. N 与 nN 算符

N 是 near 的缩写。N 表示其连接的两个检索词的顺序可以互易，但两词间不允许插词；nN 中的 n 表示允许插词量少于或等于 n 个。

例如：chemistry N physics 会出现 chemistry physic，physics chemistry；internet1N accessing 会出现 accessing internet，acessing the internet，internet intranet accessing 等。

3. F 算符

F 是 Field 的缩写。F 表示其连接的两个检索词必须出现在同一字段中，字段不限，词序个限。

4. S 算符

S 是 Subfield 的缩写。S 表示其连接的两个检索词必须出现在同一子字段中。子字段是指字段中的一部分，如一个句子，一个词组、短语。字段不限，词序不限。

以上所有算符的书写用大小写均可，与 NOT 连用表示意义相反。

九、检索效果评价

检索效果是指进行文献检索所产生的有利效果。这种结果反映了文献检索工具是否达到和满足了研究课题的需要。对检索效果进行评价的目的，是对检索工作的状况进行反馈，找出影响检索效果的因素，以便及时修订、调整所选择的检索方法和制定的检索策略，提高文献检索的质量，确保研究课题的完成。

（一）文献检索效果的评价标准

1. 查全率(Recall Factor)

查全率是指检出的相关文献量与检索系统中相关文献总量的百分比，是衡量信息检索系统检出相关文献能力的尺度，可用下式表示：

查全率(R)= 检出的相关文献总量(b)/系统中的相关文献总量(a)×100%。

例如，要利用某个检索系统查某课题。假设在该系统数据库中共有相关文献 40 篇，只检索出来 30 篇，那么查全率就等于 75%。

2. 查准率(Precision Factor)

查准率是指检出的相关文献量与检出文献总量的百分比，是衡量信息检索系统精确度的尺度，可用下式表示：

查准率(P)= 检出的相关文献总量(b)/检出文献总量(m)×100%。

例如，如果检出的文献总数为 50 篇，经审查确定其中与课题相关的文献只有 40 篇，另外 10 篇与该课题无关。那么，这次检索的查准率就等于 80%。

(二) 影响检索效果的因素

查全率和查准率是评价检索效果的两项重要指标，二者与文献的存储和信息检索两个方面是直接相关的。也就是说，二者与系统的收录范围、索引语言、标引工作和检索工作等有着非常密切的关系。

1. 影响查全率的因素

从文献存储来看，影响查全率的因素主要有：文献库收录文献不全，索引词汇缺乏控制和专指性，词表结构不完整，词间关系模糊或不正确，标引不详，标引前后不一致，标引人员遗漏了原文的重要概念或用词不当等。

从检索来看，影响查全率的因素主要有：检索策略过于简单，选词和逻辑组配不当，检索途径和方法太少，检索人员业务不熟练或缺乏耐心，检索系统不具备截词功能和反馈功能，检索时不能全面描述检索要求等。

2. 影响查准率的因素

影响查准率的因素主要有：索引词不能准确描述文献主题和检索要求，组配规则不严密，选词及词间关系不正确，标引过于详尽，组配错误，检索时所用检索词(或检索式)专指度不够，检索面宽于检索要求，检索系统不具备逻辑“非”功能和反馈功能，检索式中允许容纳的词数量有限，截词部位不当，检索式中使用逻辑“或”不当等。

(三) 提高检索效果的措施

要提高检索效果，可以参考使用以下措施和方法。

1. 准确分析课题

用什么手段来分析课题？首选手册、百科全书、专著等三次文献作为分析课题的手段，因为这些三次文献是该领域的学术专家和权威对以往研究的总结，既有高度又有深度和广度。对课题进行主题分析，是制定检索策略的依据，也是编制检索式、正确运用各种逻辑运算符的先决条件。分析检索课题的准确与透彻度，对整个检索结果起了至关重要的影响。由于大多数用户对数据库结构与标引方法并不十分了解，往往不能准确充分地表达检索课题所需的实质性内容，如表示的概念过大，必然造成大量误检；表达的概念过小，则会造成大量漏检。

【示例1】检索“高压无油压缩机密封元件的研究”方面的文献。

用中国期刊全文数据库检索，检索结果并不多；但在超星数字图书馆用“压缩机”为主题词检索，有一本专著《活塞式压缩机的无油润滑》，对影响高压无油压缩机密封元件寿命的因素、国内外的研究现状作了详尽的分析和描述。在此基础上再去检索国外的文献，就容易多了。

对于比较新颖、三次文献没有描述的课题，可以直接由中国期刊全文数据库、维普数据库、万方数据库和读秀学术搜索作为检索起点。

【示例2】检索关于“煤脱硫的最新工艺与技术”。

若用“煤脱硫”作为主题概念，有1000多篇，表明“煤脱硫”概念太大；选择更具体的概念“微波煤脱硫”，只有10多篇，说明概念定位恰当的重要性。

2. 优化检索策略

检索策略是检索过程的灵魂。只有好的检索策略，才能达到“沙里淘金、海中取珠”的目的。检索词的选取要符合两个要求：一是能准确、完整地表达检索课题的本质性内容，二是要符合数据库的输入要求。

【示例1】检索“石油工业的废水处理”方面的文献。

①若用“废水处理”作为主题，概念太大，在中国期刊全文数据库中用篇名途径检索到10000多篇。

② 若用“石油工业”来限制也不合适，一方面“石油工业的废水处理”概念仍然太大，因为不同的企业有不同的产品，就有不同的废水；另一方面，一般文献会专注于具体物质，不一定会出现“石油工业”字样，因此，用“石油工业”这个词来限制会造成漏检。

③ 如果知道石油工业主要排放的是毒性较大的含酚废水，那么主题概念定位在“含酚废水”和“处理”就比较恰当了，但仍有300余篇。

④ 这么多文献刚开始还很难逐篇阅读，可以先检索这方面的综述文献进入课题，因此，在全文检索途径中输入“综述”进行二次检索，得到20篇左右。

【示例2】检索“节杆菌超氧化物歧化酶基因的克隆和表达”方面的文献。其中，超氧化物歧化酶(ECl. 15. 1. 1，SOD)是一种广泛存在于动物、植物及微生物中的重要抗氧化酶。

检索策略1：超氧化物歧化酶 AND 基因。检索结果为50余篇。

检索策略2：(超氧化物歧化酶 OR SOD) AND 基因。检索结果为100余篇。

比较：检索策略2显然比检索策略1的查全率要高得多。

体会：以为所有文章均会使用“超氧化物歧化酶”这个全称，但事实上有的文献只使用 SOD。不同文章作者，用词会有偏好。对于检索者来说，一定要让检索词的范围覆盖广大作者的用词范围。但这也与专业知识密切相关，拥有的专业知识越丰富，那么给出的检索策略就越正确。

3. 广开检索思路

除了利用检索工具书外，还应注意直接利用普通书刊，特别是丛书、丛刊、文集、资料汇编之类的书刊。这对查找专题资料往往见效很快，能够迅速达到检索目的，甚至可以起到事半功倍的作用。

只要掌握了这些方法和技巧，并在具体检索中合理运用，学生们就能得到满意的检索结果。

第二章　图书馆的综合利用

课堂教学：　文献检索方案确定

拟制了毕业论文工作方案之后，就要围绕论文主题确定主题词，设计文献检索方案，检索和收集所需文献。

授课教师根据学生完成上次课后作业情况，指出大家毕业论文工作方案中存在的几类典型问题，分别分析原因所在和解决对策。接下来，师生继续利用上次课堂教学使用的毕业论文，开展新科教学，确定文献检索方案。

1. 分析研究课题，明确检索要求

弄清该毕业论文课题研究的目的性和重要性，确定该毕业论文课题的检索主题，掌握与课题有关的专业知识，明确课题检索范围的要求，然后再确定检索范围(专业范围，时间范围，国家范围，文献类型，检索角度)。

2. 仔细分析比较，选用检索工具(或数据库)

根据该毕业论文课题的内容、性质以及检索的文献类型，比较几种检索工具和数据库的适用性和针对性，确定检索工具和数据库。

3. 选择检索途径，确定检索方法

比较该毕业论文课题对应的外部途径和内容途径，选定检索途径；根据课题特点，结合各种检索方法的适用性和针对性，拟定文献检索方法。根据确定的检索词，构造检索式，进行试验性检索，若方法可行，则确定该检索方法。

4. 依据检索方案，实施文献检索

首先利用前面确定的检索标识和制定的检索策略，详细查找适合检索需求的文献线索并认真记录下来；然后按照文献线索，利用不同检索途径和方法，按照先纸质文献、后电子文献的顺序，依次查找该毕业论文课题所需的文献。

5. 按照评价方法，评估检索效果

按照“文献检索效果评价”方法，从检索出的文献数量是否符合要求、文献的准确性是否符合要求、文献的新颖性内容是否符合要求 3 个方面入手，评价检索效果，并从检索工具、检索方法、检索途径 3 个方面做出必要的调整。

6. 根据课堂所学，课后推进课题

学生根据课堂所学，课后制定自己毕业论文课题的文献检索方案，并从多种途径、用多种方法实施检索。

课前自学：图书馆各种资源利用

阿根廷原国家图书馆馆长、著名作家博尔赫斯(Jorge Luis Borges)曾有一句"金句"："如果有天堂，天堂应该就是图书馆的模样。"对于刚步入大学校园的同学们来说，图书馆是诱人的，对它的认识又是陌生的、朦胧的。山包海汇、藏书丰富的图书馆，历来被喻为人类知识的宝库、知识的最高殿堂，莘莘学子开掘知识的"宝山"，孕育科学成果的一方沃土，培养各类人才的摇篮。当同学们迈步登上这神圣的知识殿堂，就会感到它是那样的博大精深、那样的深邃神奇、那样的富有魅力。它是同学们学习的第二课堂，成材的基地，获取知识信息的主要渠道之一，与同学们今后的成长发展息息相关。在德国柏林图书馆的大门上，镌刻着这样的警句："这里是人类知识的宝库，如果你掌握了它的钥匙的话，那么全部知识都是你的。"

一、图书馆的性质和职能

1. 图书馆的定义

关于什么是图书馆，国内外的图书馆学家都给了它不同的定义，但基本观点是一致的，即都认为：图书馆是收藏图书资料的地方；图书馆收藏的图书资料是提供使用的。

概括来说，图书馆是对信息、知识的物质载体进行收集、加工、整理、积聚、存储、选择、控制、转化和传递，提供给一定社会读者使用的信息系统。简言之，图书馆是文献信息的存储与传递中心。

2. 图书馆的发展

图书馆在其发展的过程中大致经历了古代、近代和现代三个时期。古代图书馆的特征是以藏书为主，人们习惯称之为"藏书楼"。近代，图书馆在发展的道路上已经达到成熟的阶段。近代图书馆的特点是：从私有发展为社会化，由封闭转向开放；由单纯的保管转向利用；由简单的整理藏书而扩展为获取、处理、存储、传递、利用的复杂工作体系。此时的图书馆开始成为人民社会生活的有力组织者，肩负起了文献和知识交流的重任。第二次世界大战后，随着科学技术的发展，尤其是电子计算机在图书馆的应用，使图书馆发生了巨大的变化，从此，图书馆进入了一个崭新的发展阶段。目前，世界图书馆事业正处于变革时期，电子计算机技术、现代通讯技术、声像技术、光学记录技术和缩微技术主导了图书馆的现代化发展方向。由于采用了现代化先进技术，图书馆正从传统模式中渐渐走出，而步入适应时代需求的新轨道，日益成为文献信息的存储中心与交流中心。

3. 图书馆的性质

图书馆作为一种社会机构，它纵向继承和发展了人类创造的智慧结晶，横向架起了知识创造和知识利用的桥梁。它以收藏与储存的文献为媒介，以传递为手段，把知识信息扩散到不同的读者中，起到信息交流的作用。从图书馆本身所具有的特殊性看，其性质也是独特的，概括起来主要包括社会性、学术性、教育性、服务性等。

（1）社会性。图书馆是提供人们共同使用图书财富的文化机构，具有明显的社会性。首先，图书馆的藏书是人类共同的精神财富，它将凝聚着古今中外千百万人智慧结晶的文献，通过提供阅读的方式，促成知识的传播和信息的交流，并直接介入社会的政治、经济、科学、文化领域。其次，图书馆也是组织读者充分利用人类文化遗产的机构。

（2）学术性。图书馆的学术性体现在两方面。其一，图书馆工作是科学研究工作的重要组成部分，是为科学研究提供文献信息的重要基地，是科学研究的前期劳动。其二，图书馆工作本身就是具有科学研究性质的，是对知识信息进行保存、加工、整序并提供利用的，要做好这些工作，需要相应的知识与技能，这也体现着图书馆工作特有的理论和方法。

（3）教育性。图书馆以传递知识信息为手段，对社会上的一切具有利用图书馆能力的人起着独特的、必然的教育作用。

图书馆的教育性，就形式而言，是通过传播所收藏的知识文献对读者进行宣传教育；就教育内容而言，图书馆的藏书包括各个领域；就教育对象而言，也具有广泛性。毫不夸张地说，图书馆是课堂教育的补充和社会教育的重要场所。

（4）服务性。图书馆是知识的生产与利用之间的桥梁，这种桥梁作用体现了图书馆作为社会知识交流系统中的一个环节所起到的服务性和中介性。图书馆本身并不是创造文献，也不是自身利用文献，它的搜集、整理、加工文献的工作，是为服务准备的物质基础和前提条件，其目的是最大限度地发挥文献的作用，以满足读者千差万别的阅读需求。

4. 图书馆的职能

图书馆的职能涉及社会生活的各个领域。在图书馆的历史发展过程中，其职能是随着社会及其自身发展规律的变化而变化的。其职能有许多，概括起来主要有以下几个方面。

（1）社会文献流整序的职能。社会文献的生产具有两个明显的特征：一是它的连续性，二是它的无序状态。所谓连续性，是指社会文献一旦产生，它就不会停止运动，总是源源不断地涌现。社会文献的这种连续运动状态，用形象化的语言来描述，就叫做“文献流”。所谓无序状态，是指社会文献的生产，从个体上看，是自觉的、有目的的；而从整体看，则是不自觉的、无目的的，文献的流向是分散的，多头的，有时甚至是失控的。文献的这种无序、自然排列的流动状态就叫做无序状态。社会文献流的无序状态，给读者带来了极大不便。为了使人们能够合理、有效、方便地利用文献，控制文献流的动向，就需要对文献流加以整序。图书馆就是这样一种能够对文献流进行整序的社会机构。因此，对社会文献流的整序，就成为图书馆的基本职能之一。

(2) 保存人类文化遗产的职能。三千多年的科学文化史表明，有文字记载以来的全部文献资料，记载了从古到今人类历史的发展和演变，记录了人类征服自然、改造自然的进程。图书馆成了保存人类文化遗产的宝库，它与社会的生存发展有着密切的关系。图书馆的这项职能是其他职能的物质基础和前提，没有这一职能，图书馆的其他职能就不能充分发挥。正因为图书馆的存在，使有史以来的文化典籍得以流芳千古，为人们所借鉴和利用。

(3) 传递情报职能。图书馆中蕴藏着丰富的文献，汇集着最新的科研成果，拥有大量的情报源。及时加工和整序庞大的文献，迅速而准确地传递情报信息，实现文献的情报价值，是图书馆情报价值的体现。图书馆的工作过程，就是情报的输入、输出过程。它既是情报的吸收源，源源不断地吸收大量的科学情报；又是情报的发生源，不断地向用户提供科学情报。

(4) 社会教育职能。图书馆在传播科学文化知识的过程中，对社会上的成员起着独特的教育作用。尤其在当今瞬息万变的时代，知识更新的周期在缩短，为了适应时代的需要，人们必须不断地学习，以弥补课堂学习的不足和陈旧知识的更新，这种学习是靠回归教育、终身教育和自学来完成的。图书馆是自学的重要场所，它对读者起着不同于其他教育机构的独特的施教作用。毫不夸张地说，图书馆是学校课堂的延伸、扩展和深入。图书馆被誉为“没有围墙的大学”，恰当贴切地描述了图书馆的教育职能。

(5) 开发智力资源的职能。图书馆所收藏的图书资料及知识、信息是人类同自然斗争的智慧结晶，因而是一种智力资源。这种资源只有经过开发才能为人类服务并造福于人类。这种资源与自然资源不同，能重复使用，长期使用还能再生出新的智力资源。

未来的信息社会需要有丰富知识的脑力劳动者。开发智力，培养人才，光靠学校不够，主要是靠信息中心和信息网络来承担。因此，图书馆必然应担负起开发智力资源的责任和义务。

除了上述 5 种职能以外，图书馆还要满足社会及人类对文化娱乐的需要，丰富人们的文化生活，这对促进社会主义物质文明建设和精神文明建设同样有着重要作用。

5. 数字图书馆

“数字图书馆”中的数字，是由英文“Digital”翻译而来。一般是指利用当今先进的数字化技术，通过诸如 Internet 国际互联网等计算机网络，使人数众多且又处在不同地理位置的用户能够方便地利用大量的、分散在不同储存处的电子物品的全部内容。这些电子物品包括网络的文本、地图、图表、声频、视频、商品目录以及科学、企业、政府的数据库，还包括超媒体和多媒体等。人们又称数字图书馆为电子图书馆(Electronic Library)、虚拟图书馆(Virtual Library)、无围墙图书馆(No Wall Library)。可以预见数字图书馆与互联网络、信息高速公路联结为一体，将成为世界信息资源最丰富、用户最多、利用最方便、最开放、规模最大的公共图书馆。

二、图书馆的主要服务项目

图书馆的业务主要分为两大类：一是藏书工作，二是为读者服务工作。藏书工作是全部工作的基础，是间接地为读者服务。第二项则是直接为读者服务。目前，图书馆工作的重点逐渐从藏书工作转向为读者服务。

图书馆的读者服务工作的类型、层次和功能均具有多样性特点，并随着图书馆事业的发展而不断发展和完善。不同的图书馆具有不同的服务对象，因此为读者提供的服务项目和数量也有所不同，但是，大体可以概括为以下几种，见表2-1。

表 2-1　图书馆的主要服务项目

服务类型	具体内容	
文献借阅服务	图书外借服务	利用图书馆的合法身份，借阅文献信息资料，享受图书馆提供的一切服务
	图书借阅一体服务	为读者提供图书外借和阅览服务
	书刊阅览服务	为读者提供阅览服务
多媒体阅览室服务	为读者提供网络信息检索、电子数据库检索(中国期刊全文数据库、中文科技期刊数据库、中国学位论文全文数据库)等检索服务	
办证、补证等服务	图书馆还负责为读者办理办证、补证、借阅证解挂、借阅证密码(遗忘)更改和图书遗失赔偿手续	
读者培训服务	帮助了解图书馆的基本工作流程和运作方式，了解图书馆所提供的文献资源和服务设施，了解和正确使用图书馆收藏的电子数据库，掌握利用图书馆和计算机文献信息检索的方法	
信息检索服务	为读者提供信息检索、课题查新和文献传递服务	

续表

服务类型	具体内容
公共查询服务(OPAC)	为读者提供查询服务。读者通过它可以进行馆藏查询、个人数据查询，自行办理图书预约、续借手续，提供采访信息反馈、了解图书馆服务的相关信息等
网站服务	图书馆网站一般包括图书馆最新动态信息、读者指南、读者服务、读者信息、电子资源、数字图书馆、馆长信箱等项服务内容，是读者了解图书馆的窗口

三、馆藏书目检索

读者可以通过图书馆主页进入馆藏书目检索，下面以天津大学图书馆为例进行介绍。图书馆书目检索系统可提供：馆藏文献查询(馆藏图书、期刊及电子期刊等文献)、专类文献的快速指引、用户需求操作、个人借阅信息查询、天津市高校联合目录查询、新书报道等服务。

馆藏书目检索提供快速、高级、浏览、索书号、拼音、词组短语等检索方式，它们各自特点如下。

1. 快速检索

快速检索是系统默认页面，读者只需在输入框中键入关键词，选择恰当的检索字段便可完成检索。检索结果中含有输入词的全部或部分，如图 2-1 所示。

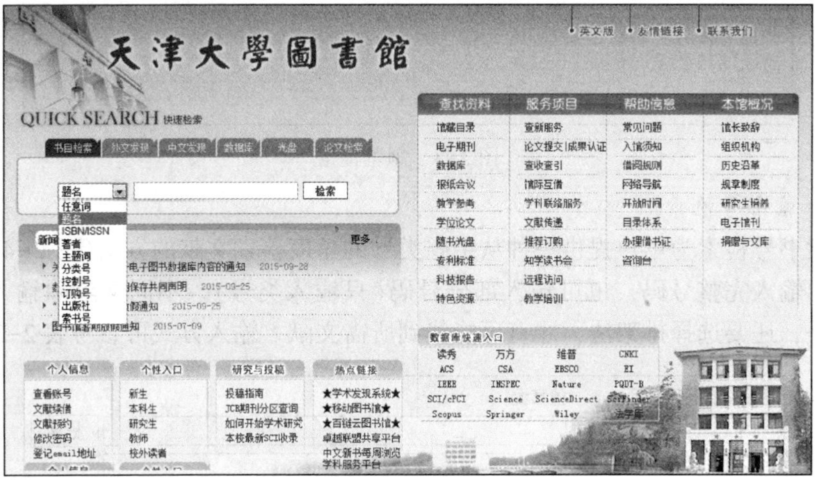

图 2-1　快速检索

2. 高级检索

高级检索提供一个多路径同时检索的方式，读者可以准确地检索到专指性很强的图书。另外高级检索页面是登陆其他检索方式进入口，如图 2-2 所示。

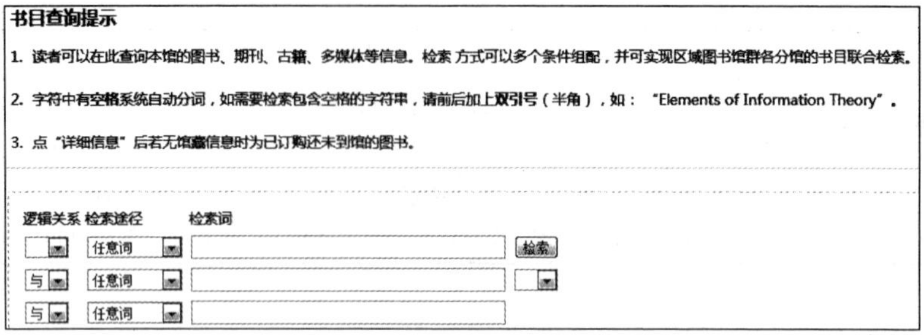

图 2-2　高级检索

3. 浏览检索

点击“浏览检索”进入浏览检索页面，输入关键词后，系统以关键词为词首排列检索结果，类似于查字典，如图 2-3 所示。

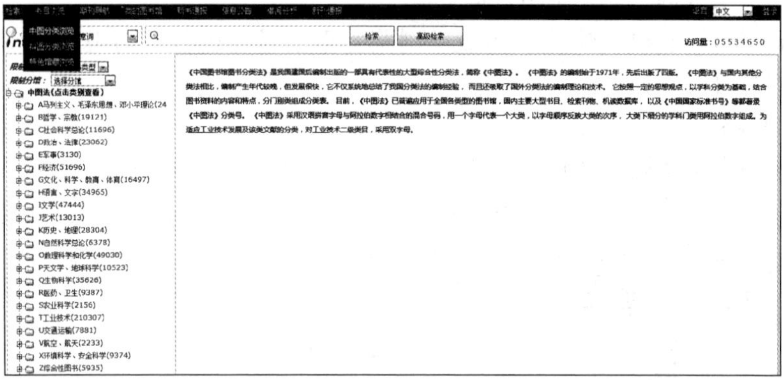

图 2-3　浏览检索

4. 索书号检索

索书号检索为用户提供一种从主题类号的角度检索文献的方法(图 2-4)。索书号可输入完整号码，也可输入部分号码(只输入类号)。不同文献除输入索书号之外，还要选择排架法，才有可能找到所需文献。输入方式可参考表 2-2。

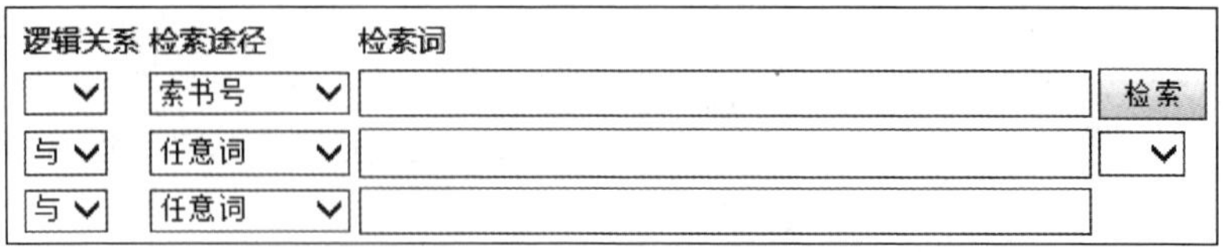

图 2-4　索书号检索

5. 拼音检索

拼音检索页面与词组短语检索相同，但输入检索词方式不同。用户只需输入关键词的汉语拼音即可，输入时可采用全拼（BeiJingDaXue），也可用简拼（BJDX）。

6. 词组短语检索

词组短语检索是一种精确检索方式，所输入的词与检索结果中出现的词保持一致。如输入“线性激光”，只会找到含有“线性激光”的文献，而不会找到“线性强激光”的文献。该检索方式可以帮助用户精确检索图书，如图 2-5 所示。

表 2-2 输入方式

文献类型	分 类 号	书写格式
中文书	中图法—C	TP312C/670
西文书	中图法—W	05 B168
中文科技刊	刊架号—C	[K]56.5/T19
中文社科刊	中图法—C	[K]I2/R1
西文科技刊	刊架号—W	[K]67.2 E1
西文社科刊	中图法—W	[K]D6 B1
日文科技刊	刊架号—W	[K]67.2/E1
日文社科刊	中图法—W	[K]D6/B1

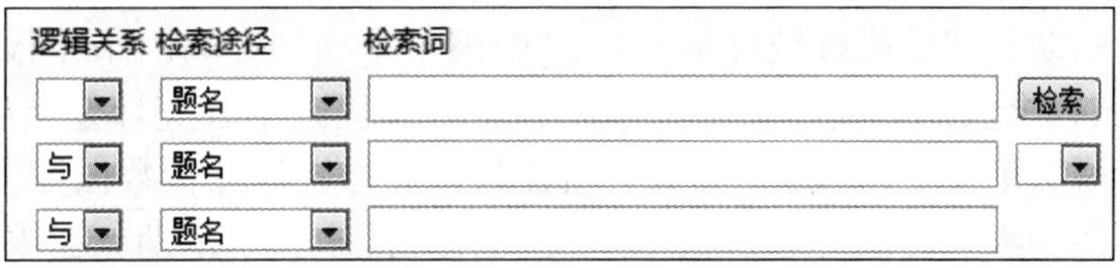

图 2-5 词组短语检索

四、电子资源数据库

图书馆中的数据库有很多种，有中文数据库，如中国知网（CNKI）、维普资讯、万方数据库、超星数字图书馆、读秀学术搜索、中国年鉴全文库等；外文数据库，如 CA（《化学文摘》网络版）SciFinderScholar、SCI（科学引文索引数据库）、Springer-Link、EI（工程索引）等。涉及各种文献类型，如期刊论文、专利、标准、学位论文、图书等。下面简单介绍几个常用的数据库。

（一）中国知网

1. 中国知网（CNKI）（http：//www.cnki.net）简介

中国期刊网是中国学术期刊电子杂志社编辑出版的，是国家知识基础设施（National Knowledge Infrastructure，NKI）的概念，由世界银行于 1998 年提出，始建于 1999 年 6 月。它以中国学术期刊（光盘版）全文数据库为核心，收录了我国

1994年以来公开发行的核心期刊和专业特色中英文期刊8092种，其中98%的期刊收录全文，内容包括自然科学、工程技术、人文社科等各个学科领域。2004年10月1日起，中国期刊网正式改名为中国知识资源总库，简称"中国知网"。中国知网共收录了CNKI系列和各加盟数据库152个，可以单库检索，也可以选择多库同时检索。在该网站注册并购买资源的个人和单位用户皆可下载文献。

2. 中国知网服务内容

(1) 中国知识资源总库。提供CNKI源数据库、外文类、工业类、农业类、医药卫生类、经济类和教育类等多种数据库。其中综合性数据库为中国期刊全文数据库、中国博士学位论文数据库、中国优秀硕士学位论文全文数据库、中国重要报纸全文数据库和中国重要会议文论全文数据库。每个数据库都提供初级检索、高级检索和专业检索三种检索功能。高级检索功能最常用。

(2) 数字出版平台。数字出版平台是国家"十一五"重点出版工程。数字出版平台提供学科专业数字图书馆和行业图书馆。个性化服务平台由个人数字图书馆、机构数字图书馆、数字化学习平台等组成。

(3) 文献数据评价。2010年推出的《中国学术期刊影响因子年报》，在全面研究学术期刊、博硕士学位论文、会议论文等各类文献对学术期刊文献的引证规律基础上，研制者首次提出了一套全新的期刊影响因子指标体系，并制定了我国第一个公开的期刊评价指标统计标准：《〈中国学术期刊影响因子年报〉数据统计规范》。一系列全新的影响因子指标体系，全方位提升了各类计量指标的客观性和准确性。研制单位还出版了"学术期刊各刊影响力统计分析数据库"和"期刊管理部门学术期刊影响力统计分析数据库"，统称为《中国学术期刊影响因子年报》系列数据库。该系列数据库的研制出版旨在客观、规范地评估学术期刊对科研创新的作用，为学术期刊提高办刊质量和水平提供决策参考。"学术期刊个刊影响力评价分析数据库"为各刊提供所发论文的学科分布、出版时滞分布与内容质量分析，并支持论文作者分析、审稿人工作绩效分析等功能，有助于编辑部科学地调整办刊方向与出版策略。"学术期刊评价指标分析数据库"为期刊出版管理部门和主办单位等分析评价学术期刊学科与研究层次类型布局、期刊内容特点与质量、各类期刊发展走势等管理工作提供决策参考。此外，自2012年开始，每年发布一次"中国最具国际影响力学术期刊"和"中国国际影响力优秀学术期刊"，为客观、全面、准确评价我国学术期刊国际影响提供了直接、有力的支持。

(4) 知识搜索。主要提供如下几种检索服务。

① 文献搜索。精确完整的搜索结果、独具特色的文献排序与聚类，是科研的得力助手。写论文需要引用权威的术语定义时，可通过CNKI学术定义搜索解决。

② 数字搜索。"一切用数字说话"，CNKI数字搜索让工作、生活、学习和研究变得简单而明白；了解学术趋势，关注学术热点，展示学术发展历程，发现经

典文献，可以通过 CNKI 学术趋势达到目的。

此外，CNKI 还有翻译助手、图形搜索、专业主题、学术资源、学术统计分析等检索服务功能。

3. 中国知网检索方法

在中国知网主页界面(图 2-6)点击“学术文献总库”，得到如图 2-7 所示

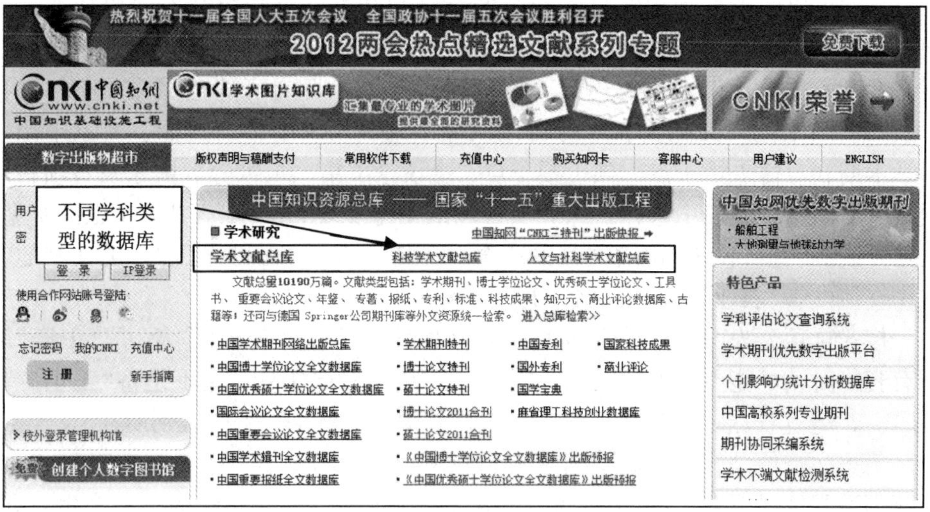

图 2-6 中国知网主页

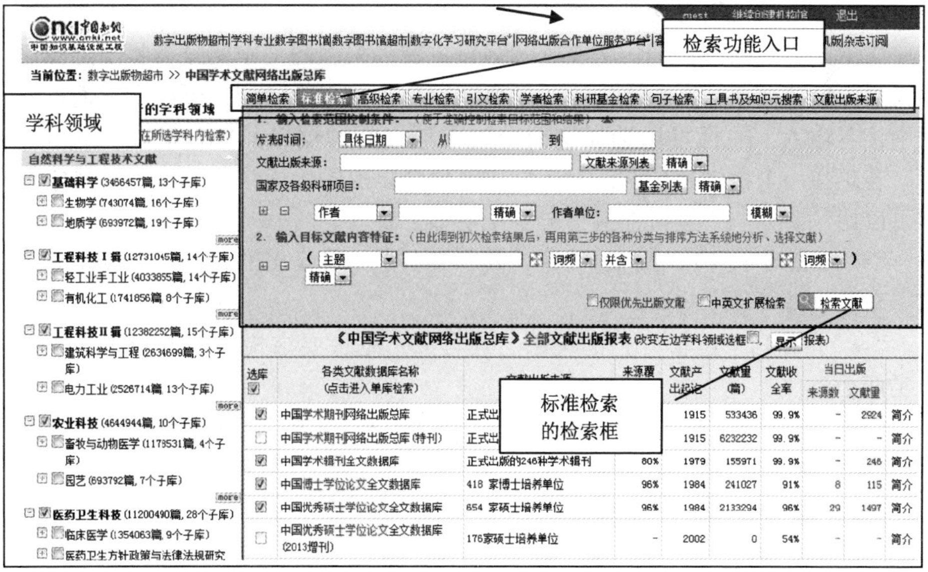

图 2-7 中国知网学术文献总库

界面。界面左边是可供选择调研的学科领域，可以限定检索范围。该界面提供了很多检索功能入口：简单检索、标准检索、高级检索、专业检索、引文检索等。在每个检索结果的基础上，还分别提供了可更进一步缩小范围的二次检索。

（1）标准检索。标准检索步骤具体如下。

第一步：输入检索范围控制条件。

这样可以便于准确控制检索目标的范围和结果。范围控制条件包括发表时间、文献出版来源、国家及各级科研项目、作者及作者单位。发表时间范围可以根据自己的需要，设定所要检索刊物的时间范围，目前可选范围为1979~2011(或当前年)之间。文献出版来源可以从文献来源列表中进行选择，文献来源包括学术期刊、博士授予点、硕士授予点、会议论文集、报纸等。国家及各项科研项目可以从基金列表中选择，这些项目包括支持发表"基础科学"类文献的基金、支持发表"工程科技Ⅰ辑"类文献的基金、支持发表"工程科技Ⅱ辑"类文献的基金、支持发表"农业科技"类文献的基金等。

模式选项分为两种：模糊匹配和精确匹配。当想检索出"作者"是"王涛"的所有刊物时，可能更加希望精确匹配出"王涛"的全部作品，而不是将"王小涛"、"王涛X"等这样名字的作者的作品也包括其中。这就是二者的区别所在。

值得注意的是，系统并非对所有检索项都提供模式选择。"模糊匹配"的结果范围通常情况下会比"精确匹配"的结果范围大些。如果检索的是一个生僻词，建议使用"模糊匹配"检索。

第二步：输人目标文献内容特征。

文献内容特征项包括：全文、题名、主题、关键词、中图分类号。选择已知的文献内容特征项，在输入框中手动输入；若有两个检索词，可以在后面的输入框中接着输入，并且可以选择这两个检索词之间的逻辑关系：并含、或含、不含。若想在一个检索项中同时输人两个或两个以上的检索词，那么，在检索词之间可以用"+"、"*"进行连接，分别说明如下。

"+"：相当于逻辑"或"的关系。其含义，是指检索出的结果只要满足其中任何一个条件即可。

"*"：相当于逻辑"与"的关系。其含义，是指要求检索出的结果必须同时满足两个条件。

例如：欲检索"篇名"中同时包含"计算机"和"数控"的所有作品，只要先在检索项中选择"篇名"，然后在检索词输入框中写上"计算机*数控"即可。值得注意的是，当"+"与"*"混合使用，"*"会优先于"+"。

第三步：检索。

点击按钮"检索文献"，检索结果的界面即可显示，默认每页显示20条记录，超过 20 条可以翻页查看。

第四步：记录数、检索结果分组筛选。

用各种分类与排序方法系统地分析、选择文献，这些分组分析的方法有学科类别、中文关键词、研究层次、文献作者、作者单位、文献出版来源等。另外，还可以生成检索报告，清晰地看到分组分析筛选后的检索结果。

【示例】利用中国知网检索重庆能源职业学院林义华老师发表的期刊论文。

选择“作者”为林义华，“作者单位”为重庆能源职业学院，点击“检索文献”，可以得到图 2-8 的界面。根据这个检索条件，共得到 2 篇相关文章。

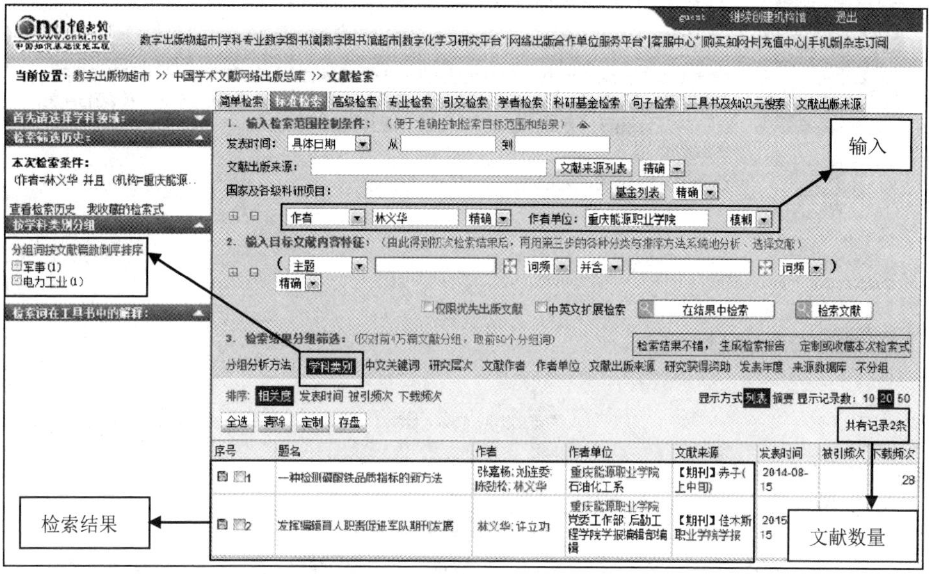

图 2-8　中国知网标准检索操作页面

图中点击“学科类别”，可以得到这些文献按照学科的分类情况，以及每种学科领域的文献数量，这些信息显示在页面左侧；若点击“文献作者”，页面左侧会出现按文献作者分组的报告(图 2-9)。若点击第 2 篇《发挥编辑育人职责促

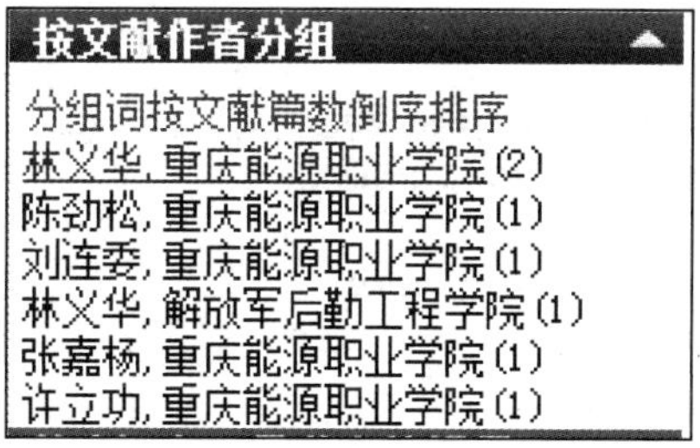

图 2-9　按文献作者分组

进军队期刊发展》文章题目，可以得到该文摘要及有关信息(篇名、作者、刊名、机构、关键词等)(图2-10)。点击作者(林义华)可以得到该作者的其他文献，点击机构可以得到该机构相应网站，点击刊名可以得到该期刊的相关信息。同时，如果确有必要，也可以下载全文。由此可见，CNKI已经将收录的文献组成

图2-10　中国知网《发挥编辑育人职责　促进军队期刊发展》相关信息

了一个文献网络，由一篇文献可以引出众多所需要的文献。

（2）高级检索。高级检索的功能是在指定的范围内，按一个以上(含一个)检索项表达式检索，这一功能可以实现多表达式的逻辑组配检索。具体步骤如下。

首先点击“高级检索”导航栏，在列出的9个总目录中指定检索范围，这9个检索项包括发表时间、作者、作者状态栏，进入高级检索条件界面(图2-11)。

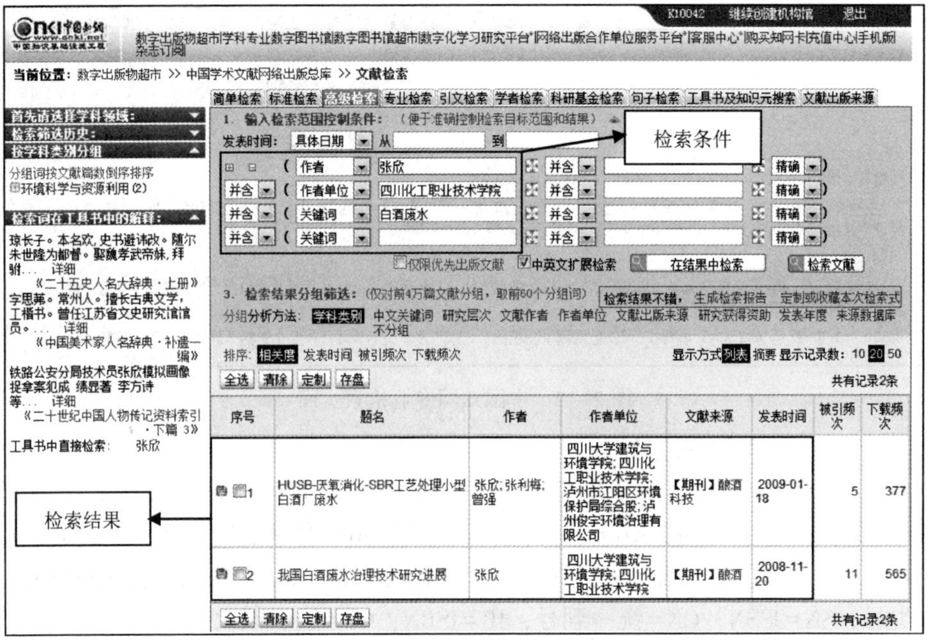

图2 11　中国知网高级检索操作页面

然后在窗口下面的检索单位、关键词、全文、题名、主题、文献来源、第一作者等检索项中，选择检索项和输入检索词。需要指出的是，高级检索中总共可以指定6个检索项，6个检索项之间的连接方式共有3种，可供选择：并且、或者、不包含，每一种连接方式的含义说明如下。

并且：相当于逻辑“与”的关系。其含义，是指要求检索出的结果必须同时满足两个条件。

或者：相当于逻辑“或”的关系。其含义，是指检索出的结果只要满足其中任意一个条件即可。

不包含：相当于逻辑“非”的关系。其含义，是要求在满足前一个条件的检索结果中不包含满足后一条件的检索结果。

用户可根据自己的需要进行具体选择。

图 2-11 是通过中国知网高级检索对四川化工职业技术学院张欣老师发表的有关白酒废水治理的文章进行检索操作的情况。分别确定检索项为“作者”张欣；“作者单位”四川化工职业技术学院；“关键词”白酒废水。

(3)专业检索。专业检索提供一个按照需求组合逻辑表达式、进行更精确检索的功能入口。具体检索步骤如下。

第一步：点击“专业检索”状态栏，进入专业检索条件界面，见图 2-12。

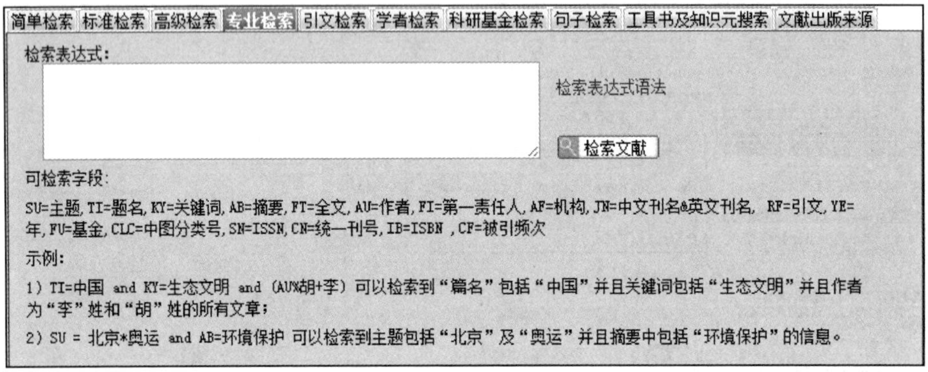

图 2-12　中国知网专业检索页面

第二步：填写检索条件。

在专业检索界面给出了填写检索条件的方法，如可检索字段：SU＝主题，TI＝题名，KY＝关键词，AB＝摘要，FT＝全文，Au＝作者，FI＝第一责任人，AF＝机构，JN＝中文刊名 & 英文刊名，RF＝引文，YE＝年，FU＝基金，CLC＝中图分类号，SN＝ISSN，CN＝统一刊号，IB＝ISBN，CF＝被引频次。

【示例 1】TI＝中国 and KY＝生态文明 and(AU＝胡＋李)可以检索到“篇名”包括“中国”并且关键词包括“生态文明”并且作者为“李”姓和“胡”姓的所有文章。

【示例 2】SU＝北京＊奥运 and AB＝环境保护可以检索到主题包括“北京”及“奥运”并且摘要中包括“环境保护”的信息。

(二) 万方数据库

万方数据库(http：//g. wanfangdata. com. cn/)是由万方数据公司开发的，涵盖期刊、会议纪要、论文、学术成果、学术会议论文的大型网络数据库，也是和中国知网齐名的中国专业的学术数据库，集纳了理、工、农、医、人文共 5 大类 70 多个类目 7600 余种科技类期刊全文。开发公司万方数据股份有限公司是国内第一家以信息服务为核心的股份制高新技术企业，是在互联网领域，集信息资源产品、信息增值服务和信息处理方案为一体的综合信息服务商。主页面如图2-13

所示。主要内容有学位论文数据库、会议论文数据库、科技成果数据库、专利技术数据库、中外标准数据库、政策法规数据库、科技文献数据库、论文统计数据库、机构与名人数据库、数字化期刊全文数据库和工具数据库等。图 2-14 为万方数据库高级检索界面。

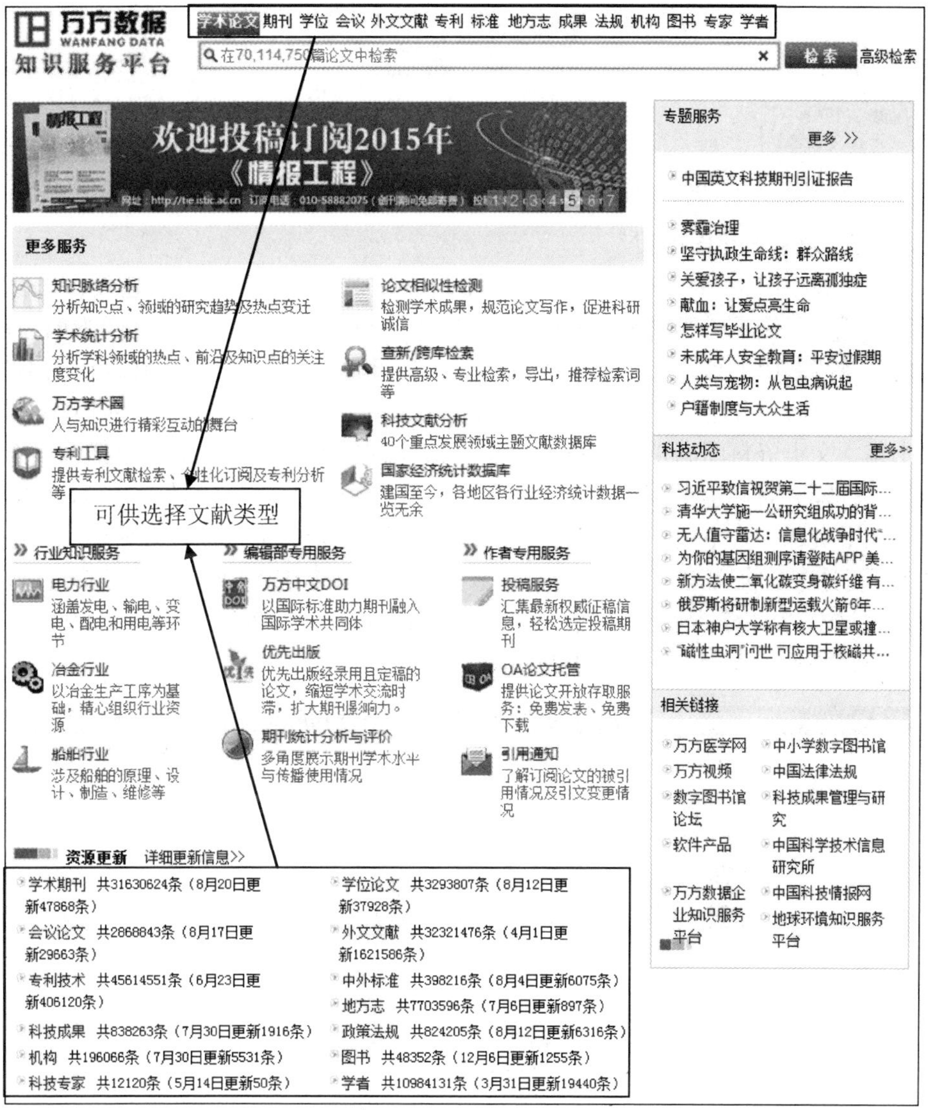

图 2-13 万方数据库主页

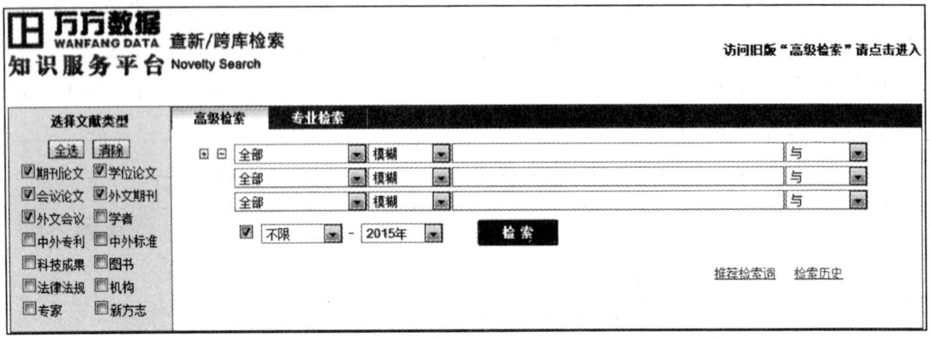

图 2-14　万方数据库高级检索界面

(三) 超星数字图书馆

超星数字图书馆(http://book. chaoxing. com)由北京超星公司建设，以"珍藏科学著作，传承科学精神"为理念，不断拓展和丰富文化资源，已成为国内最大的公益数字图书馆，其主页界面见图 2-15。超星数字图书馆拥有普通图书馆的大部分馆藏，并建设了资深院士图书馆、"两院"院士图书馆、国家档案文献图书馆、文史资料图书馆、红色经典图书馆等特色图书馆，收藏了包括钱学森、贾兰坡、宋健等科学泰斗著作在内的众多优秀科学文化成果；提供大量的可阅读电子图书资源，其中包括文学、经济、计算机等 50 余大类，数百万册电子图书，500 万篇论文，全文总量 13 亿余页，数据总量 1 000 000 GB，大量免费电子图书，超过 16 万集学术视频；拥有愈 35 万名授权作者，5300 位名师，1000 万注册用户，并且每天仍在不断增加与更新。

图 2-15　超星数字图书馆主页界面

2000 年 6 月 8 日，超星数字图书馆入选国家 863 计划中国数字图书馆示范工程，参与了国家数字图书馆战略。目前，超星数字图书馆已经基本实现了国内数字图书馆第一品牌的追求，这包括加工速度最快(每天数百种图书)，用户数量最多，技术最为成熟，专业资源最为权威，市场占有率最大的含义。

每一位注册并购买了资源的读者，下载专用阅读软件超星阅览器(SSReader)以后，即可通过互联网阅读超星数字图书馆中的图书资料。凭借超星读书卡可将馆内图书下载到用户本地计算机上进行离线阅读。超星图书阅览器是阅读超星数字图书馆图书的必备工具，可从超星数字图书馆网站免费下载。

超星数字图书馆涉孕的学科类型有哲学、宗教、政治、法律、社会科学、军事、经济、管理、数理化、生物、化工、机械、材料科学、冶金、计算机、电子、医药、卫生、文化、体育、教育、心理学、语言、文学、历史、地理、艺术、自然科学、天文学、地球科学、环境科学、能源、航天航空、交通运输、工业技术、农业科学等。

超星数字图书馆资源分类：期刊、连续性出版物；图书书目、文摘、索引；百科全书、类书；辞典；论文集、全集、选集、杂著；年鉴、年刊；总论；丛书。

超星数字图书馆的检索步骤如下：

① 下载超星浏览器；

② 新用户注册成为成员，购买超星读书卡(并适时充值)；

③ 图书馆分类：按照分类逐层选择，可显示该书出版信息并浏览全文；

④ 可在检索框内输入检索内容，浏览全文。

检索规则：

* 空格表示和(包含第 1 个和第 2 个关键字)；

%表示通配符，通配一个或多个字；

+表示或(包含第 1 个或第 2 个关键字)。

(四) 读秀学术搜索

读秀学术搜索(http://www.duxiu.com/)是全球最大的中文文献资源服务平台，集文献搜索、试读、文献传递、参考咨询等多种功能为一体。其后台是一个海量的超大型数据库，能够为读者提供260万种中文图书书目信息，书目数据为国内收录最全、最新，占建国后所出版图书的95%以上；180万种中文图书原文；6亿页全文资料，5000万条期刊元数据，2000万条报纸元数据，100万个人物简介，1000万个词条解释并挂接了100万种超星电子图书全文供读者阅读。不仅如此，读秀学术搜索还将图书馆馆藏纸质图书、中文图书数据库等各种资料整合于同一平台上，提供一站式检索馆藏纸质图书、电子图书、期刊等多种学术资源，几乎涵盖图书馆内所有信息源，从而为读者提供最全面、准确的学术资料。

在检索方面，读秀学术搜索深入到文献的章节和全文，实现基于内容的检索。创新的知识点式检索模式，为研究型读者提供查找资料的便捷途径。同时，读秀学术搜索还提供资料的部分原文试读，更加全面地揭示文献内容，利于读者选择资料。读秀学术搜索的主页界面见图 2-16，检索结果见图 2-17。

图 2-16　读秀学术搜索主页界面

图 2-17　读秀学术搜索结果显示

读秀学术搜索具有以下特点：

① 开放的数字图书馆平台。读秀学术搜索将检索结果与馆藏各种资源库对接，为图书馆搭建开放的借阅平台。读者检索任何一个知识点，都可以直获取图书馆内与其相关的纸质图书、电子图书全文等。不需要再对各种资源逐一登录检索查找，避免了反复收集和查找的困扰。

② 立体的深度检索频道。读秀学术搜索具有强大的搜索引擎功能，它突破了传统数据库检索方式，深入到章节，定位到页，不仅可以对读者输入的词条进行检索，甚至还可以对句子进行检索，并把所有相关资料呈现在读者眼前。

③ 一目了然的原文试读。读秀不但能显示图书的详细信息，而且还提供图书部分原文显示(包括封面页、版权页、前言页、目录页、正文前 10 页至 30 页等)，通过试读全文读者能够清楚地判断所需图书，提高了信息的检准率和读者查书、借书的效率。

④ 即时的参考咨询服务。读秀以 260 万种中文图书的海量资源为基础，通过文献传递，直接将相关学术资料发送到读者邮箱，使读者零距离获取珍稀宝贵的学术资源。

五、数据库的检索技巧

(一) 数据库的类型

数据库有多种类型，人们可以从不同的角度对其进行分类。比如可以按照数据的表现形式不同，将数据库分为文字型、数值型、图像型(视频型)和声音型(音频型)；可以按照存储介质不同，分为磁介质数据库(磁盘、磁带)、光盘数据库(CD-ROM、WORM)、多媒体数据库(集多种介质于一身)；按照性质不同，可以分为文献型数据库、数值型数据库、事实型数据库等。

目前，在情报界比较流行的做法，是根据数据库所包含信息内容为基本的分类标准。根据这个标准，数据库可以分为如下几种。

1. 书目数据库

书目型数据库(bibliographic database)也称为二次文献数据库，是文献信息最常见的一类数据库，主要提供查找文献的线索，即文献的简要特征，如篇名、著者、文献来源(出处)、摘要、出版单位等。它本身并不直接向用户提供所需信息，而是提供其线索，起到指引、搭桥作用。因此，书目型数据库的检索结果仅仅是查找所需文献的线索，查得线索后还要再转查原文。

2. 指示数据库

指示数据库的内容包括可以作为信息来源的机构、计划、活动，乃至有特长的个人介绍，其价值在于指引用户找到合适的信息源。

3. 数值数据库

这是专门提供以数值方式表示信息的源数据库。其数据存储通常成组排列，检索结果可能只是单一的值或一组数据。数值数据库提供的信息覆盖了一大类的专业范围。在科技领域，它能提供物质的物理化学性质、结构、频谱等，如各种化学物质的物理化学性质数据、生物科学的实验动物数据、农产品和毒性等数据。

4. 事实数据库

有人将其称为“字典型数据库”或术语数据库，其中包含自原始文献或社会调查中获得并经过处理的各种事实。这类数据库提供给人们查询人物、机构、事件、研究项目、产品或商品的简要情报。

同时，还可以指引用户获得更详细的信息，如人物传记数据库、产品指南、公司名录数据库、专利、标准数据库等。

5. 全文数据库

常简称“全文库”，是存储文献内容全文或其中主要部分的数据库。具体而言，主要指经典著作、法律条文、重要的学术期刊、化学期刊全文数据库，以及百科全书、手册、年鉴等的全部文字或非全部文字。全文数据库能够使用户获得最终的一次文献，是文献数据库建设的重要发展方向。不过，目前大多数的全文数据库的检索查阅是一种付费服务。

6. 多媒体数据库

多媒体数据库的“多媒体”，是相对于传统的仅支持单一媒体的数据库而言的，是将图像、图形、文字、动画、声音等多种媒体数据结合为一体，并统一进行存取、管理和应用的数据库，如化学化工中的反应器工作原理、化合分解反应机理的展示等。这类多媒体数据库可以收到事半功倍的效果。

由于文献信息的数据库种类繁多，并且一直不断增加，而各种数据库的内容各有千秋，选择好恰当的数据库对于快速、准确地完成检索任务非常有帮助。

（二）数据库的选择

选择数据库之前，应该弄清楚课题所需要的检索要求，各种数据库的特点和内容，然后应从以下几个方面确定数据库。

1. 学科范围

任何一个数据库在收录文献信息时，都会有比较明确的学科范围。因此，使用数据库之前，对其收录的数量、类型、存储年限和更新周期要有所了解。

2. 文献范围

数据库出版商往往以某一类型的文献来编制数据库，如专利、标准、会议录等，所以，用户需要对此有所了解。

3. 国别或语种范围

对所需文献信息在国别和语种上加以选择限定。

4. 数据库检索功能

要了解数据库所提供的检索途径、功能和服务方式，各个数据库都有自己相对独特之处。

（三）检索词的选择

在文献信息检索过程中，要想得到令人满意的检索效果，关键是能够构造出全面描述、正确揭示信息需求的检索式。检索词是检索式的基本组成元素，如果选词不当，就很容易造成漏检和误检。因此，能否选准、选全检索词，直接影响到检索效果的优劣。

1. 选择方法

常用的方法是：从给定的课题名称出发，经过切分、删除、补充等步骤，确定检索词，最终通过组配，构成能全面、明确表达信息需求的检索式。

（1）切分。对课题语句进行切分，以词为单位划分句子或词组。如："改革开放三十年的得与失"，可以切分为：改革开放 | 三十年 | 的 | 得 | 与 | 失 | 。

（2）删除。删除没有检索意义的虚词、其他非关键词及过于宽泛和过于具体的限定词，只保留明确反映课题实质的核心词。不具备检索意义的词有介词、连词、助词等虚词，如果应用在检索式中，会形成检索"噪声"，必须删除。过分宽泛的词，如：研究、探索、利用、影响、作用、发展等，没有触及问题的实质，而过分具体的词又会造成挂一漏万，将它们删除后会获得更高的查全率。

如上例中，"的"、"与"是不具有检索意义的虚词，首先予以删除。"得"、"失"过于具体，如果用做检索词，就会漏检诸如"成就与失误"、"回顾与展望"等相关文献，因此也在删除之列。

（3）补充。补充还原词组、同义词和近义词。很多时候，还要考虑上下位概念的扩展检索。许多名词是由词组缩略而成的，可以采用与之相反的操作：补充还原。比如，"教改"可以还原为"教学改革"，"音质"还原为"声音质量"等。补充检索词时，最常用的方法是补充同义词和近义词。如上例中，增加"30 年"作为检索词。再如，检索"互联网"方面的文献，要补充"Internet"、"因特网"两个检索词。对于需要较高查全率的检索课题，可以以降低检索词的专指度为出发点，补充选用检索词的上位词。反之，对于需要较高查准率的检索课题，则要提高检索词的专指度，增加或换用下位词进行检索。例如，检索"香菇的栽培技术"的相关文献，应考虑香菇的上位概念"食用菌"。在课题"轻金属的焊接"中，轻金属是一个上位概念，其下位概念包括铝、镁等具体的金属，若考虑查全，应把轻金属、铝、镁等概念用逻辑或算符连接起来，作为一组词进行检索。

确定检索词后，分析各词之间的逻辑关系，运用布尔逻辑算符、截词符、位置算符等检索算符把各检索词组配起来，即可构成准确表达信息需求的检索式。如上例中，检索式为：改革开放 AND(30 年 OR 三十年)。

需要说明的是，检索式的复杂与否，取决于课题需要。描述简练的课题，检索式可能会很复杂；名称冗长的课题，检索式反而可能会很简单。

检索词是表达信息需求的基本元素，其选择恰当与否，直接影响到检索效果。因此，对于给定的检索课题，应该首先深入分析课题内容，在提取核心词的基础上进行扩展，然后构造较为完善的检索策略和检索式，从而获得令人满意的计算机检索效果。

2. 选择原则

检索词的确定要满足两个方面的要求：一是课题检索要求，二是数据库输入词的要求。选择检索词时，可以考虑以下几个原则。

(1) 选择规范词。一般应该优先选择主题词作为基本检索词。但是，为了提高检索的查全率，也选用自由词配合检索。如，查找有关“人造金刚石”的文献，很可能用 manmade(人造)、diamonds(金刚石)，但是，“人造”的实质是“人工合成”，检索词的范围可以放宽到如下几个：

synthetic(W)diamonds 合成金刚石

synthetic(W)gems 合成宝石

synthetic(W)materials 合成材料

synthetic(W)stones 合成石

synthetic(W)crystals 合成晶体

artificial(W)crystals 人造晶体

diamonds 金刚石

检索策略：以上 7 个词用“+”连接。

(2) 尽量使用代码。不少文档有自己的各种代码，如《世界专利索引》(WPI)文档的国际专利分类号代码 IC，《世界工业产品市场与技术概况》(PTS PROMT)文档中的产品代码 PC 和事项代码 EC，《化学文摘》(CA)中的化学物质登记号 RN 等。如果需要查找“20 年来 CA 收录的锡酸钡导电机理”的文献，就应该用化学物质登记号 RN=12009-18-6 来表示。

检索式为：rn=12009-18-6 * electric?? (W)(conductivity+conduction)。

而不能用下面的检索式直接检索：(barium(W)stannate+$BaSnO_3$) * electrical (W)(conductivity)。

(3) 尽量选用国外习惯用语。国外许多习惯性的技术用语对于检索国外文献非常重要，因此，必须搞清楚这些词语的真正含义。例如，要查找有关“麦饭石的应用”方面的国外文献，如何将“麦饭石”译成正确的英文是至关重要的。直译可以是“wheat rice stone”，这种译法极有可能不正确。分析其实质，“麦饭石”是一种石头或矿物，其功能主要是吸收水中有害物质并释放出一定量的、对人体有益的微量元素，从而改善水质。所以，应该选用“改善”、“水质”、“石头或矿石”这几个概念进行检索。结果，在 WPI 中检出 4 种专利。德温特公司将麦饭石译为“bakunaseki”，这样就查到了麦饭石的英文检索词。

（4）避免使用低频词或高频词。进行文献检索时，应尽量避免使用频率较低或专指性太高的词，一般不选用动词或者形容词，不使用禁用词，尽量少用或不用不能表达课题实质的高频词。例如像“分析”、“研究”、“管理”等。必须使用时，应与能够表达主要检索特征的词一起组配，或增加一些限定条件再用。

（5）同义词尽量选全。为保证查全率，同义词应尽量选全。同义词选择，主要应考虑以下几点：

① 同一概念的几种表达方式。如化学分析有 chemical analysis、analytical chemistry、chemical determination、composition measurements 等。

② 同一名词的单复数、动名词、过去分词等。如“生产”有 product、production、producing、produce、productive 等，可用截词符解决。

③ 要考虑上位概念词与下位概念词。如水果榨汁，不仅要选 fruit，也应选各种水果，如 pear（梨）、orange（橙）、plum（李子）等。反之，如果某一种水果保鲜，则应参考水果保鲜。

④ 化学物质用其名称（中、英文）也要用其元素符号。如氮、nitrogen 和 N。

⑤ 植物和动物名，其英文名和拉丁名皆要选用。

在数据库中检索文献的时候，要注意灵活运用布尔逻辑检索技术和截词检索技术，以取得事半功倍的效果。

第三章　专利检索

课堂教学：专利文献检索

图书、期刊和报纸等公开出版的文献资料，好找易得，属于常规文献；而专利、标准、科技报告、会议论文和学位论文等，并不公开发行或发行范围很小，不易寻找，难以获得，因此属于特殊文献，但具有独特的作用。其中，专利文献具有甚高科技水平，对于促进科学研究、技术进步、行业生产、社会生活和国防安全等，都具有重要意义。学会专利文献检索，对于学习和工作都有积极作用。

1. 查找专利文献数据库

利用百度（http://www.baidu.com）或中搜（http://www.zhongsou.com）寻找专利文献数据库，以及提供专利文献的其他网站。

2. 比较专利文献数据库

登录专利文献数据库和提供专利文献的其他网站，了解各数据库的文献规模、回溯历史、专业范围、检索入口、检索方式、获取途径等，认真记录下来，并仔细比较各数据库和网站的异同。

3. 优化毕业论文主题

继续利用前次教学中使用的往届高职学生优秀毕业论文开展教学。根据上次课堂检索情况，对该篇论文课题的主题进行优化，达到主题准确、取词适当、检索合理的要求。

4. 设计专利检索方案

围绕适当的检索词，利用各种检索技术，如布尔逻辑检索技术和截词检索技术等，设计专利检索方案。

5. 利用专利文献数据库

根据专利检索方案，充分利用这些专利文献数据库，检索需要的专利文献，达到较高的查全率和查准率。

6. 分析专利检索结果

将检索结果记录下来，并根据课题关联性、水平先进性、时间切近性和资料可得性等要求，对专利文献进行归类和分析，决定取舍。

7. 获取专利文献资料

对于切合主题、水平先进、时间切近、下载方便的专利文献，分类下载保存；对于不能下载的专利文献，设法利用各种渠道和方式，争取尽早获取。

8. 课后围绕毕业论文检索专利文献

利用课余时间，围绕毕业论文课题，制定专利文献检索方案，检索、分析和获取特殊文献，为毕业论文撰写工作进一步打下基础。

课前自学：　专利文献知识

一、专利的概念与特点

从 1416 年威尼斯共和国最早实行专利制度以来，至今已有将近 600 年的历史。到目前为止，全球已经有 100 多个国家和地区建立了专利制度。从法律意义上讲，专利是一种用来保护技术发明的法律认定的权利。可以想象，如果没有专利制度保护技术发明的话，发明人所花费的巨大的劳动就得不到应有的尊重和补偿，发明的价值不能正常实现，就会挫伤发明人的积极性。这样就会导致发明人严密封锁技术，这对智力开发、技术进步和经济社会的发展是非常不利的。

因此，专利制度能调动各方面的积极性；一项创造发明获得专利权后，能促进产品在竞争中处于十分明显的有利地位。专利制度还可以强有力地促进本国的技术发明，为整个国家带来巨大的利益和财富。在科学技术迅速发展的今天，了解一些专利基本知识，学会查阅专利文献，踊跃地进行发明创造是十分必要的。

那么，什么是专利呢？

（一）专利的概念

专利(Patent)一词来源于拉丁语 Litterae Patentes，意为公开的信件或公共文献，是欧洲中世纪的君主用来颁布某种特权的证明，后来指英国国王亲自签署的独占权利证书。专利是世界上最大的技术信息源，据实证统计分析，专利包含了世界科技技术信息的 90%~95%。

随着社会的发展，“专利”这一概念的含义逐步丰富起来，从不同的角度叙述，可以有不同的含义。

从法律意义来说，专利就是专利权的简称，指的是一种法律认定的权利。任何单位或个人使用他人的专利时，应当与专利权人订立书面实施许可合同，并向专利权人支付专利使用费，否则无权实施该专利。专利权是受专利法保护的，专利权人对其发明创造享有独占权。

从技术角度来说，专利就是取得了专利权的发明创造，有发明、实用新型和外观设计三种具体的专利形式。

从其保护的内容来说，专利是指记载着授予专利权的发明创造的说明书、摘要、权利要求书，表示外观设计的图形或照片等公开文献。其中，说明书记载了发明创造的详细内容、方案，权利要求书记载了专利法保护的基数范围，是具有法律效力的文件。总体上讲，专利是受到法律保护的技术专有权利。

（二）专利特点

1. 专有性

又称独占性，也就是垄断性、排他性。

发明专利自申请日到申请公开之前，申请处于保密阶段，专有性体现在：对该专利申请后出现的同样主题的申请都丧失新颖性，不能授予专利权；自申请公开到授予专利权的这段时间，该专利处于“临时保护”阶段，对未经允许而实施其发明的人，可以要求其支付适当的使用费，但不能提起诉讼；授予专利权之后，申请人有权提起诉讼，享有独占权。

2. 时间性

又称时效性，即从申请日开始有一定的有效期。世界各国的专利保护期限并不完全一样，我国专利法规定：“发明专利权的期限为二十年，实用新型专利权和外观设计专利权的期限为十年，均自申请日起计算。”

3. 区域性

专利只在申请专利权的国家或地区受到保护，在未申请专利权的地区不受保护，换言之，专利只在一定地区受到保护。因此，如果想在某地区受到保护，需要向该国或地区提出申请。

4. 专利申请缴费制度

向国家专利局申请专利和办理有关手续，应当缴纳费用。另外，维持专利权也需缴纳一定的费用，如一项专利维持 4~5 年，一般要交 2 万元左右。

5. 允许实施技术保护措施

为了防止有人顺着专利的思路继续研究下去，导致专利成果被人偷窃去，在申请专利时可以对关键技术进行必要的文字修饰，加以保护。

二、专利文献的特点

广义地说，专利文献是指“国家知识产权局按照相关法律法规对发明、实用新型、外观设计申请法定程序予以公布或公告，由此产生的各种专利文献”。如专利说明书、专利公报、专利目录、专利文摘、分类表索引等。狭义地说，专利文献主要是指专利说明书。专利文献的特点主要有以下几个。

1. 范围广、内容新

专利几乎可以包括所有的技术领域，大到航天飞机，小到别针。新颖性本来就是专利的三个条件之一。

2. 内容详尽、完整、实用

各国专利法规定，专利说明书对发明必须做详细描述，达到所属专业技术领域的专利技术人员能据以实施的程度。实用性是专利必备条件之一，即能制造或使用，并能产生积极的效果。

3. 信息传递快

大多数国家采用“先申请制”原则，即把专利权授予最早申请者，因此，专利文献是现有的技术文献中紧跟时代、内容最新的一种文献。

4. 相同专利重复出版

国际上允许一项发明向若干国家同时申请，即同族专利。造成相同专利重复出版的原因主要有：一是同一发明在许多国家申请，各国重复公布，形成不同文字的相同专利说明书；二是实行早期公开、延迟审查制度的国家，对同一件发明的说明书至少要出版两次。专利文献的重复出版可以解决语种障碍，增大专利文献检索和利用的效率，但是不利于专利文献管理。

5. 各国专利说明书采用统一著录项目(INID)代码

为了使广大读者及专利工作者能够很快地辨别和查找专利文献上的各种著录项目内容，并便于计算机存储和检索，ISO 制定了一部专利文献著录项目的国际标准代码，即 INID(ICIREPAT Number for the Identification of Data)代码。这种代码用圆圈或括号所括的两位阿拉伯数字表示，如：[10]文献标志，[11]文献号……[20]国内登记项目，[21]专利申请号，[22]专利申请日期……

6. 时间、地域、内容的局限性

专利有一定的有效期，一般从申请日起最长 20 年。一件专利只能在取得专利权的国家或地区受到法律保护。一项发明申请对应一件专利，因此一件专利只解决局部问题，不可能包括设计、材料等成套资料，并且发明人为了充分保护自己的发明，专利题目一般比较笼统。

三、发明人、申请人、代理人的区别

在专利说明书著录项目代码中，有一类代码是专利文献中有关人事项目的，包括申请人姓名、发明人姓名、代理人姓名、受让人姓名等。

申请人(专利权人)是指对专利权提出申请的单位或个人，并对专利享有独占、使用、处置权，在转让或者自己使用专利技术时获得经济利益。在获得专利权后，每年应缴纳专利年费，以确保专利权的有效性；当专利权受到侵害，有权向法律部门提起诉讼。

发明人(设计人)是指实际开展工作的人，享有署名权和获得适当报酬的权利，但是没有独占、使用、处置的权利。在完成发明创造过程中，只负责组织工作的人，为物质条件的利用提供方便的人，或者从事其他辅助性工作的人员，不应当被认为是发明人或设计人。

代理人是指代为办理专利权申请的人。专利申请人可以直接到国家知识产权局或者通过挂号邮寄专利文件的方式申请专利，专利申请文件包括请求书、专利要求书、说明书、说明书附图、说明书摘要以及摘要附图等。

另外，申请人还可以委托专利代理人代办专利申请，采用这种方式，专利申请质量较高，可以避免因专利文件撰写质量问题而延误审查和授权。

四、专利的类型和区别

（一）专利的类型

专利主要有三种类型：发明专利、实用新型专利、外观设计专利，见表3-1。

表 3-1　专利的类型

类型	定　　义
发明专利	发明专利是指对产品、方法、用途或者对其改进所提出的新的技术方案
实用新型专利	实用新型是指对产品的形状、构造或者它们的结合所提出的适于实用的新技术方案
外观设计专利	外观设计是指对产品的形状、图案、色彩或者其结合所作出的富有美感并适合于工业上应用的新设计

【示例】圆珠笔的发明。

圆珠笔的原理和结构不同于钢笔的，可以申请发明专利。圆珠笔的操作结构(旋转式、按嵌式等)有所不同，使用更方便，可申请实用新型专利。圆珠笔的外观设计得美观大方，令人赏心悦目，可申请外观设计专利。

（二）发明专利和实用新型专利的区别

在中国现行的《专利法》中，实用新型和发明都是专利法保护的对象，它们都是科学技术上的发明创造。从这个意义上讲，两者的本质是相同的；但实际上，这两种专利又有许多的不同，主要归纳为以下四点。

1. 实用新型的创造性低于发明

我国《专利法》对申请发明专利的要求是，同申请日以前的已有技术相比，申请内容要有突出的实质性特点和显著进步；而对实用新型的要求是，与申请日以前的已有技术相比，申请内容要有实质性特点和进步。对发明强调了“突出的实质性特点”和“显著进步”，而对实用新型只提“实质性特点和进步”。显然，发明的创造性程度要高于实用新型的。

2. 实用新型所包含的范围小于发明

由于发明是对产品、方法或者其改进所提出的新技术方案，所以，发明可以是产品发明，又可以是方法发明，还可以是改进发明。仅在产品发明中，又可以是定形产品发明或不定形产品发明。而且，除《专利法》有特别规定以外，任何发明都可以依法获得专利权。但是，申请实用新型专利权的范围则要窄得多，它仅限于产品的形状、构成或者其组合所提出的实用的新技术方案。这样，各种制造方法就不能申请实用新型专利。同时，与形状、构造或其组合无关的产品也不可能有实用新型产生。因此，实用新型的范围比发明要狭窄得多，仅仅限于产品的形状、构造或其组合有关的革新设计。

3. 实用新型专利的保护期短于发明专利

我国《专利法》明文规定，对于实用新型专利的保护期为 10 年，自申请日起计算。而发明专利的保护期规定为 20 年。相比之下，实用新型专利的保护期比发明专利的保护期要短得多。这是由于在一般情况下，实用新型比发明的创造过程要简单、容易，发挥效益的时间也短得多。所以，法律对它的保护期的规定相应也短些。

4. 实用新型专利申请审批的手续比发明专利简单

国家知识产权局收到实用新型专利的申请后，经初步审查，没有发现驳回的理由，就可以授权，并予以登记和公告，不再进行实质审查。而发明专利必须进行实质审查，审查的程序和审查的时间都要比实用新型复杂得多。

(三) 职务发明和非职务发明的区别

1. 职务发明

职务发明是指企业、事业单位、社会团体、国家机关的工作人员执行本单位的任务或者主要是利用本单位的物质条件所完成的发明创造。其申请专利的权利属于该单位，申请得到批准后，该单位为专利权人，单位应当对发明人或设计人给予奖励。

根据《专利法》及其《实施细则》的规定，下列情况下完成的发明创造都是职务发明创造。

① 发明人在本职工作中完成的发明创造；

② 履行本单位交付的与本职工作无关的任务时所完成的发明创造；

③ 主要利用本单位的物质条件(包括资金、设备、零部件、原材料或者不向外公开的技术资料等)完成的发明创造。

2. 非职务发明

非职务发明创造是指没有利用本单位的物质技术条件所完成的发明创造。单位与发明人或者设计人订有合同，对申请专利的权利和专利权的归属作出约定的，从其约定。申请专利的权利属于发明人或设计人；申请得到批准后，该发明人或设计人为专利权人。

五、取得专利的条件

获得专利权必须具备一定的条件。授予专利权的发明和实用新型应当具备新颖性、创造性和实用性；授予专利权的外观设计应当具有新颖性、实用性和美感。这就是授予专利权的实质性条件，简称为专利性条件，主要包括以下“三性”。

1. 新颖性

新颖性是指在申请日以前没有同样的发明或实用新型在国内外公开发表过，或公开使用过，也没有人向国务院专利行政部门提出过申请并记载在申请日以后公布的专利申请文件中。具体包括以下几点：

(1) 在申请提交到专利局以前，没有同样的发明创造在国内外出版物上公开发表过。这里的出版物，不但包括书籍、报刊、杂志等纸件，也包括录音带、录像带及唱片等音影件。

(2) 在国内没有公开使用过，或者以其他方式为公众所知。所谓公开使用过，是指以商品形式销售或用技术交流等方式进行传播、应用，乃至通过电视和广播为公众所知。

(3) 在该申请提交日以前，没有同样的发明或实用新型由他人向专利局提出过申请，并且记载在以后公布的专利申请文件中。因此，在提交申请以前，申请人应当对其发明创造新颖性作普遍调查，对明显没有新颖性的，就不必申请专利。

2. 创造性

创造性是指同申请日以前已有的技术相比，该发明有突出的实质性特点和显著的进步，该实用新型有实质性特点和进步。所谓“实质性特点”，是指与现有技术相比，有本质上的差异，有质的飞跃和突破，而且申请的这种技术上的变化和突破，对本领域的普通技术人员来说并，并非是显而易见的。所谓“同现有技术相比有进步”，是指该发明或实用新型比现有技术有明显的技术优点：

3. 实用性

实用性是指该发明或实用新型能够制造或使用，并能够产生积极效果。判断实用性应注意以下几点。

(1) 一项发明的构思或技术解决方案只能使用一次，客观上不能在生产中反复出现，不能获得专利权。

(2) 要求发明必须具备实用性，但并不一定要求发明已经在产业上制造或使用，或者立即在产业上制造或使用，而是通过对发明做客观分析，预料该发明能够在产业上制造或使用就可以了。

(3) 科学发现及科学原理不具有工业的实用性，但是科学发现及科学原理的实施方法及手段可以申请专利。

另外，我国《专利法》明确规定了不予保护的范围，比如违反国家法律、科学原理、社会公德，妨害公众利益的发明创造、科学发现(自然界早已存在但尚未被人们认识的客观规律的行为)，智力活动的规则和方法，疾病的诊断和治疗方法等，不能授予专利权。

六、专利申请的审批程序

(一) 几种常见的审批制度

1. 形式审查制

形式审查制是指只对专利申请案进行形式(如申请文件的格式、申请手续等)审查，并不作任何实质审查。这种审查方法程序简单，节省人力，批准速度快，但是专利质量无法保证，可能会产生错误，引起纠纷。

2. 实质审查制

实质审查是指对专利申请案进行形式审查后，还进行实质审查，无需申请人提出实质审查的要求。这种审查制度审批的专利质量比较高，但是审批时间较长。

3. 延迟审查制

延迟审查制是指专利机构进行形式审查后，并不立即进行实质审查，而是自申请日起的18个月后自行公开，或请求提前公开，将申请说明书公布于众，并从公布之日起给予临时保护。在规定时间内，待申请人提出实质审查请求后，再进行实质审查，逾期不提出请求的，视为撤回申请。我国实行延迟审查制。

(二) 我国专利申请审查制度

对专利申请实行审查时，一件专利申请案要经过专利申请的提交与受理、初步审查、早期公开、实质审查、授权与公告5道主要程序。我国专利申请的一般流程，如图3-1所示。

1. 提交与受理

提交专利申请应做到法定的必要申请文件已经齐备，包括请求书、说明书及其摘要和附图、权利要求书。在专利申请人提交专利申请后，国务院专利行政部门交付给申请人《受理通知书》。

2. 初步审查

初步审查是指国家知识产权局在受理专利申请案后，对其所作的形式审查。

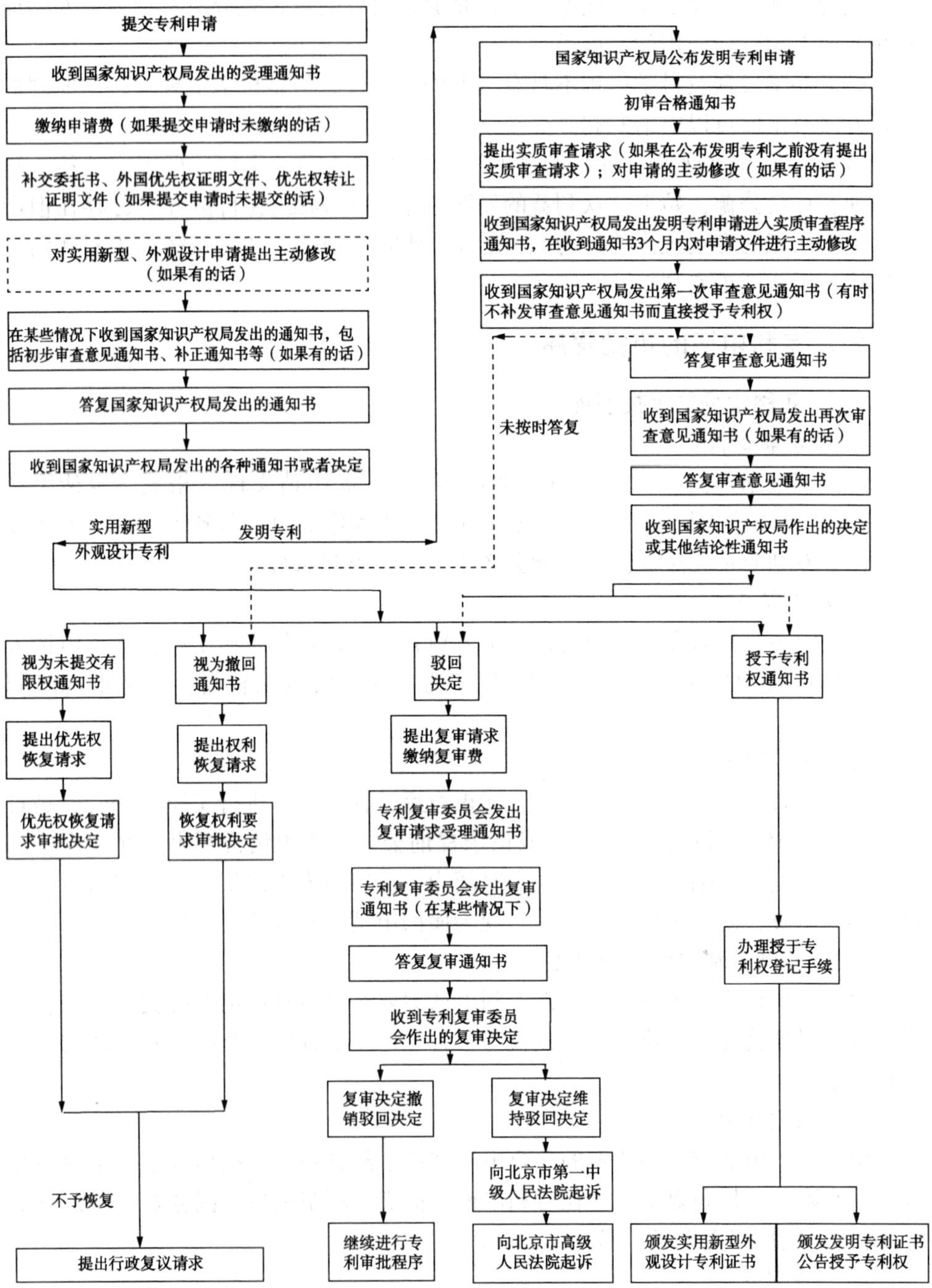

图 3-1　我国专利申请流程

主要包括申请手续、申请证件是否完备，申请人的身份、发明主题是否符合法律规定，是否缴纳了申请费。

中国《专利法》规定：实用新型和外观设计专利申请经初步审查没有发现驳回理由的，由国务院专利行政部门授予专利权，无需进行实质性审查。

3. 早期公开

早期公开是指发明专利案自提出申请日起，有优先权的自优先权日起，满十八个月予以公布，允许公众自由阅读。早期公开既有利于公众对专利申请案的协助审查，又有利于新技术的应用和推广。

4. 实质审查

实质审查是指国家知识产权局对申请发明专利的新颖性、创造性、实用性条件所作的实质性审查。其审查办法是通过较全面的世界性文献检索，判断申请专利的发明是否具有新颖性，然后判断发明是否具有创造性和实用性。

发明专利申请自申请日起 3 年内，国务院专利行政部门可以根据申请人随时提出的请求，对其申请提出实质审查；申请人无正当理由逾期不请求实质审查的，该申请被视为撤回。注意，实质审查程序也可以由国务院专利行政部门主动启动。

5. 授权与公告

申请人在接到国务院专利行政部门发出的授予专利权的通知之后，应当自收到通知之日起 2 个月内办理专利权登记手续，并缴纳专利证书费、印花税及授权当年的年费。申请人按期办理登记手续的，国务院专利行政部门则授予专利权，颁发专利证书，并予以公告；逾期不办理登记手续的，则视为申请人放弃取得专利权的权利。

2000 年修改后的《专利法》规定，自国务院专利行政部门公告授予专利权之日起，任何单位或者个人认为该专利权的授予不符合本法有关规定的，都可以请求专利复审委员会宣告该专利无效。专利申请人对国务院专利行政部门驳回申请的决定不服的，可以自收到通知之日起 3 个月内，向专利复审委员会请求复审。所谓复审，就是指复审委员会对发明专利申请所进行的第二次审查。

（三）我国专利申请办法

1. 申请专利的一般原则

（1）请求原则。必须有人提出专利申请，专利局方能受理。

（2）书面原则。我国《专利法实施细则》第 3 条规定：“专利法和本细则规定的各种手续应当以书面形式办理。”可见，书面原则是指申请专利文件和办理专利申请的各种法定手续，都必须依法以书面形式办理，并按规定格式包括表格和要求撰写和填写。即，申请人提交的各种手续，应以书面的形式办理，并由申请人签字或盖章；申请文件必须参照国家专利局规定的统一格式的表格。

(3) 先申请原则。世界上从时间上确定申请原则有两个：一个是先发明原则，一个是先申请原则。先发明原则是几个人就同一发明创造向专利行政部门申请专利，专利行政部门将专利权授予最先发明创造人。我国采用先申请原则，即谁先申请专利就有可能通过审批后将专利权授予谁。

第三次修定后的《专利法》第九条第一款规定："同样的发明创造只能授予一项专利权。但是，同一申请人同日对同样的发明创造既申请实用新型专利又申请发明专利，先获得的实用新型专利权尚未终止，且申请人声明放弃该实用新型专利权的，可以授予发明专利权。"第二款规定："两个以上的申请人分别就同样的发明创造申请专利的，专利权授予最先申请的人。"

(4) 优先权原则。专利申请人就其发明创造自第一次提出专利申请后，在法定期限内，又就相同主题的发明创造提出专利申请的，以其第一次申请的日期为其申请日，这种权利称为优先权，此处所谓的法定期限，就是优先权期限。

优先权可分为外国优先权和本国优先权。

① 外国优先权。根据《巴黎公约》的规定，在申请专利或者商标等工业产权时，各缔约国要相互承认对方国家国民的优先权。我国《专利法》规定，申请人自发明或实用新型在外国第一次提出专利申请之日起 12 个月内，或者自外观设计第一次提出专利申请之日起 6 个月内，又在中国就相同主题提出专利申请的，依照该外国同中国签订的协议或者共同参加的国际条约，或者依照相互承认优先权的原则，可以享有优先权。

② 本国优先权。申请人自发明或实用新型在中国第一次提出专利申请之日起 12 个月内，又就相同主题提出专利申请的，可以享有优先权，这种在国内的申请优先权即本国优先权。本国优先权不包括外观设计。

(5) 单一性原则。也称为"一发明一申请原则"，是指一份专利申请文件只能就一项发明创造提出专利申请。但是，有两点需要注意：

其一，属于一个总体发明构思的两项及以上的发明或实用新型，可以作为一件提出；用于同一类别并且成套出售或者使用的产品的两项以上的外观设计，可以作为一件申请提出。同样的发明创造只能授予一项专利权。其二，同一申请人同日对同样的发明创造既申请实用新型专利又申请发明专利，先获得的实用新型专利权尚未终止，且申请人声明放弃该实用新型专利权的，可以授予发明专利权。

根据《专利法》第 8 条的规定，两个以上单位或者个人合作完成的发明创造、一个单位或者个人接受其他单位或者个人委托所完成的发明创造，除另有协议的以外，申请专利的权利属于完成或者共同完成的单位或者个人；申请被批准后，申请的单位或者个人为专利权人。《专利法》第31条也规定，一件发明或者实用新型专利申请应当限于一项发明或者实用新型。属于一个总的发明构思的两项以上的发明或者实用新型，可以作为一件申请提出。一件外观设计专利申请应当限于一种产品所使用的一项外观设计。用于同一类别并且成套出售或者使用的产品的两项以上的外观设计，可以作为一件申请提出。

2. 申请专利的上报文件

申请专利，必须参照国家专利局规定的统一表格样式，提交多种文件。申请不同类型的专利，所提交的文件也不尽相同。

(1) 申请发明专利所需文件。发明专利请求书、说明书、权利要求书、说明书摘要，有附图的可以同时提交说明书附图和摘要附图。以上文件必须一式两份。

(2) 申请使用新型专利所需文件。实用新型专利请求书、说明书、权利要求书、说明书摘要、说明书附图、摘要附图。以上文件必须一式两份。

(3) 申请外观设计专利所需文件。外观设计专利、外观设计图或照片(要求保护色彩的应提交彩色和黑白的图或照片)，外观设计简要说明。

3. 申请专利的撰写要求

关于申请文件的撰写，可以参考中华人民共和国国家知识产权局发布的有关文件表格和指导书，这些资料皆可以从中国专利网下载。

(1) 说明书应当对发明或者实用新型做出清楚、完整的说明，以所属技术领域的技术人员能够实现为准，必要时，应当有附图。

(2) 摘要应当简要说明发明或者实用新型的技术要点。

(3) 权利要求书应当以说明书为依据，说明要求专利保护的范围。

(4) 申请外观设计专利的，应当提交申请书以及该外观设计的图片或者照片等文件，并且应当写明使用该外观设计的产品及所属的类别。

4. 申请专利的日期含义

(1) 申请日。专利机关收到申请说明书之日。

(2) 公开日。发明专利申请公开之日。

(3) 公告日。实用新型专利和外观设计专利授权公告之日。

(4) 优先权日。指专利申请人就同一项发明在一个缔约国提出申请之后，在规定的期限内，又向其他缔约国提出申请，申请人有权要求以第一次申请日期作为后来提出申请的日期。这一申请日就是优先权日。

七、国外专利概述

欧美日等发达国家科技水平较高，专利成果也非常丰富，是无可替代的资源。这里重点介绍美国和日本专利。

(一) 美国专利与专利文献

美国是世界上拥有专利最多的国家，目前专利形式主要有：发明专利(Invention Patent)、再版专利(Reissued Patent，独立编号，并在号码前加"Re")、植物专利（Plant Patent，单独编号，号前有 plant 字样)、设计专利(Design Patent，即外观设计，专利号前冠有"Des"单独编号)、防卫性公告(Defensive Publication，专利号前加"T")和再审查专利(Reexamination Certificate，沿用原来的专利号，前面冠以"BI")等。

美国专利局目前除了出版以上几种专利的说明书以外，还出版以下资料。

1.《美国专刊公报》(*Official Gazette of the United States Patent and Trade Mark Office*，美国专利商标局官方公报)

该公报创刊于 1872 年，原名《专利局报告》(*Patent Office Report*)。目前为周刊，其报道内容如下。

第一部分是专利商标局向公众发布的各种有关专利、商标的法令、通告、分类表的变更、规章条例的公布、对专利申请案件的裁决、撤销等有关事项。

第二部分报道各种专利内容：防卫性公告、再公告专利、植物专利、发明专利。这些原来都以摘要形式在公报上公布，现改为公布专利说明书的主权利要求。1952 年 7 月以前，编排形式是依照专利号顺序排列，以后改为先将专利分成三大类：综合与机械（General and Mechanical)、化学（Chemical)、电气(Electrical)，每类再按分类号及专利号顺序排列。最后一部分是各种索引，如专利权人索引、分类索引和发明人住址索引等。

2.《专利索引》(*Index Patents*)

该索引为美国专利局出版的年度索引，它是普查美国专利的主要工具书。1965 年以前每年出一本，包括专利权人和分类索引两部分索引，后因专利数量日益增多，分为两册出版。

第一分册(Part Ⅰ)为专利权人索引(List of Patentees)。按发明人和专利权人字母顺序混合排列。

第二分册(Part Ⅱ)是发明主题索引(Index to Subject of Inventions)。1953 年以前，该索引按发明主题字母顺序编排。从 1953 年起，改为分类索引，但仍沿用原名，该索引只依大小类号顺序列出专利号，既无类目名称也无题目，只有掌握了确切的分类号方可使用，这种索引可将一年内的有关课题检索出来。分类索引分为两部分，前半部是主分类(Original Classification)，后半部是参见类(Cross Reference Classification)。该书缺点是：出版速度较慢，一般要比《美国专利公报》面世晚 1~2 年。

3.《美国专利分类表》(*Manual of Classification*)

它是专利文献使用者从分类途径查找美国专利必用的检索工具书。该表开始于1837年，几乎年年修改调整，是目前世界上最详细的一部技术资料分类表。

《美国专利分类表索引》(*Index to Classification*)：是为了便于较快地查到分类号而编制的一本分类类目字顺索引。

《美国专利分类号与国际专利分类号对照表》(*Concordance U. S. Patent Classification to International Patent Classification*)：为了加强国际合作与交流，美国自1969年1月7日起，在专利说明书及专利公报上标注适当的IPC号，但仍以本国专利分类号为主。该索引是为帮助审查员及公众迅速找出IPC号对照。

4.《美国化学专利单元词索引》(*Uniferm Index to Chemical Patents*)

该索引由美国IFI(Information for Industry)/Plenum Data Company出版，创刊于1950年，活页印刷，共分两个分册。

(1) 专利文摘索引。该索引报导的内容和《美国专利公报》完全一样，不同之处在于，它把美国一年内化学方面的专利全部挑出来，重新给予一个索引号。美国专利号已达7位数，而此索引号最多只编至4位数，便于计算机输入；每季度出版一次。

(2) 单元词索引表。该表每季度出版一次，但后一季度包括前一季度的内容。最后一个季度将全年内容全部汇总，为此订户每收到一次出版物，就要将前次收到的淘汰，换上新的。该表内容有：a. 一般名词(General Terms)，一式两份印刷，其编制方法是从每件化学专利(包括材料)说明书中，抽取若干单元调整，少则几个，多则百余个，每个单元词下包括索引号(代表专利号)；b. 化合物名词(Compound Terms)；c. 分子团名词(Fragment Term)；d. 专利权人受让人索引(Assignee)；e. 分类索引(Class Codes)；f. 发明人索引(Inventor)；g. 专利号与索引号对照表。

(二) 日本专利

日本专利说明书称作“公报”，它是日本各类专利说明书的全文集，有4种形式:《特许公报》，从1885年开始，发表较重要的创造发明，俗称大专利；《实用新案公报》，从1905年开始，发表小的创造以及结构、形式等的新设计，相当于实用新型，俗称小专利；《公开特许公报》，1888年开始，公布外观设计；《商标公报》，从1884年开始，公布商标设计。

日本专利说明书的出版与其他国家不同，主要有以下2种方式。

1. 出版合订本(公表、公报例外)

公表公报是指“专利合作条约”(PCT)，于1978年6月1日起受理国际专利申请案后，自优先申请日起18个月进行，在国际公开的说明书中，指定国包括日本；按照条约规定，自申请日起，要在 20 个月内将译文交到指定国专利局。日本专利局将这些日文译文通过《公表特许公报》和《公表实用新案公报》进行公布。通过 PCT 进行国际专利申请的日本人不必再向日本专利局交付译文，也不在《公表公报》中公布，而是另外出版标题为《基于专利合作条约的国际公开日本专利》的刊物。

2. 按产业范围分册出版

1950 年以后，分为 7 个产业部门(7 个分册)出版，每个产业部门包括日本专利分类表中的若干大类。由于有些分册量大，1972 年 7 月起，改为 14 个区分(14 个分册)。1980 年之后，改为 26 个区分(26 个分册)出版，每个区分按国际专利分类表进行划分，公表、公报上则注明部门和区分号。

八、中国专利文献的检索

我国于 1980 年 1 月正式成立了“中华人民共和国专利局”。1980 年 6 月，我国参加了国际专利协调机构“世界知识产权组织”(WIPO)，并于 1985 年成为《保护工业产权巴黎公约》的第 96 个成员国。1984 年 3 月 12 日，由第六届全国人民代表大会常务委员会第四次会议通过了《中华人民共和国专利法》，并于 1985 年 4 月 1 日起实施。1985 年 9 月 10 日，首批发布专利文献(公报和说明书)。

1. 专利文献检索工具

检索专利文献的工具有很多，如《中国专利公报》、《分类年度索引》、《申请人、专利权人年度索引》、《中国发明专利分类文摘》、《中国实用新型专利分类文摘》等。可以利用这些工具，根据已知的专利信息(如发明人姓名)，对专利进行手检。如《申请人、专利权人年度索引》，是按照申请人或者专利权人的名称或译名的汉语拼音字顺排序，可以根据申请人、专利权人的名称，查出卷、期号，IPC 分类号、公开号等，然后进一步查阅。例如，检索单位专利权人高升有限公司和个人专利权人高宗麟的专利，结果见表 3-2。

表 3-2　申请人、专利权人年度索引

专利权人	IPC 分类号	专利号 ZL	申请号	发明名称	卷期号
高升有限公司	A63B67/18	86101525. 8	86101525. 8	羽毛球	8-04
高宗麟	C02F1/40	89103541. 9	89103541. 9	含油污水处理设施	8-15

中国专利文献涉及的文献号主要有以下 3 种。

① 发明专利。申请号、公开号、审定号、授权公告号、专利号、公布号、公告号。

② 实用新型专利。申请号、公告号、授权公告号、专利号。

③ 外观设计专利。申请号、公告号、授权公告号、专利号。

与专利相关的各种号码，含义分别如下。

① 申请号。专利申请时，专利机构按照申请文件的先后顺序给予的号码。

② 公开号。发明专利申请经形式审查合格之后，公开其申请说明书时给予的号码(只有发明专利有此号码)。

③ 审定号。发明专利经实质审查合格后，公布其审定说明书时给予的号码(只有发明专利有此号码)。

④ 公告号。实用新型专利和外观设计专利经形式审查合格后，公布其申请说明书时给的号码(发明专利无此号码)。

⑤ 授权公告号。1993 年开始，将审定号和公告号均称为授权公告号。

⑥ 专利号。专利申请经审查合格后，国家知识产权局授权时给予的号码，是由批准年号、专利申请种类、申请流水号和校验码共同组成，在授权的专利号前面冠以汉语拼音字头“ZL”。

除了手检，还可以选择更加快捷的检索方式：机检，即利用因特网进行专利文献检索。只要操作计算机鼠标，就可以通过因特网，从全世界任何地方查找需要的专利。比如中国知识产权网(http：//www. cnipr. com. cn)，见图3-2,图 3-3。

图 3-2 中国知识产权网主页界面

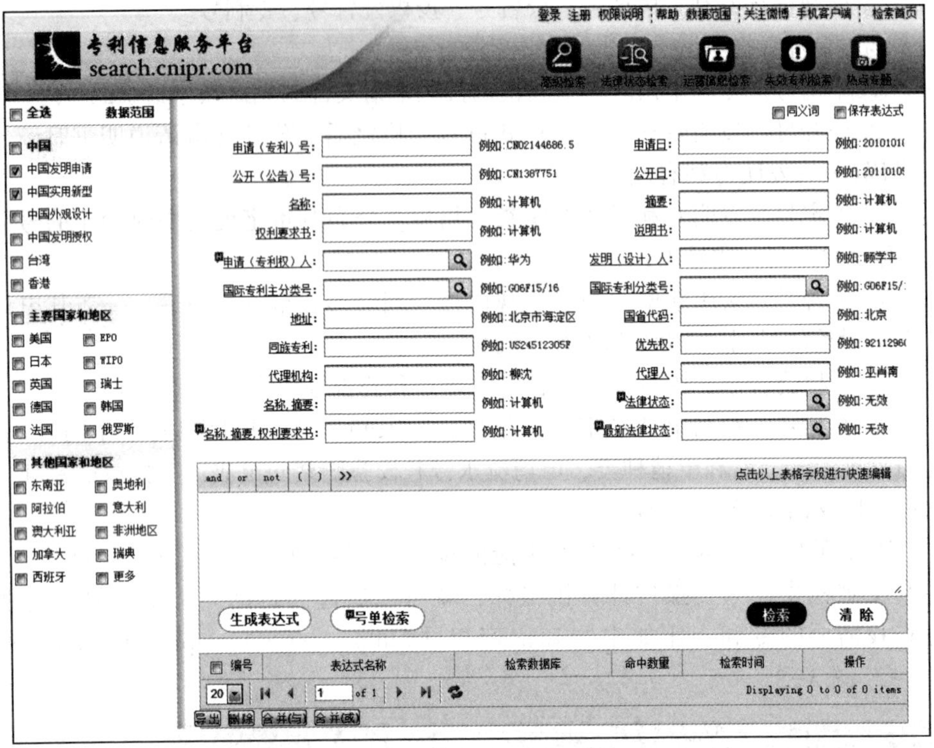

图 3-3 中国知识产权网高级检索页面

图 3-2 是中国知识产权网的主页，可以进行专利的搜索。点击“高级检索”，会出现如图 3-3 的界面，根据掌握的专利信息，选择合适的检索途径，如 IPC 分类号途径、申请人和专利权人名称途径、专利号途径等，即可进行专利的检索。

因特网上有很多可以检索专利文献的网站，重要网站还有如下几个：

中华人民共和国知识产权局(http:// www. sipo. gov. cn/)；

中国专利信息网(http://www. patent. com. cn/)；

SooPAT 专利搜索(http://www. soopat. com/)；

中国专利技术网(http://www. zlfm. com/)。

2. 专利文献检索步骤

专利文献的检索一般包括以下几个步骤。

① 分析检索课题，确定检索主题的名称、专利权人名称或专利号。

② 根据检索主题，确定国际专利分类号，综合各种条件，最终确定检索标识。

③ 选择检索方式(机检或手检)。

④ 确定检索工具书的类别。

⑤ 初步检索。

⑥ 记录检索结果(各种专利号码、IPC 分类号、国别代码、发明名称及简介)。

⑦ 根据专利号查找专利说明书，阅读并筛选。

⑧ 根据需要可以进一步扩大检索。

⑨ 写出检索总结报告。

3. 专利文献检索实践

(1) 制订检索策略：

① 分析检索课题。查询“酒糟粗滤液全回流酒精生产工艺”相关的专利，并且是无锡轻工业学院(现为江南大学)章克昌教授发明的。根据发明人和专利权人的概念的区别，分析任务内容，可以确定“无锡轻工业学院”是对专利有独占、使用、处置权的单位名称，是专利权人或者申请人。而“章克昌”则是实际开展工作的人，对专利技术不享有上述权利，是发明人的名称。由职务发明和非职务发明的区别，可以进一步得出该任务是检索章克昌的职务发明。任务中限定了主题范围是“酒糟粗滤液回流酒精生产工艺”，检索词确定为“酒糟粗滤液”。

② 选择检索方式。根据前文内容可知，检索方式主要有手检和机检，其中利用因特网进行机检是快速简捷最常用的搜索方式。检索专利的网站有很多，这里以中华人民共和国知识产权局为例，专利的检索入口有快速检索和高级检索 2 种，其中高级检索提供了多种检索途径，可选择多个检索项司时检索。

③ 初步检索。进入高级检索页面后，选择检索项，直接输入检索提问，点击检索即可。如在本任务中，选择检索项为“专利权人”、“发明人”、“名称”，分别输入的检索提问为“无锡轻工业学院”和“章克昌”，“名称”中输人“酒糟粗滤液”。注意：多个检索词之间用逻辑算符 AND、OR、NOT 连接，并且逻辑算符与检索词之间有空格，不符合要求的输如格式检索不出结果。

④ 记录检索结果。查看检索结果，可以得出该专利的很多(相关信息，如专利申请日、公告日、优先权日、申请号、公告号、专利名称、摘要等。通过下载并安装浏览器，即可阅读专利的申请公开说明书和审定授权说明书。

(2) 检索专利文献：

① 登录资源网站。在网络浏览器网址栏输入中华人民共和国知识产权局官

方网站地址(http：//www. sipo. gov. cn)并打开网页，呈现图 3-4 所示页面。

该网站提供了很多服务项目，如专利申请指南、文献服务、图书期刊等。另外，利用该网站可以查阅 1985 年 9 月 10 日以来公布的全部中国专利信息，包括发明、实用新型和外观设计 3 种专利的著录项目及摘要，并可浏览到各种说明书全文及外观设计图形。

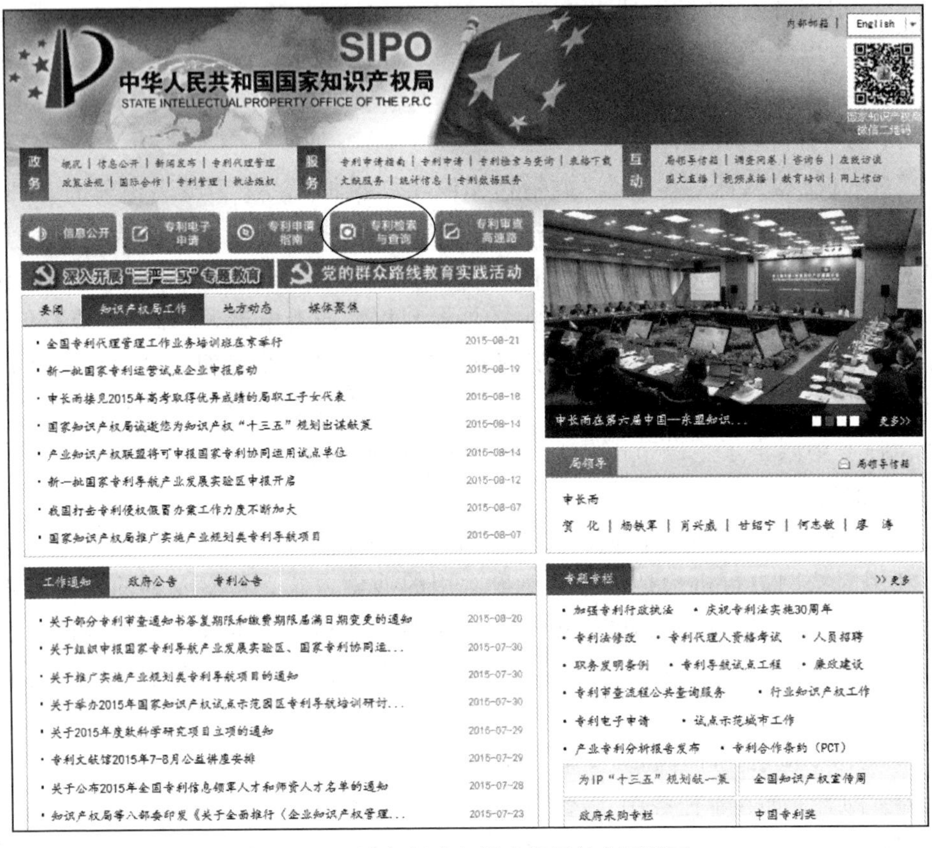

图 3-4　国家知识产权局官方网站主页界面

在主页点击“专利检索与查询”，在新页面点击左侧首个项目“专利检索及分析”(图 3-5)，在随之弹出的“免责声明”页面点击下方“同意”，出现“专利检索及分析”页面；点击下一个新页面的“专利检索”(图 3-6)，弹出专利检索页面，该页面提供常规检索(7 个检索项，图 3-7)、表格检索(含中外专利联合检索、中国专利检索、外国及港澳台专利检索 3 个途径，分别 12、17、12 个检索项及 IPC 分类检索等，图 3-8～图 3-10)和药物专题检索等入口。

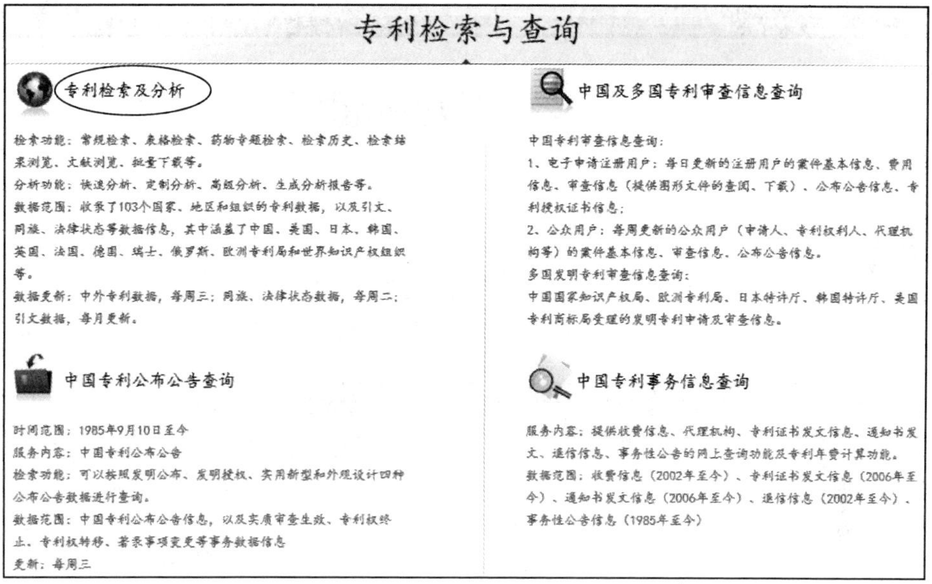

图 3-5　国家知识产权局官方网站专利检索与查询页面

图 3-6　国家知识产权局官方网站专利检索及分析页面

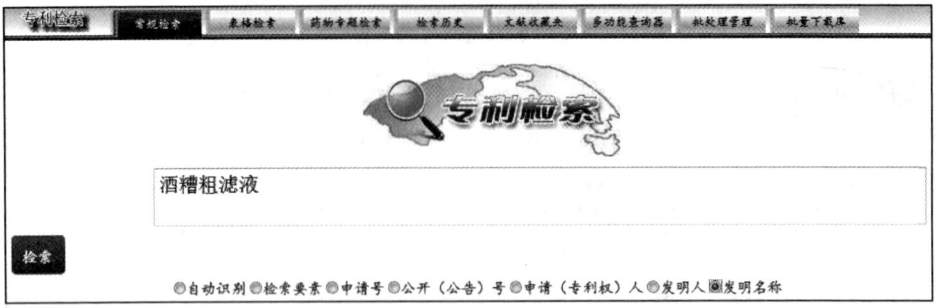

图 3-7　国家知识产权局官方网站专利常规检索页面

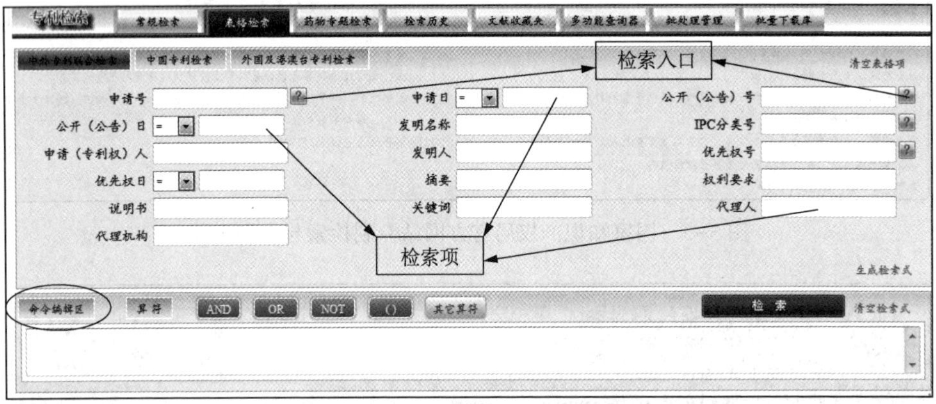

图 3-8　中外专利联合检索页面

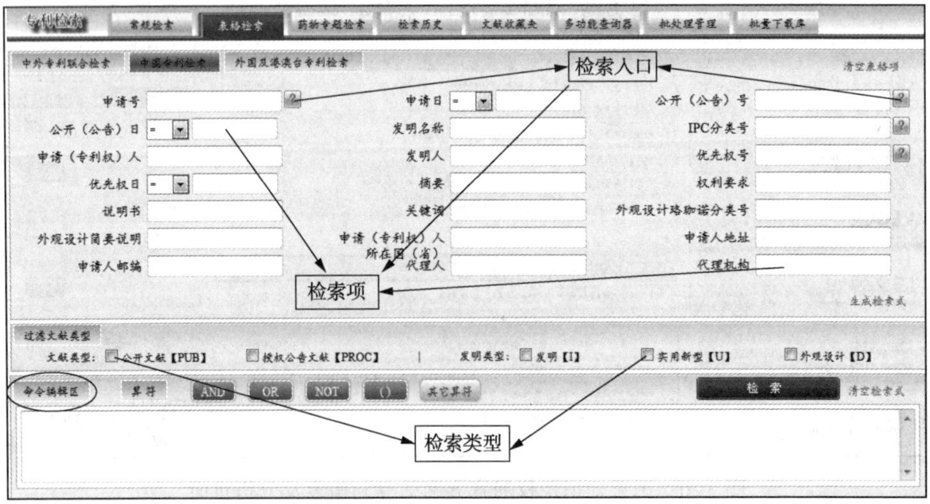

图 3-9　中国专利检索页面

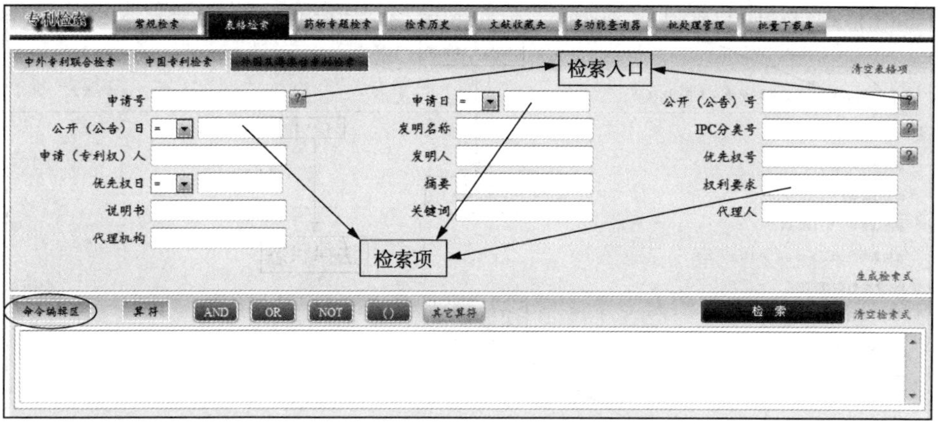

图 3-10　外国及港澳台专利检索页面

② 选择检索途径。根据上面的分析，在相应的检索项中输入检索词，如图3-11所示，点击“检索”。

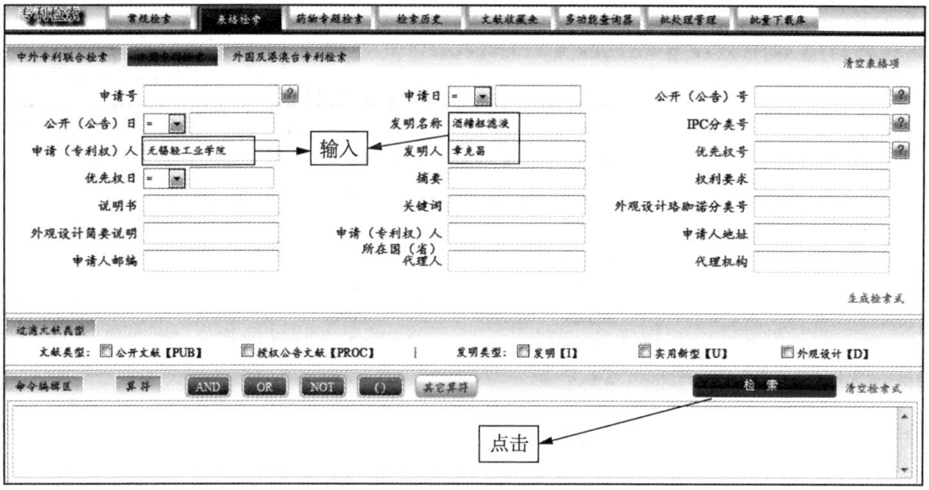

图 3-11　检索途径的选择和检索提问的输入

③ 浏览检索结果。如图 3-12 所示，获得 1 条发明专利。若结果数量过多，可以通过翻页获得更多专利。结果显示页面的很多拓展信息，可酌情使用。

a. 点击“查看详细信息”，可以看到摘要信息(图 3-13)，并在线阅读发明专利申请公开说明书全文(图 3-14)；

b. 点击“查看法律状态”，可以了解授权情况(图 3-15)；

c. 点击“查看申请(专利权)人基本信息”，可以了解地址等信息(图 3-16)。

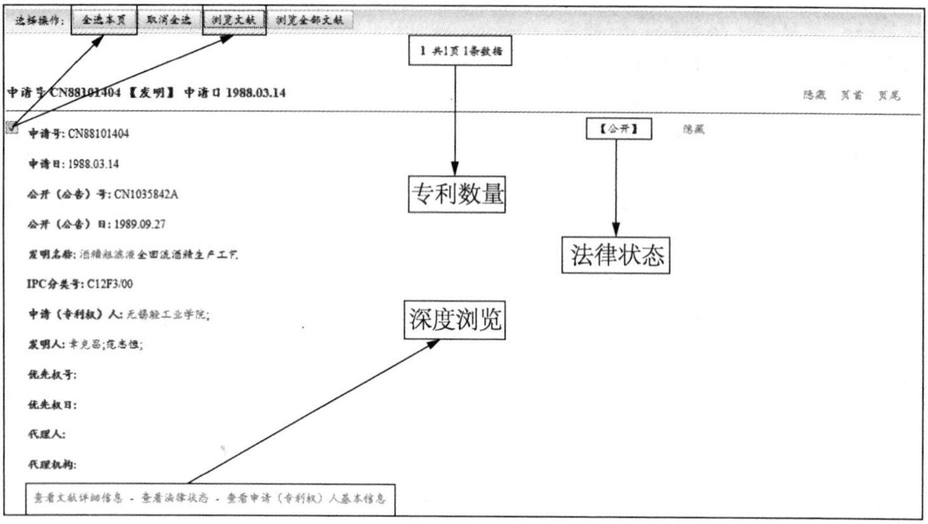

图 3-12 检索结果

图 3-13 专利摘要信息

图 3-14 发明专利申请公开说明书

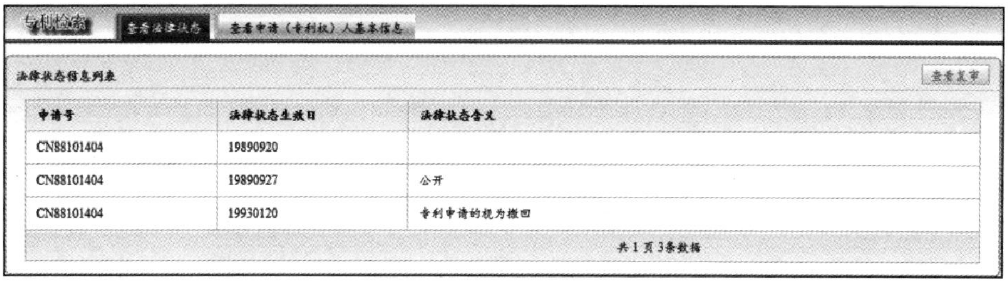

申请号	法律状态生效日	法律状态含义
CN88101404	19890920	
CN88101404	19890927	公开
CN88101404	19930120	专利申请的视为撤回

共1页 3条数据

图 3-15 专利法律状态

申请（专利权）人	无锡轻工业学院;
地址	江苏省无锡市青山湾;
邮编	
申请（专利权）人所在国（省）	江苏

图 3-16 申请(专利权)人基本信息

事实上，图3-15和图3-16是同一个弹出窗口的不同菜单显示。因此，可由一个弹出窗口，通过菜单切换看到另一个菜单的信息。

专利文献检索实践中，若已知存在某项专利，那么，可以采用多个检索项结合使用的组配方案，提高检索精确性，迅速找到该项专利，如本例将专利名称、发明人和申请(专利权)人三者结合使用，或将申请人与申请日期结合使用等。若围绕某个既定主题检索专利文献，并不强调单项专利精准，则可以减少检索项数量，降低组配复杂性。

第四章　标准检索

课堂教学：标准文献检索

标准是科学、技术和实践经验的总结，是规格化生产的重要依据。标准文献是标准的物质载体，对于促进科学研究、技术进步、行业生产等，具有不可替代的作用。对于高职学生来说，无论是出于学习、就业还是生活的需要，都不能对标准文献视若无睹，都必须经常查询和利用标准文献。因此，学习并掌握标准文献检索技能，是对高职大学生的基本要求。

1. 查找标准文献数据库

利用中国搜索网（http://www.chinaso.com）或百度（http://www.baidu.com）等搜索引擎寻找标准文献数据库，以及提供标准文献的其他网站。

2. 比较标准文献数据库

登录标准文献数据库和提供标准文献的其他网站，了解各数据库的文献规模、回溯历史、专业范围、检索入口、检索方式、获取途径等，认真记录下来，并仔细比较各数据库和网站的异同。

3. 优化毕业论文主题

继续利用前次教学中使用的往届高职学生优秀毕业论文开展教学。根据前几次课堂检索和对该篇论文课题主题的优化效果，如果仍然需要优化，可以继续优化，尽量达到主题准确、取词适当、检索合理的要求。

4. 设计标准检索方案

围绕适当的检索词，利用各种检索技术，如布尔逻辑检索技术和截词检索技术等，设计标准检索方案。

5. 利用标准文献数据库

根据标准检索方案，充分利用这些标准文献数据库，检索需要的标准文献，达到较高的查全率和查准率。

6. 分析标准检索结果

将检索结果记录下来，并根据课题关联性、水平先进性、时间切近性和资料可得性等要求，对标准文献进行归类和分析，决定取舍。

7. 获取标准文献资料

对于切合主题、水平先进、时间切近、下载方便的标准文献，分类下载保存；对于不能下载的标准文献，设法利用各种渠道和方式，争取尽早获取。

8. 课后围绕毕业论文检索标准文献

利用课余时间，围绕毕业论文课题，制定标准文献检索方案，检索、分析和获取特殊文献，为毕业论文撰写工作进一步打下坚实的基础。

课前自学：标准文献知识

一、标准文献基础知识

随着工业化时代的来临，生产的专业化程度日渐增高，同一台设备上的零部件分散在不同的企业中制造。要使众多来源不一的零部件组装而成的机器设备能正常工作，就必须在零部件的生产过程中遵循统一的规则，这种统一的规则实际上就是标准。而制定、发布及实施标准的过程，则称为标准化。

标准化是国民经济中一项综合性技术经济基础工作，是促进技术进步、提高产品和工程质量、实现现代化生产、提高社会经济效益、加强国防力量的重要手段。我国早在秦朝便有了文字记载的标准化工作，秦始皇推行度量衡制度，统一交通、文字、货币等，“车同轨、书同文”，促进了国家真正统一(图 4-1)。

图 4-1　秦始皇推行标准化工作

经过公认的权威机构或部门批准的标准化工作成果，以文件形式固定下来，就是标准文献。

标准，按其研究对象的属性不同，可分为技术标准、工作标准和管理标准。标准文献，一般是由技术标准、工作标准、管理标准及其他具有标准性质的类似文件所组成的一种特定形式的科技文献体系。广义的标准文献还包括与标准化工作有关的一切文献，如标准化期刊、标准化专著(图书)等等。

1. 标准的概念

在中华人民共和国国家标准《标准化工作指南第 1 部分：标准化和相关活动的通用词汇》(GB/T 20000.1—2002)中，对标准做了如下定义：“为了在一定的范围内获得最佳秩序，经协商一致制定并经一个公认机构批准，共同使用的和重复使用的一种规范性文件。”这里的规范性文件是指“为各种活动或其结果提供规则、导则或规定特性的文件。”该定义采用了《ISO/IEC 指南 2：标准化和相关活动的通用词汇》(1996 年英文版)中的术语及其定义，是对标准概念的权威性描述。而在同一标准中，将“为了在一定的范围内获得最佳秩序，对现实问题或潜在问题制定共同使用的和重复使用的条款的活动”称为标准化，上述活动主要包括编制、发布和实施标准的过程。

标准是一种用以开发产品、服务和相关体系的技术语言，在这种语言基础上所生产的产品或产生的服务，无论在任何地方都应具有相同的质量。制定标准的目的是实现诸如保证生产安全和产品质量等各种目标；但核心目的是，通过确定一系列的技术参数，为各地生产产品、提供服务和相关体系建立一个技术基础。因此，“标准”这一概念的含义包括如下几个方面：

① 制定标准的目的：在一定范围内获得最佳秩序，取得最好的效益。

② 制定标准的基础：科学性和代表性。

③ 标准的重复使用性：多次反复地使用。

④ 标准的统一与通用性：统一的规定应当通用。

⑤ 制定标准的程序和特定格式：编写的格式、印刷和编号方法应该统一。

2. 标准的类型

依照不同的性质，标准可分为基础标准、技术标准和组织管理标准。基础标准是具有广泛指导意义的最基本的标准，如对专业名词、术语、符号、计量单位等所作的统一规定；技术标准是为科研、设计、工艺、检测等技术工作以及产品和工程的质量而制定的标准，它们还可以细分为产品标准(对品种、检验方法、技术要求、包装、运输、储存等所作的统一规定)和方法标准(对检查、分析、抽样、统计等所作的统一规定)。通常所说的标准大多是指基础标准和技术标准。

依照约束效力的大小，标准又分为强制性标准和推荐性标准 2 类。强制性标准是法律发生性的技术，即在该法律生效的地区或国家必须遵守的文件，它包括 3 个方面，即：保障人体健康的标准、保障人身和财产安全的标准、法律和行政法规强制执行的标准；推荐性标准是建议性的技术文件，即推荐给企业、团体、机构或个人使用的技术文件。

根据适用范围和颁布机关的不同，则可将标准分为国际标准、地区标准(如欧盟标准)、国家标准、行业标准、地方标准和企业标准 6 类。

3. 标准的作用和意义

标准化的目的是对在经济、技术、科学管理等实践中重复事物和概念通过制定、发布和实施标准，达到统一，以获得最佳秩序和社会效益。在依赖技术的现代经济中，标准构成了重要的技术基础，对经济有着重大而复杂的影响。

(1) 标准是质量的基础和保证。衡量质量和质量管理水平的尺度是标准。可以说，有什么样的标准就有什么样的质量，一个国家的标准水平就反映了这个国家被规定对象当时当地的技术水平，采用先进标准能够促进质量的提高。

需要注意的是，质量的含义不仅是工业产品、农业产品、服务产品的质量，在社会的其他方面(如环境、生态等)都有质量问题，也都要有标准。

(2) 标准是产品进入市场的通行证。所谓市场准入就是指哪些商品可以进入市场交易规则体系。我国对市场客体准入有严格的规定，其中市场客体的合理性是最基本的内容。如工业品能否进入市场，要看其是否符合国家规定的标准且经检验合格。

标准能够成为市场客体准入的通行证，是因为标准体现了产品质量的具体要求，标准是判定产品是否合格的唯一依据，标准是企业进行质量管理和国家进行市场管理的基础。符合此类标准的企业与产品就可能在市场上立足，反之，就可能被淘汰。

(3) 标准为国际贸易和技术合作提供技术依据。随着国际经济的一体化，一切经济上对外开放的国家必然要参与国际市场的竞争，建立连接国内市场与国际市场的“技术平台”，此时，标准作为调控市场的手段，承担直接功能，起到重要作用。

① 可以推动国际标准贸易(特别是出口)的发展。采用国际标准、国外先进标准，是国际贸易市场准入的最主要的标准化战略，被誉为对外贸易的“技术外交”和“共同语言”。这是因为，在国际市场流转的商品，其相关标准是现代国际贸易的基本条件之一。国际贸易中很大一部分商品质量是通过技术标准体现的，这不仅可以大大简化国际贸易买卖合同确定商品质量的方法，而且为解决国际贸易纠纷创造了公正的条件。

② 可以利用标准设置贸易壁垒。不少国家制定了苛刻的技术标准、卫生安全标准、包装和标签规定以及名目繁多的强制性技术规范，这些技术法规是当今世界设置非关税壁垒的重要手段。技术壁垒是国际贸易的“双刃剑”，既可以保护本国市场和产品生产，也可以阻止外国产品进入本国市场。因此，研究发达国家在国际贸易中实施的技术壁垒情况，无论是对我国的出口贸易还是对企业的生产，都具有十分重要的意义。

(4) 标准是发挥市场调控作用的实现形式。标准能够成为市场调控的手段。标准作为对产品、工艺、检验方法等的统一规定，不能够直接干预市场运行，但是它能够影响市场运行的过程与结果。我国于 1993 年开始实行环境标志制度。环境标志是一种产品的证明性商标，它表明该产品不仅质量合格，而且在生产、使用和处置过程中符合特定的环境保护要求，而这些必须落实在产品、环境、工艺等标准上。

标准化工作可以适应新形势的要求，更好地为国民经济和社会发展提供技术支撑。为适应我国进一步参与世界经济的需要，应该坚定地推进标准化工作进程。密切关注高新技术的发展动向，积极开展高新技术标准的制定工作，促进高新技术的产业化发展。要及时修改落后的标准，促进传统产业升级；要大力推动企业积极采用国际标准和国外先进标准，提高我国产品在国际市场上的竞争能力；要抓紧研究制定服务标准，推动我国第三产业在高起点上发展。

4. 我国标准概况

1978 年 5 月，我国成立国家标准总局；9 月，参加国际标准化组织。我国技术标准的级别分为国家标准、行业标准。国家标准是在全国范围内统一的技术要求，强制性国家标准是保障人体健康、人身安全、财产安全的标准和法律及行政法规规定强制执行的标准。《国家标准管理办法》规定：国家标准实施 5 年后，要进行复审；复审结果有 3 种：确认继续有效、修订或废止。中国标准有强制性标准和推荐性标准之分。保障人体健康，人身、财产安全的标准和法律、行政法规规定强制执行的标准是强制性标准，其他标准是推荐性标准。

5. 标准文献的特征

标准文献是科技文献的重要组成部分，是科技信息的重要来源之一，但又具有不同于一般科技文献的某些特性。

(1) 规范性。标准的编写具有统一的格式要求，我国执行 GB/T 1.1—2000《标准化工作导则 第 1 部分：标准的结构和编写规则》，而国际标准由《ISO/IEC 导则 第 3 部分：国际标准的结构和起草规则》(1997 年英文版)规定。

(2) 替代性。标准的内容会随着技术进步和社会发展不断修改，修改后的新标准将代替旧标准。少数与实际要求不符且无修改价值者则会废止。

(3) 趋同性。随着国际间经济贸易和科技文化交流的扩大，各国纷纷将本国标准制定成国际标准，或者将国际标准转化成本国标准，使得相当数量的标准在内容上相同或相似。

(4) 约束性。强制性标准具有法律约束力，必须执行；推荐性标准，国家鼓励自愿采用，但一旦纳入指令性文件，将具有相应的行使约束力。

(5) 时效性。标准是以科学、技术和先进经验的成果为基础编制的。随着科学技术的发展和时间的推移，新的技术和产品层出不穷，必然会对现行标准产生巨大影响。因此，要对标准进行修改、补充和废除，更新换代，以尽量适应科学技术的发展。为了保证标准的时效性，许多国家都严格规定了标准使用期限以及复审周期。比如我国规定，每隔 3~5 年复审一次。当一种标准有新的版本出现，必须依照其规定时限执行。否则，出现分歧和后果，使用者需要承担一定的法律和经济责任。

(6) 针对性。标准文献是供国民经济各部门多次使用的技术文件。出版任何一件标准，无论其约束程度和使用范围如何，首先必须明确规定其适用范围、用途、对象及有效期限。每一级标准文献，都适用于特定的领域和部门，这一点是其他文献所没有的。因此，标准具有明确的运用范围和用途。

(7) 可靠性和现实性。标准文献是集体劳动的结晶。每一篇标准文献都是数以百计专家的知识和经验的高度概括和综合，其中包含了许多先进的技术。它是传播技术的一种特殊媒介，本身代表真正的情报源。标准文献所记录的情报资料只能是经过严格的科学论证、精确的数学计算，并以现代科学技术的综合成果和先进经验为基础取得的。因此，它具有科学的可信性，技术的可行性和经济的合理性。标准文献随时间的推移和科学技术的日新月异不断修订、补充和废除的特点，更加保证了此类情报的现实性和可靠性。

(8) 精炼性。标准数量多，篇幅小，文字简练，通常一件标准只解决一个技术问题。

此外，标准文献还有协调性、系统性和完整配套性等特征。

由上述介绍可以看出，构成标准文献至少要具有 3 个条件：首先，标准是经过各有关方面的共同努力所取得的成果，属于集体劳动的结晶；其次，标准必须经过公认的权威机构或授权单位的批准认可；第三，标准必须随着科学技术的发展不断更新，即定期补充、修订或废止。

同时，无论是国际标准还是各国标准，在编号方式上均遵循各自规定的一种固定格式，通常为“标准代号+流水号+年代号”。这种编号方式的固定化，为标准文献检索提供了线索，使标准编号成为检索标准文献的有效途径。

6. 技术标准的利用和不足

技术标准既是规章性文件，又是重要的情报资料。出于各种考虑，都应当充分利用此种文献。

① 了解发展情况。一个国家的标准资料，反映了该国的经济政策、技术政策、生产水平、加工工艺水平、自然条件、资源情况、标准化水平等内容，是全面了解该国工业发展情况的重要参考资料。

② 获取补充资料。科研人员在研制新产品、整顿老产品、改进技术操作水平、制订或修订标准时，可以参考外国标准，从中得到经由许多其他资料来源了解不到的资料，如产品的材料规格、试验方法与验收标准等。

③ 保障产品出口。在外贸工作中需要了解国际工业标准，确保己方在研制外销产品时，不会脱离国际水平，从而保证产品的出口。

④ 确保使用利益。若从其他国家进口工业材料，必须了解出口国的有关工业标准，才能正确代替国内对应牌号的材料。

有些进口设备的零件可按其技术标准的形状、尺寸、公差和材料等配制和维修。在验收引进国外的成套设备时，也需要查对该国的工业标准，若发现不符合要求，可提出退换。

⑤ 保证翻译质量。在编辑外文技术词汇和进行专业翻译工作时，技术标准中的术语、词汇、定义也是必不可少的参考资料。

标准文献的最大优点是对标准化对象描述的详尽性，情报资料的无比完整性和可靠性，绝非一般期刊论文、样本、专利所能比拟的。技术标准及其他标准性质文件中所包括的技术情报，适宜直接应用。

然而，标准文献也有其不足之处。其一，技术新颖性和及时性皆逊于专利等文献。一般而言，从标准化水平与科技发展的相互关系来看，技术标准是一种新技术或新产品发展到一定阶段的产物，标准本身的科技水平大多以标准化对象的技术发展水平为上限。因此，标准的水平不可能超越制定标准时的科技发展水平，而且为了保持相对稳定性，它所反映的只能是当时所达到的技术水平。同时应当指出，即使开始制定标准时的水平是比较先进的，但在整个实施期间，随着时间的推移和标准化对象本身的变化，相对于当时的科学技术发展水平而言，仍然是低水平的，在作为情报源使用标准文献时，要充分认识到达一点。

其二，由于上述原因而产生了第二个缺点，标准化不可能涉及工业生产的所有领域，尤其是一些尖端技术产品、新兴材料在标准文献中有所反映，但比专利文献来得迟缓，从而降低了其情报价值。

二、标准文献分类

1. 标准分类概况

标准的分类与分级是科学管理和信息交流所要求的。为了便于了解标准的类别，更好地开展标准化工作，可以按照标准的使用范围、内容性质等进行分类。

(1) 常见分类。

① 按使用范围划分，有国际标准、区域标准、国家标准、行业标准、地方标准、企业标准。其中，国际标准由国际标准化组织(International Organization for Standardization，简称 ISO)理事会审查，国际标准化组织理事会接纳国际标准并由中央秘书处颁布；国家标准由国家指定的专门机构制定和管理，我国的国家标准是由国务院标准化行政主管部门制定；行业标准由国务院有关行政主管部门制定；企业生产的产品没有国家标准和行业标准的，应当制定企业标准，作为组织生产的依据，并报有关部门备案。如果法律对标准的制定另有规定，则依照法律

的规定执行。制定标准应当有利于合理利用国家资源，推广科学技术成果，提高经济效益，保障安全和人民身体健康，保护消费者的利益，保护环境，有利于产品的通用互换及标准的协调配套等。

② 按内容性质划分，有基础标准(一般包括名词术语、符号、代号、机械制图、公差与配合等)、产品标准(产品适用范围、产品品种、规格、等级型号、物化性能、使用特性、检测方法)、方法标准(包括工艺要求、过程、要素、工艺说明等)、安全与环境保护标准、信息标准、管理标准。

③ 按成熟程度划分，有法定标准、推荐标准、试行标准、标准草案等。

(2) 分类办法。世界各国专门编制的标准分类法，按其标记制度的不同，有多种多样，但大体上可分为两种情况：一种是将目前比较流行的国际十进分类法(UDC)直接用来分编和检索标准文献，另一种情况是为分编和检索标准文献编制了专用的分类法。我国属于后一种情况。

“中国标准文献分类法”(简称中标法)是一部标准文献专用分类法，适用于分类各级、各类标准，其他有关标准化的文献亦可参照使用。中标法的类目设置以专业划分为主，适当结合学科分类。在国际上，日本、前苏联的标准分类方法与此一致。

2. 我国标准的分级

① 按照相关法律划分。依据《中华人民共和国标准化法》规定，根据适用领域和有效范围，我国标准分为国家标准、行业标准、地方标准和企业标准等不同的4级。

② 按照标准化对象划分。通常把标准分为技术标准、管理标准和工作标准三大类。其中，技术标准是为标准化领域中需要协调统一的技术事项制定的，包括基础标准、产品标准、工艺标准、检测试验方法标准，还有安全、卫生、环保标准等。管理标准是为标准化领域中需要协调统一的管理事项制定的。工作标准则是为工作的责任、权利、范围、质量要求、程序、效果、检查方法、考核办法制定的。

3. 标准的代号、编号

(1) 国际标准和技术报告的代号、编号。

ISO	××××	：××××
国际标准化组织标准代号	发布顺序号	发布年代号
ISO/TR	××××	：××××
国际标准化组织技术报告代号	发布顺序号	发布年代号
IEC	××××	：××××
国际电工委员会标准代号	发布顺序号	发布年代号
ISO/IEC	××××	：××××

(表示国际标准化组织和国际电工委员会联合发布的标准)

ISO/DIS ××××：××××

ISO/IEC DIS ××××：××××

(表示国际标准草案)

(2) 国家标准的代号、编号。

我国的国家标准分为强制性标准和推荐性标准 2 大类。《标准化法》规定："保障人体健康，人身、财产安全的标准和法律、行政法规规定强制执行的标准是强制性标准，其他标准是推荐性标准。"

强制性国家标准的代号为 GB("国家标准"简称"国标"二字的汉语拼音首字母组合)，推荐性国家标准的代号为 GB/T("推荐性国家标准"简称"国标/推"三字的汉语拼音首字母组合)；国家标准化指导性技术文件的代号为 GB/Z("国家标准化指导性技术文件"简称"国标/指"三字的汉语拼音首字母组合)。

国家标准的编号由国家标准的代号、标准发布顺序号和标准发布年代号组成，其中顺序号表示各类标准发布的先后次序，年代号为 4 位数字表示的标准发布或修改年份。

国家标准的编号的格式为：

GB ××××—××××　　GB/T ××××—××××

除了 GB、GB/T 之外，尚有军用、工程建筑标准等给出了专门标准代号：

GBN 国家内部标准

GB5 国家工程建筑标准(新代号，编号从 50001 开始；GBJ 现已降为行业标准)

GJB 国家军用标准

GSB 国家实物标准(或称"标准样品"，简称"标样")

(3) 行业标准的代号、编号。行业标准也分为强制性标准和推荐性标准。行业标准的编号由行业标准代号、顺序号和标准发布年代号组成，行业标准的代号由 2 位拼音字母组成，例如：

JY 教育行业　　TY 体育行业

WH 文化行业　　CY 新闻出版行业

WS 卫生行业　　HG 化工行业

行业标准编号的组成为：

×× ××××—××××　　××/T ××××—××××

(4) 地方标准与企业标准的代号、编号。地方标准代号以"DB"加上省级行政区划代码前两位数再加斜线，组成强制性地方标准代号；再加"T"，组成推荐性地方标准代号。如：DB 31/330. 3—2007；DB/T 481—2010。

企业标准的代号用"Q/"加企业代号(汉语拼音字母或阿拉伯数字或两者兼用)组成。企业标准的编号由企业标准的代号、标准顺序号和发布年代号组成。

如：Q/SUTW 01—2003。

4. 标准文献分类法

标准文献的分类主要采用中国标准文献分类法、国际标准分类法(ICS)、国际十进分类法等分类系统。国际标准化组织发布的标准 1994 年以前使用国际十进分类法，1994 年以后改用国际标准分类法分类。我国自 1995 年年底发布的国家标准也将国际十进分类法改用国际标准分类法分类。

(1) 中国标准文献分类法。中国标准文献的管理一般采用分类的方法，其分类依据为“中国标准文献分类法”，其类目(http://www.gxstlib.org.cn/readerserv/rederserv3/zbf.htm)的设置以专业划分为主，适当结合科学分类。序列采取从总到分，从一般到具体的逻辑系统。类目结构采用二级编制形式。其中，一级类目的设置以专业划分为主，有 24 大类，详见表 4-1。每个一级类目有 100 个二级类目，用 2 位数字表示，分类详尽，检索方便。二级类目设置采取非严格等级制的列类方法。

表 4-1 我国标准文献分类法一级类目

代码	名称	代码	名称	代码	名称
A	综合	B	农业、林业	C	医药、卫生、劳动保护
D	矿业	E	石油	F	能源、核技术
G	化工	H	冶金	J	机械
K	电工	L	电子元器件与信息技术	M	通信、广播
N	仪器、仪表	P	土木、建筑	Q	建材
R	公路、水路运输	S	铁路	T	车辆
U	船舶	V	航空、航天	W	纺织
X	食品	Y	轻工、文化与生活用品	Z	环境保护

使用“中国标准文献分类法”时要注意通用与专用标准的划分。所谓通用标准，是指两个以上专业共同使用的标准；而专用标准是指某一专业特殊用途的标准。对于这两大类标准，“中国标准文献分类法”采取通用标准相对集中、专用标准适当分散的原则进行处理。例如：通用紧固件标准列入 J 机械类，航空用特殊紧固件标准列入 V 航空、航天类。但对各类有关基本建设、环境保护、金属与非金属材料等方面的标准文献，则采取相对集中列类的方法。比如，水利电力工程、原材料工业工程、机电制造业工程等列入 P 工程建设类等。

(2) 国际标准分类法。国际标准分类法(International Classification for Standards，缩写为 ICS)是由信息系统和服务委员会(ISO Committee on Information Systems and Services，缩写为 INFCO)制定的，主要用于建立国际标准、区域性标准、国家标准及其他标准文献的目录结构，并作为国际标准、区域性标准和国家标准等订购系统的基础，也可供数据库和图书馆用作标准及标准文献的分类依据。国际标准分类法的制定与实施，促进了信息和有关工具(如目录、选择清单、数据库等)的协调，推动了国际标准、区域性标准、国家标准及其他标准文献的传播。

国际标准分类法是在 1992 年由信息系统和服务委员会通过、理事会批准的。国际标准化组织从 1994 年开始采用国际标准分类法，对其所有标准进行分类。目前，国际标准分类法的最新版本为第 6 版(2014 年版本)。

我国自 1995 年开始对国际标准分类法进行分析，将其与中国标准分类法进行对照，并于 1996 年出版了国际标准分类法的中文版。该版本是采用国际标准分类法的结构，根据我国国情适当补充而形成的。目前，我国通行的是与国际标准分类法第 4 版相对应的国际标准分类法中文版，与第 6 版对应的国际标准分类法中文版尚未面世。迄今为止，我国在标准分类上依然采用国际标准分类法与中国标准分类法并行的办法。随着我国标准化工作与国际的接轨，国际标准分类法将最终取代中国标准分类法。

“国际标准分类法”第 6 版由三级类构成。一级类包含标准化领域的 40 个大类(表 4-2)和 1 个 99 空类目，共 41 个大类，全部 41 个大类分为 392 个二级类和 909 个三级类。每一大类号以 2 位数字表示，如 01、03、07；二级类的类号由 3 段构成，包括 2 位数字的一级类号、一个齐底实圆点(.)和 3 位数字，如 31.140(压电器件)；三级类的类号由 5 段构成，包括二级类的类号(3 段)、一个齐底实圆点(.)和 2 位数字，如 85.080.10(办公用纸)。

表 4-2 国际标准分类法一级类目

01 综合，术语，标准化，文献	27 能源和传热工程	49 航空与航天工程	77 冶金
03 社会学，服务，公司组织和管理，行政，运输	29 电工技术	53 材料储运设备	79 木材技术
07 数学，自然科学	31 电子学	55 货物的包装和分发	81 玻璃和陶瓷工业
11 医疗，卫生技术	33 电信	59 纺织和皮革技术	83 橡胶和塑料工业
13 环境和保健，安全	35 信息技术，办公设备	61 服装行业	85 造纸技术
17 计量学和测量，物理现象	37 成像技术	65 农业	87 涂料和颜料工业
19 试验	39 精密机械，珠宝	67 食品技术	91 建筑材料和建筑物
21 机械系统和通用部件	43 道路车辆工程	71 化工技术	93 民用工程
23 流体系统和通用部件	45 铁路工程	73 采矿和矿产	95 军事工程
25 制造工程	47 造船和船用设备	75 石油及有关技术	97 服务性工作，文娱，体育

三、中国标准文献检索

(一) 中国标准文献构成

一份文件形式的国家标准，其完整内容包括封面、正文、附加说明等 3 个结构部件。

1. 封面的著录项(图 4-2)

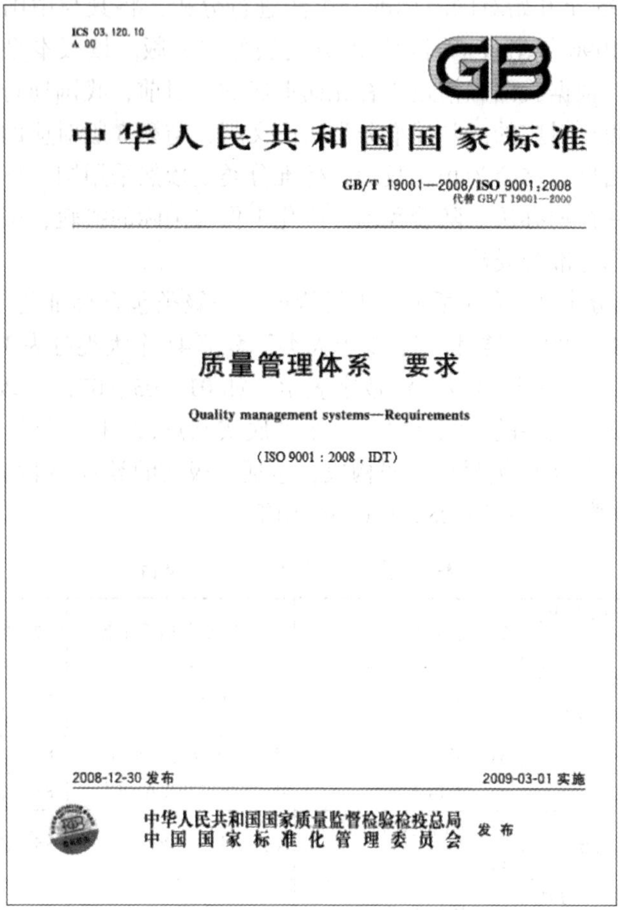
ICS 03.120.10
A 00

中华人民共和国国家标准

GB/T 19001—2008/ISO 9001:2008
代替 GB/T 19001—2000

质量管理体系　要求

Quality management systems—Requirements

(ISO 9001 : 2008 , IDT)

2008-12-30 发布　　2009-03-01 实施

中华人民共和国国家质量监督检验检疫总局
中国国家标准化管理委员会　发布

图 4-2　中国国家标准封面格式

① 标准名称(附相应的英文名称)。

② 标准编号：由“GB+序号+制定年份”组成。

③ 标准分类号：ICS 分类号。

中国标准分类号(一级类目字母+二级类目代码)。

④ 标准的发布单位：发布及实施标准的日期(年、月、日)，需要注意的是年份的表示方法，我国在1995年以前用两位数表示；从1995年开始，所有的各级各类标准均用4位数字表示。

2. 正文部分

主要包括主题内容与适用范围、引用标准、术语或定义、原料要求产品分类、技术要求或质量要求、检验或试验方法、检验或验收规则、包装标志运输储存等。

3. 附加说明

主要包括标准制定的提出单位、技术归口单位、负责起草单位和主要起草人。

4. 中国标准文献编号

中国标准文献编号采用“代号+顺序号+发布年份”的结构形式，例如：

GB/T	5623	—	2008	产品电耗定额制定和管理导则
国标代号	顺序号	一字线	发布年份	标准名称

说明：

① 该标准是2008年发布的顺序号为5623的推荐性国家标准。

② 该标准的中国标准分类号为F01，属于能源、核科技综合类标准。

③ 该标准的国际标准分类号为ICS 27.010。

(二) 中国四级标准文献

1. 国家标准

国家标准是指由国家标准化主管机构批准发布，对全国经济、技术发展有重大意义，且在全国范围内统一的标准。不同的国家标准有不同的代号，如美国的国家标准代号为ANSI，英国的为BS。中国的国家标准是指对全国经济技术发展有重大意义而必须在全国范围内统一的标准，由国务院标准化行政主管部门编制计划，协调项目分工，组织制定(含修订)，统一审批、编号、发布，其代号为GB。法律对国家标准的制定另有规定的，依照法律的固定执行。国家标准的年限一般为5年，过了年限后，国家标准就要被修订或重新制定。此外，随着社会的发展，国家需要制定新的标准来满足人们生产、生活的需要。因此，标准是种动态信息。

国家标准分为强制性国家标准(GB)和推荐性国家标准(GB/T)。国家标准的编号由国家标准的代号、国家标准发布的顺序号和国家标准发布的年份号(1995年以前，采用发布年份的后两位数字；1995年及以后，采用全部四位数字)构成。强制性国家标准是保障人体健康，人身、财产安全的，标准和法律及行政法规规定强制执行的国家标准；推荐性国家标准是指生产、检验、使用等方面，通过经济手段或市场调节而自愿采用的国家标准。但推荐性国家标准一经接受并采用，或各方商定同意纳人经济合同中，就成为各方必须共同遵守的技术依据，具有法律约束性。

2. 行业标准

根据《中华人民共和国标准化法》的规定：由我国各主管部、委(局)批准发布，在该部门范围内统一使用的标准，称为行业标准。例如：机械、电子、建筑、化工、冶金、轻工、纺织、交通、能源、农业、林业、水利等，都制定有行业标准。截至 1992 年 12 月底，完成 51 个行业标准管理范围的划分工作，并相应地授予行业标准的代号。随着国家机构的改革和市场经济体制的完善，现在国家标准的发布与制定由国家质量监督检验检疫局统一管理，先前的行业标准主管部门、代码和内容已经发生比较大的变化(图 4-3)，同时，还会制定其他新的行业标准，具体代号见表 4-3。

ICS 71.120; 83.140
G 94
备案号:

HG

中华人民共和国化工行业标准

HG/T 3732—2004

改性酚醛玻璃纤维增强塑料球阀
技术条件

Specifications for ball valves of modified phenolic
glass fiber reinforced plastics

2004-12-14 发布　　2005-06-01 实施

中华人民共和国国家发展和改革委员会　发布

图 4-3　中国化工行业标准封面格式

表 4-3 我国行业标准代号

标准类别	标准代号	标准类别	标准代号	标准类别	标准代号
安全生产	AQ	机械	JB	电子	SJ
包装	BB	建材	JC	水利	SL
船舶	CB	建筑工业	JG	商检	SN
测绘	CH	建工行标	JGJ	石油天然气	SY
城镇建设	CJ	金融	JR	海洋石油天然气	SY(10000 以后)
新闻出版	CY	交通	JT	铁道	TB
档案	DA	教育	JY	土地管理	TD
地震	DB	旅游	LB	铁道交通	TJ
电力	DL	劳动和安全生产	LD	体育	TY
地质矿产	DZ	粮食	LS	物资管理	WB
核工业	EJ	林业	LY	文化	WH
纺织	FZ	民用航空	MH	兵工民品	WJ
公共安全	GA	煤炭	MT	外经贸	WM
建工国标 5 万号以上	GBJ	民政	MZ	卫生	WS
供销	GH	农业	NY	文物保护	WW
国军标	GJB	轻工	QB	稀土	XB
广播电影电视	GY	汽车	QC	黑色冶金	YB
航空	HB	航天	QJ	烟草	YC
化工	HG	气象	QX	通信	YD
环境保护	HJ	国内贸易	SB	有色冶金	YS
海关	HS	水产	SC	医药	YY
海洋	HY	石油化工	SH	邮政	YZ

3. 地方标准

在国家的某个地区通过并公布发行的标准为地方标准。强制性地方标准的代号由汉语拼音字母 DB 加上省、自治区、直辖市行政区划代码前两位数字组成。推荐性地方标准加字母 T 组成。地方标准的编号，由地方标准顺序号和年份号组成。例如：

DB/T	11	×××	—	××××
推荐性地方标准	地区代码(北京市)	标准顺序号	一字线	发布年份号

4. 企业标准

企业标准是指企业为生产技术工作的需要而制定的标准。有些产品在没有制定国家标准和行业标准时，为了提高产品质量，企业可以制定比国家标准和行业标准更先进的产品质量标准，即通常所称的“内控标准”。在我国，应该提倡企业尤其是服务业积极参与、制定和实施企业标准，使企业标准高于现在的行业标准，高于国家标准，甚至高于国际标准。这样的企业才有竞争力，这也是服务业发展的一个趋势。

（三）中国标准文献检索工具

1. 手工检索工具

中国标准文献手工检索工具主要是相关纸质工具，包括如下 3 大类。

① 标准的检索期刊。包括定期专门报道一定范围技术的索引、文摘和目录刊物，例如标准化文摘、产品目录。一般用于追溯检索。

② 标准的参考工具书。一般为不定期连续出版，是把收集、汇总一定时期内颁布的特定范围的技术标准加以系统排列后出版，这类工具书分为目录、文摘和全文多种形式，使用方便，但有一定时滞。

③ 标准的情报刊物。除了及时报道新颁布的有关标准情报，还广泛报道标准化组织、标准化活动和会议、标准化管理与政策等许多有关情报，是检索最新技术标准情报的有效工具。

手工检索我国各类标准，常用具体检索工具主要为如下 4 种。

①《中华人民共和国国家标准目录及信息总汇》。由国家标准化管理委员会编辑，中国标准出版社按年度出版。《总汇》以目录的形式收录了截至上一年度批准发布的全部国家标准信息，同时补充载入被代替、被废止的国家标准目录及国家标准修改、更正、勘误通知等相关信息。

②《中华人民共和国国家标准目录》。它由国家质量技术监督局标准化司编辑，中国标准出版社出版，是查找国内标准的检索工具。

③《中国国家标准汇编》。由中国标准出版社出版，收录我国公开发行的全部现行国家标准全文，按国家标准号编排。《汇编》自 1983 年出版以来，已经出版了 20000 多册，并从 1994 年开始出版国家标准汇编修订本。该汇编是查阅我国国家标准原文的重要工具。

④《中国标准化年鉴》。国家技术监督局编撰，中国标准出版社出版。从 1985 年起每年出版一卷，中英两种文字对照编写。其主要内容是阐述前一年标准化工作的全面情况，包括标准化事业的发展情况、管理机构、法规建设以及科学研究工作的现状；一年内发布的新国家标准目录等。所附的国家标准目录分为两种：标准号顺序目录、分类目录，分类目录按“中国标准文献分类法”分类排

列，在同一类中按标准顺序号排列。

2. 计算机检索工具

① 网络数据库检索。检索标准文献的数据库有很多，常用者有如下几个：

万方数据库——中外标准(http://c.wanfangdata.com.cn/Standard.aspx)；

中国标准服务网(http://www.cssn.net.cn/)；

中国标准网(http://www.zgbzw.com/)；

标准网(http://www.standardcn.com/)。

② 光盘数据库检索。利用标准光盘数据库可以方便地检索到国际标准、许多国家以及欧洲标准组织颁布实施的标准。比如，美国HIS公司推出的《世界标准光盘数据库》收集了世界上近400个主要标准组织的标准。

（四）中国标准文献检索方式

标准文献检索一般包括手工检索和计算机检索2种方式，其中，计算机检索方式又分为模糊检索、分类检索和高级检索3种方法。

1. 手工检索

标准文献手工检索工具是各收藏单位的纸质卡片或书本式检索工具，而手工检索标准文献主要是利用标准目录。标准目录编排方式大致相同，主要有分类、主题和标准号(顺序号)3种途径。

2. 计算机检索

随着网络资源数据库建设的逐步完善，标准文献的计算机检索逐渐由网络数据库检索挑起大梁，光盘数据库检索则处于次要和补充地位。标准文献的网络数据库检索，主要利用如下几个标准文献网络数据库。

（1）中国标准全文数据库(http://c.wanfangdata.com.cn/Standard.aspx)。该数据库由中国科技信息研究所、万方数据公司联合开发，包括中国国家标准库、中国行业标准库、中国建设标准库、建材标准库和国际标准库5个子数据库，标准门类也比较齐全。该数据库检索首页见图4-4。

（2）中国标准服务网(http://www.cssn.net.cn)。中国标准服务网是国家级标准信息服务门户（主页界面见图4-5），是世界标准服务网(http://www.cssn.net)的中国站点，由中国标准化研究院标准馆负责网站的标准信息维护、网站管理和技术支撑。

中国标准服务网的标准信息主要依托于国家标准化管理委员会、中国标准化研究院标准馆及院属科研部门、地方标准化研究院(所)及国内外相关标准化机构。国内部分，该网站提供国家标准数据近20000个，经过加工处理，包括英文标题、中英文主题词、专业分类等信息；行业标准HB数据近50000个；强制性国家标准数据近3000条，是为了便于查询从国家标准数据库提取的全部强制性

图 4-4　中国标准全文数据库检索首页

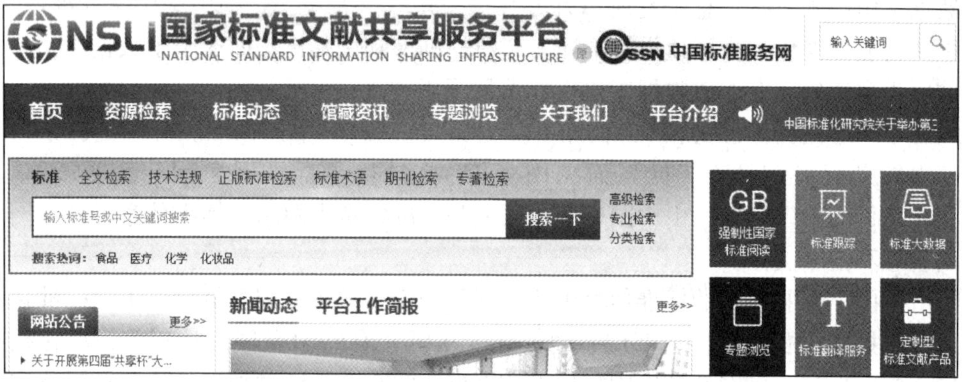

图 4-5　中国标准服务网主页界面

国家标准；单独建成的建设标准数据300多条，其数据内容同国家标准数据库。此外，中国标准化研究院标准馆收藏有60多个国家、70多个国际和区域性标准化组织、450多个专业学(协)会的标准以及全部中国国家标准和行业标准共计约60多万件，160多种国内外标准化期刊和7000多册标准化专著。该馆与30多个国家及国际标准化机构建立了长期、稳固的标准资料交换关系；还作为一些国外标准出版机构的代理，从事国外和国际标准的营销工作。

中国标准服务网集合的主要数据库如下。

① 国家标准(GB)、国家建设标准(GBJ)、中国70余个行业标准，台湾地区标准、技术法规；

② 国际标准(ISO)、国际电工标准(IEC)、国际电信联盟标准(ITU)、欧洲标准(EN)、欧共体(欧盟)法规(EC)、欧洲计算机制造商协会标准(ECMA)、欧洲电子元器件协会标准(CECC)；

③ 德国标准(DIN)、英国标准(BS)、法国标准(NF)、日本工业标准(JIS)、美国标准(ANSI)、澳大利亚国家标准(AS)、加拿大标准协会标准(CSA)、加拿大通用标准局标准(CGSB)；

④ 美国铝协会标准(AA)、美国国家公路与运输商协会标准(AASHTO)、美国船舶局标准(ABS)、美国音频工程协会标准(AES)、美国煤气协会标准(AGA)、美国齿轮制造商协会标准(AGMA)、美国航天工业协会标准(AIA)、美国航空与航天协会标准(AIAA)、美国信息与图像管理协会标准(AIIM)、美国核协会标准(ANS)、美国国家标准协会标准(ANSI)、美国石油协会标准(API)、美国空调与制冷学会标准(ARI)、美国航空无线电设备公司标准(ARINC)、美国声协会标准(ASA)、美国加热、制冷与空调工程师协会标准(ASHRAE)、美国机械工程师协会标准(ASME)、美国质量控制协会标准(ASQ)、美国卫生工程协会标准(ASSE)、美国材料与试验协会标准(ASTM)、美国焊接协会标准(AWS)，美国建筑小五金制造商协会标准(BHMA)、美国冷却塔学会标准(CTI)、美国电子工业协会标准(EIA)、美国通用汽车标准(GM)、美国照明工程学会标准(IEEE)、美国连接电子学工业协会标准(IPC)、美国仪器、系统与自动化协会标准(ISA)、美国阀门及配件工业制造商协会标准(MSS)、美国全国腐蚀工程师协会标准(NACE)、美国电气制造商协会标准(NEMA)、美国国家信息标准协会标准(NISO)、美国全国卫生基金会标准(NSF)、美国制管学会标准(PFI)、美国电阻焊接机制造商协会标准(RWMA)、美国机动工程师协会标准(SAE)、美国电影与电视工程师协会标准(SMPTE)、美国钢结构油漆委员标准(SSPC)、美国保险实验空协会标准(UL)、美国联邦军用标准(DOD)、美国军用标准(MIL)及德国工程师协会标准(VDI)。

(3) 标准网(http://www.standardcn.com)。该网站是由国家发展和改革委员会产业协调司主管，机械科学研究总院中机生产力促进中心维护的我国工业行业的标准化门户网站，旨在利用现代网络技术，实现行业标准管理、标准信息发布和标准化技术服务3大功能。主要提供国家发展和改革委员会负责管理的轻工、纺织、黑色冶金、有色金属、石油、石化、化工、建材、机械、汽车、锅炉压力容器、电力、煤炭、包装、制药装备、黄金、商业、物流和稀土等19个行业的行业标准管理与服务信息(图4-6)。

图4-6 标准网主页界面

此外，该网站还能免费检索ISO、IEC、主要国家标准、欧洲标准等，并提供标准动态信息和标准公告信息。

(4) 国内其他免费标准检索网站：

① 国家标准化管理委员会(http://www.sac.gov.cn)：可检索国家标准目录，获得标准的题录信息，并了解标准化动态、国家标准制订计划、国标修改通知等

信息。

② 中国标准网(http://www.standard.net.cn)：免费检索国家标准、行业标准、部分国际标推(ISO、IEC)、标准新书目、标准图书目录、作废标准情况等，提供在线订购标准全文和会员咨询服务等。

③中国环境标准网(http://www.es.org.cn)：免费查询下载国家环境标准、环境保费标准的全文，包括水环境标准、大气环境标准、固废污染控制标准、移动源排放标准、环境噪声标准、土壤环境标准、放射性环境标准、生态保护标准、环境基础标准、其他环境标准。

④ NSTL(http://www.nstl.gov.cn)的"标准文献"：免费检索中国标准、ISO标准、IEC标准和英国、德国、法国及日本等国的国家标准。

⑤ 中华人民共和国卫生部网站(http://www.moh.gov.cn)："卫生标准"栏目，包括卫生方面的国家标准(全文)和卫生行业标准(全文)及其更新信息，涵盖了环境卫生、食品卫生、职业卫生、血液卫生、放射卫生、化妆品卫生、传染病、地方病、职业病等各领域。

⑥ 国家军用标准化信息网(http://www.gjb.com.cn)：免费查询中国军用标准、美国军用标准、法国宇航标准、北约标准目录及北约出版物等的标准题录信息。

⑦ 上海标准化服务信息网(http://www.cnsis.info)：由上海市标准化研究院建立，可在线查询各类标准；还向社会提供国内外标准信息/文本传递等服务。

四、国际标准文献检索

(一) 国际标准的简介

国际标准是指国际标准化组织、国际电工委员会(IEC)和国际电信联盟(ITU)制定的标准，以及国际标准化组织确认并公布的其他国际组织制定的标准。国际标准在世界范围内统一使用。

1. 国际标准化组织标准简介

国际标准化组织制定的标准，又称ISO标准。国际标准化组织是一个由国家标准化机构组成的世界范围的联合会，现有163个成员。根据该组织章程，每一个国家只能有一个最有代表性的标准化团体作为其成员，原国家质量技术监督局以CSBTS名义参加ISO活动。国际标准化组织涉及除电子、电气外的所有专业领城，制定标准的技术工作均有相应的机构。下设有306个技术委员会，600多个技术委员会分会，2000 多个工作组。

国际标准分类法(ICS)是国际标准化组织正在使用，并建议所有 ISO 成员采用的标准文献分类法。1996 年 11 月 28 日，我国决定自 1997 年 1 月 1 日起，在国家标准、行业标准和地方标准中采用 ICS 分类法。

一份"ISO 标准"文献由封面、正文、附加说明等 3 部分组成，封面主要由以下内容组成：标准名称(英文名称)、标准编号(由"ISO"+序号：发布年份组成)、标准分类号、主题词、标准件的印刷版次及日期、标准文件所用文种、标准文件的售价等级依据的页码。如一份"ISO 标准"文献的构成为：

ISO	3838	:	1983
标准代号	序号		发布年份

2. 国际电工委员会标准

国际电工委员会简称 IEC，是世界上与 ISO 并列的两大国际性标准化组织之一，专门负责研究和制定电工电子技术方面的国际标准。国际电工委员会标准又称 IEC 标准，包括综合性基础标准、电工设备标准、电工材料标准、日用电器标准、仪器仪表及工业自动化有关标准、无线电通信标准等。

(二) ISO 9000 族标准的产生及构成内容

1. ISO 9000 族标准的产生

为了适应世界经济和国际贸易发展的需要，确保消费者的利益，国际标准化组织根据英国 BSI 的提议，于 1979 年成立了 ISO/TC 176"质量管理和质量保证技术委员会"，目标是制定一套质量管理和质量保证国际标准。该委员会以英国 BSI 5750 和加拿大 CSAZ-229 这两套标准为基础，并参照其他国家的质量管理和质量保证标准，在总结各国质量管理经验的基础上，经过 5 年努力，ISO 于 1986 年完成 ISO 9000~ISO 9004《质量管理和质量保证》系列标准，并于 1987 年 3 月正式发布。

2000 年 12 月 15 日，国际标准化组织正式发布了新版本 ISO 9000 族标准，统称为 2000 版 ISO 9000 族标准。该族标准的修订充分考虑到了 1987 版和 1994 版标准以及现有其他管理体系的使用经验，使得质量管理体系更加适合各类企事业的需要。

2. 核心标准

2000 版 ISO 9000 族标准是一个大的标准家族，标准数量较多，而且还在发展之中。核心标准有以下四个：

ISO 9000：2000 质量管理体系——基本原则和术语；

ISO 9001：2000 质量管理体系——要求；

ISO 9004：2000 质量管理体系——业绩改进指南；

ISO 19011：2000 质量和环境审核指南。

3. 认证的含义

认证是指由可以信任的第三方证实某一经鉴定的产品或服务符合特定标准或规范性文件的活动。目前，各国质量认证机构主要开展2方面认证业务。

（1）产品质量认证。在认证制度产生之前，卖方为了推销其产品，通常采用“产品合格声明”的方式，来博取顾客的信任。这种方式，在当时产品简单、不需要专门的检测手段就可以直观判别优劣的情况下是可行的。但是随着科学技术的发展，产品的结构和性能日趋复杂，仅凭买方的知识和经验很难判断产品是否符合要求；加之卖方的“产品合格声明”并不总是可信的，这种方式的信誉和作用就逐渐下降。由此，产品质量认证制度就产生了。

产品质量认证包括合格认证和安全认证2种。依据标准中的性能要求进行认证，叫做合格认证；依据标准中的安全要求进行认证，叫做安全认证。前者是自愿的，后者是强制性的。

实施产品质量认证的意义在于，通过一个公正的认证机构，经过认证程序，对于产品提供正确、可靠的质量信息，为社会服务，以促进经济的发展。产品质量认证可以有效地维护消费者的利益；可以激发企业竞争，树名牌产品，提高经济效益；可以促进企业加强质量管理和建立质量保证体系；可以推动标准的实施和贯彻；是节约人力、物力、减少重复劳动的有力措施；可以有效地保护消资者的安全和健康；可以提高产品在国际市场上的竞争能力；促进技术进步，加强国家对产品质量的宏观控制。

（2）管理体系认证。管理体系认证制度之所以得到世界各国的普遍重视，关键在于它是以一个公正的第三方认证机构对管理体系做出正确、可靠的评价，而使人们有信任感。

这项制度对供方、需方和社会的利益都具有重要的作用，可以提高供方的管理信誉和知名度；促进企业建立和健全管理保证体系；增强国际市场和出口商品的竞争力；通过管理体系认证，为需方选择合格的供方提供了方便。

（三）ISO 9000 标准认证适用范围、条件及程序

1. ISO 9000 标准认证适用范围

根据 ISO 9000：2000《基础与术语》标准规定，它适用于提供四类产品的组织。显然，化学化工行业中的焦炭及精炼石油制品、化学品、化学制品及纤维、医药品、橡胶和塑料制品、非金属矿物制品等，以及食品、饮料和烟草等，均可以申请 ISO 9000 族标准的质量认证。认证证书如图 4-7 所示。

CCCI

QUALITY MANAGEMENT SYSTEM CERTIFICATE

Registration No. 02109Q10470R1M

This is to certify that the quality management system of

China Communications Construction Group
Design Institute Co., Ltd.

At: A56, Nanfangzhuang, Fengtai District, Beijing, 100079, P.R. China
(Registration Address: Room 608, No.10 Hongdabei Road, BDA, Beijing)

is in conformity with

GB/T19001-2000 idt ISO9001:2000

This certificate is valid for the following scope:

Communication Project of Consultation, Survey and Design.

This certificate is valid from May 13, 2009 to May 12, 2012
It is valid within the term of validity of all the administration and qualification stipulated in accordance with the regulation of P. R. C.
In the case that the organization regularly receives surveillance assessments, the certificate shall be valid when used together with the Notice for Maintenance of Use of Certificates and Logos.

Huaxia Certification Center, Inc.

General Manager:

Date of Issue: May 13, 2009

CNAS

MANAGEMENT SYSTEM
CNAS C021-Q

IAF

图 4-7　ISO 9001—2000 认证证书示例

2. 获得 ISO 9000 族标准认证的条件

对于 ISO 9000 族标准认证的条件，不同认证机构应其上级认可机构的要求，会有不同的具体要求。一般来说，获得 ISO 9000 族标准认证需达到以下条件。

① 建立了符合 ISO 9000：2000 标准要求的文件化的质量管理体系。

② 质量管理体系至少已运行 3 个月以上并被审核判定为有效。

③ 外部审核至少完成了一次或一次以上全面有效的内容审核，并可提供有效的证据。

④ 外部审核前至少完成了一次或二次以上有效的管理评审，并可能提供有效的证据。

⑤ 体系保持持续有效并同意接受认证机构每年的年审和每三年的复审作为对体系是否得到有效保持的监督。

⑥ 承诺对认证证书及认可标志的使用符合认证机构和认可机构的有关规定。

3. ISO 9000 族标准认证的程序

ISO 9000 认真步骤一般包括如下 8 个：

第 1 步：制定一项实施 ISO 质量体系标准的计划；

第 2 步：参照 ISO 质量体系标准对现存的质量体系进行评价；

第 3 步：采取正确行动来遵守所有 ISO 质量体系要求；

第 4 步：建立文件和记录系统；

第 5 步：完成质量手册并使之行之有效；

第 6 步：让注册团体安排一次评估前的审核；

第 7 步：被认证组织为正式评估做准备；

第 8 步：注册团体实行评估审核。

图 4-8 是认证机构执行认证工作的典型程序。预评审是若组织需要，认证机构在对组织进行正式的初次审核之前，应组织的要求对组织实施预评审，以确保组织的质量管理体系的适宜性、充分性和有效性，使组织顺利通过认证。

初次审核即对组织的认证注册审核，通常按以下步骤进行。

(1) 文件审核。即对组织的质量管理体系文件的适宜性和充分性进行审核，重点是评价组织的体系文件与 ISO 9000：2000 标准的符合情况。

(2) 现场审核。即通过观察、面谈等各种形式对组织实施和保持质量管理体系的有效性进行审核，审核过程将严格覆盖标准的所有要求，审核天数按规定执行。

年审是认证机构每年将对获得认证的组织进行年审，通常只对标准的部分要求进行抽样审核。

复审是认证机构每三年将对组织进行复审，复审将覆盖标准的全部要求，复审合格后换发新证。

(四) ISO 9000 检索

首先应该认真阅读 ISO 9000 族标准原文及我国相关的标准，准确把握名词术语的确切含义。然后可以阅读有关书籍和通过网络查询找到有关内容，可以参考以下有关网站。

中国质量认证中心(CQC)：http://www.cqc.com.cn；

中国计量在线：http://www.chinajionline.org；

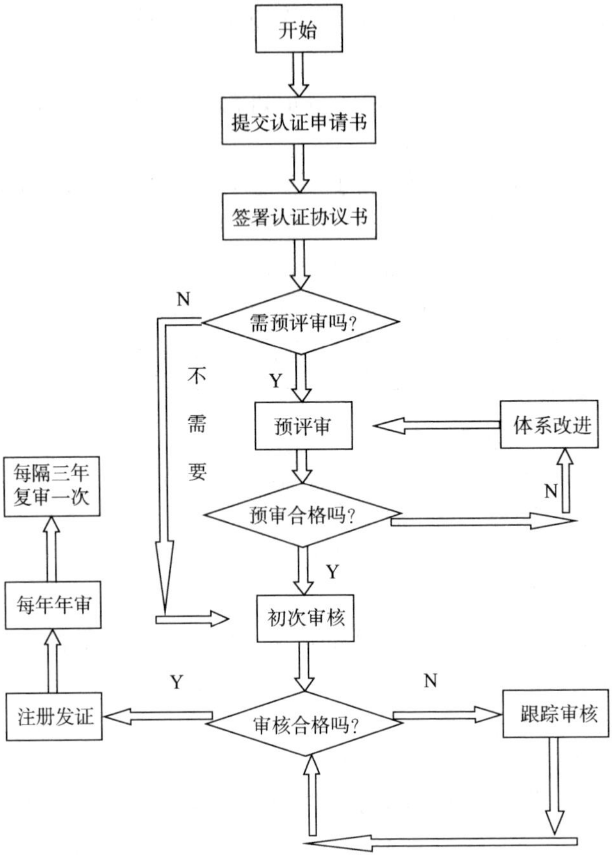

图 4-8　认证机构执行认证工作的典型程序

亚太管理训练网：http://www.longjk.com；

东方管理网：http://www.chinaqg.cn；

北京新世纪认证有限公司：http://www.bcc.com.cn。

第五章　特殊文献检索

课堂教学：特殊文献检索

图书、期刊、报纸等类型的文献资料，公开出版、公开发行，发行范围很广，容易寻找、方便获得，属于常规文献。专利、标准、科技报告、会议论文、学位论文、政府出版物、产品资料、档案资料等非图书非报刊类型的文献资料，多由作者所在单位自己印制，在单位之间交流或内部订阅，每件文献单独成册。这些类型的文献资料，发行量小，不易轻松寻找、难以完整获得，皆属于特殊文献。国外将其称为“灰色文献”或“非公开出版物”，国内往往统称为“内部资料”。特殊文献的特点是：内容涉及面广、种类多、数量大、报道快、参考价值高，因而是很重要的文献信息源。高职学生需要了解特殊文献相关知识，掌握相关检索技能。前面已经学习了专利与标准的有关知识，实践了相关检索方法和技巧，接下来，继续实践科技报告、会议论文和学术论文等特殊文献的检索技能。

1. 查找标准文献数据库

利用百度（http://www.baidu.com）或中搜（http://www.zhongsou.com）寻找标准文献数据库，以及提供标准文献的其他网站。

2. 比较特殊文献数据库

登录标准文献数据库和提供标准文献的其他网站，了解各数据库的文献规模、回溯历史、专业范围、检索入口、检索方式、获取途径等，认真记录下来，并仔细比较各数据库和网站的异同。

3. 设计特殊文献检索方案

围绕适当的检索词，利用各种检索技术，如布尔逻辑检索技术和截词检索技术等，设计标准检索方案。

4. 利用特殊文献数据库

根据标准检索方案，充分利用这些标准文献数据库，检索需要的标准文献，达到较高的查全率和查准率。

5. 分析特殊检索结果

将检索结果记录下来，并根据课题关联性、水平先进性、时间切近性和资料可得性等要求，对标准文献进行归类和分析，决定取舍。

6. 获取特殊文献资料

对于切合主题、水平先进、时间切近、下载方便的标准文献，分类下载保存；对于不能下载的标准文献，设法利用各种渠道和方式，争取尽早获取。

7. 课后围绕毕业论文检索特殊文献

利用课余时间，围绕毕业论文课题，制定特殊文献检索方案，检索、分析和获取特殊文献，为毕业论文撰写工作进一步打下基础。

课前自学：特殊文献知识

一、科技报告及其检索

科技报告又称研究报告或技术报告，最早产生于20世纪20年代。其定义有很多种，国家标准GB/T 7713.3—2009《科技报告编写规则》(图5-1)对科技报告的定义为：“科技报告是科学技术报告的简称，是用于描述科学或技术研究的过程、进展和结果，或描述一个科学或技术问题状态的文献。”在国外，科技报告归属于灰色文献，指未经出版和法定权威机构公开发表的内部文献。

总之，科技报告是指由出资人(包括政府、机构与个人)资助的科研活动所产生的、按有关规定和格式撰写的，以积累、传播和交流为目的，能够完整而真实地反映科研活动的技术内容和经验的特种文献，与科研档案(为档案的一种类型，侧重保存研究过程中形成的管理性文件和研究结果的依据性材料)在内容范围、整理编排、管理方式等方面具有明显的不同。

(一) 科技报告的作用与类型

1. 科技报告的作用

科技报告内容新颖广泛、专业性强、技术数据具体，因而具有很高的使用价值。科技报告有助于交流各种科研思路、推动发明创造、评估技术差距、改进技术方案、增加决策依据、避免科研工作中的重复与浪费，也有利于促进科研成果转化为生产力等。

经常查阅科技报告，可以让科研和工作少走弯路、避免重复，提高科研和工作水平的起点，得到事半功倍的效果。因此，必须熟悉中外科技报告的检索方法和原文获取的途径。

2. 科技报告的类型

科技报告的类型繁多。

(1) 按研究进展划分为：初步报告、进展报告、中间报告、终结报告等。

(2) 按密级划分为：绝密、秘密、非密级限制发行、解密、非密公开等各种

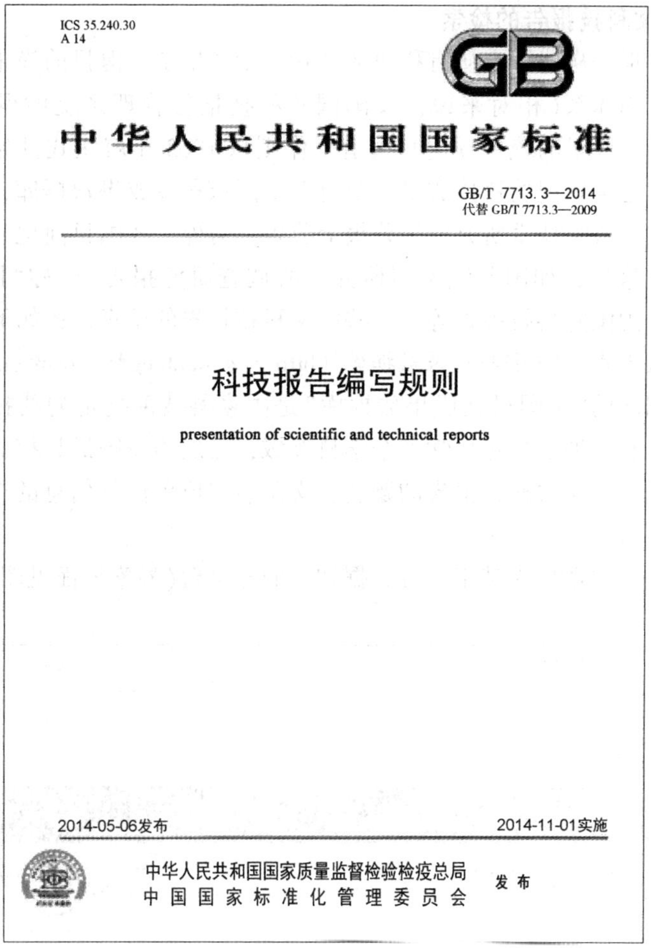
ICS 35.240.30
A 14

中华人民共和国国家标准

GB/T 7713.3—2014
代替 GB/T 7713.3—2009

科技报告编写规则

presentation of scientific and technical reports

2014-05-06发布　　2014-11-01实施

中华人民共和国国家质量监督检验检疫总局
中国国家标准化管理委员会　发布

图 5-1　《科技报告编写规则》封面

密级的科技报告。

（3）从技术角度划分为：

① 技术报告，指科研成果的总结，公开出版；

② 技术札记，指报告新的技术工艺等，公开出版；

③ 技术备忘录，指试验报告，数据资料，会议记录等，不出版；

④ 技术论文，指准备在会议上宣读的论文的前身材料；

⑤ 技术译文，指国外有价值的新技术的译稿；

⑥ 合同户报告，指完成合同过程中的进展报告、研制报告等；

⑦ 特殊出版物，指会议文集、总结报告、资料汇编等。

（二）中文科技报告的检索

我国科技报告从建国之初有科研活动就开始产生了，但目前尚未形成国家层次科技报告管理体系（相对来说，我国国防科技报告管理系统做得比较成功）。不过，我国科研成果的统一登记和报道工作则从 1963 年就正式开始了。科技成果登记机构对已经登记的科技成果会及时登录国家科技成果数据库，并在国家科技成果网站或者科学技术研究成果公报上公告。另外，我国目前也有一些正式公开发行的科技报告，如国务院发展研究中心调查研究报告（简称“国研报告”）、商业报告、中国国防科技报告等。一些中文科技报告的检索途径如下。

1. *万方数据库“中国科技成果数据库”*（http://c. wanfangdata. com. cn/Cstad. aspx）

万方数据库的“中国科技成果数据库”是国家科技部指定的新技术、新成果查新数据库，收录涉及自然科学各个学科领域，已成为我国最具权威的技术成果库。但该库只提供相关科技报告的题名、文摘、完成单位等信息的查询，不提供全文检索和下载。

中国科技成果数据库基于万方数据知识服务平台（检索界面见图 5-2），其检索方法如下。

图 5-2　万方数据库“中国科技成果数据库”检索界面

（1）模糊检索。所谓模糊检索，是相对于“精准搜索”而言的，指搜索系统自动按照用户输入关键词的同义词进行模糊检索，从而得出较多的检索结果。万方数据库提供模糊检索，检索页面见图 5-3。

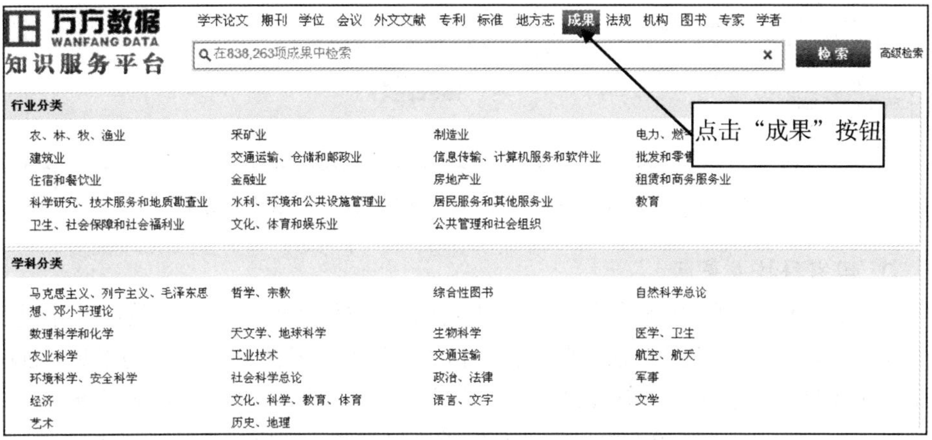

图 5-3 万方数据库“中国科技成果数据库”检索界面

（2）分类检索。即按照文献所属学科、专业性质进行分类和系统排列的检索方式。万方数据库中国科技成果数据库分类检索页面见图 5-4。

图 5-4 万方数据库“中国科技成果数据库”分类检索界面

（3）高级检索。严格限定检索项按照精准搜索方式进行搜索，即为高级检索。万方数据库中国科技成果数据库高级检索页面见图 5-5。

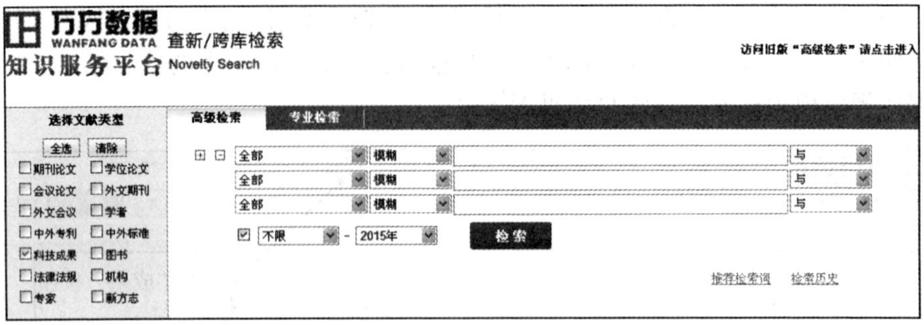

图 5-5　万方数据库"中国科技成果数据库"高级检索界面

2. 国家科技成果网

创刊于 1963 年的印刷版《科学技术研究成果公报》曾经是国家科技部发布重要科学技术研究成果信息的政府出版物，是检索我国科学技术研究成果的工具。2004 年起，印刷版《科学技术研究成果公报》停刊。目前，可通过"国家科技成果网(http://www.tech110.cn)"检索已发布的我国重要科学技术研究成果信息资源。

国家科技成果网是由国家科学技术部创建的国家级科技成果创新服务平台，其中的"科技成果"栏目，拥有的全国科技成果数据库内容丰富、权威性高，收录全国各地区、各行业经省、市、部委认定的科技成果，库容量以每年 3 万~5 万项的数量增加，充分保证了成果的时效性。

"科技成果"栏目提供科技成果浏览与搜索(图 5-6)。成果浏览可按国科网分类、中图分类、学科分类和高新技术 4 种方式进行。

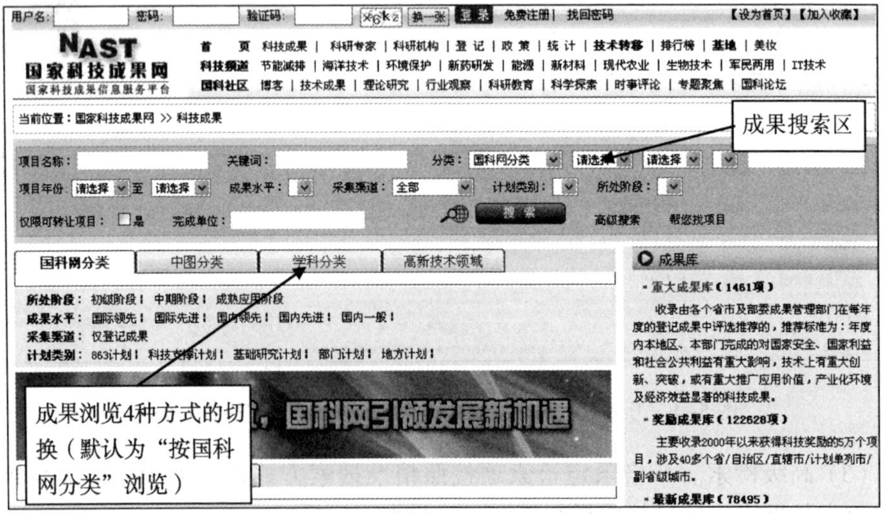

图 5-6　国家科技成果网"科技成果"栏目页面

3. 国研报告

国务院发展研究中心调查研究报告，简称国研报告，是国务院发展研究中心专门从事综合性政策研究和决策咨询的专家不定期发布的、有关中国经济和社会诸多领域的调查研究报告，内容丰富，有很高的权威性和预见性。国研报告可登录国研网(http://www.drcnet.com.cn)浏览、下载。

4. 中国商业报告库

中国商业报告库是中国资讯行的子库之一，收录经济专家及学者关于中国宏观经济、金融、市场、行业等的分析研究文献及政府部门颁布的各项年度报告全文，主要为用户的商业研究提供专家意见的资讯，数据库每日更新。中国资讯行的网址：http://www.infobank.cn，通过网站检索商业报告只能得到报告的标题，如果想查看全文，需预先交费，申请成为中国资讯行的会员。如果用户所在单位购买了中国商业报告库的镜像站，可以通过镜像站免费浏览商业报告的全文。

另外，国家工程技术研究中心信息网(http://www.cnerc.gov.cn)可提供科技成果查询；厦门宇博网络信息技术有限公司和宇博网联(北京)科技有限公司开通并运营大型专业化市场研究网站中国报告大厅(http://www.chinabgao.com)，可提供针对企业用户的各类信息(如深度研究报告、市场调查、统计数据等)的查询。

(三) 外文科技报告的检索

世界著名的科技报告有美国的四大报告(AD、PB、NASA、DOE)、英国航空航天委员会的 ARC 报告、法国原子能委员会的 CEA 报告、德国的航空研究报告(DVR)、瑞典国家航空研究报告(FFA)、日本原子能研究报告(JAERI)等。其中，美国政府的四大报告一直雄居首位，是全球广大科技人员瞩目的重心。

1. 美国国家技术情报社数据库

美国国家技术情报社(National Technical Information Service，简称 NTIS)数据库是美国国家技术情报社出版的美国政府报告文摘题录数据库，对应的印刷型刊物为 *Government Reports Announcements & Index*(*GRA & I*)和 *Government Inventions for Licensing*，收录美国政府立项研究及开发的项目报告为主，可以检索 1964 年以来美国政府 AD、PB、NASA、DOE 四大报告的文摘索引信息，少量收录西欧、日本及世界各国(包括中国)的科学研究报告(包括项目进展过程中所做的一些初期报告、中期报告、最终报告等)，反映最新政府重视的项目进展。由于该库中提供参照号，据此可向有关机构索取报告的全文。该库 75%的文献是科技报告，其他文献有专利、会议论文、期刊论文、翻译文献；25%的文献是美国以外的文献。其中 90%的文献是英文文献，专业内容覆盖科学技术各个领域。该数据库网址为 http://www.ntis.gov/search/index.aspx。

已购买该数据库机构的用户，可以在“剑桥科学文摘”(Cambridge Scientific Abstracts)平台(图 5-7)检索。

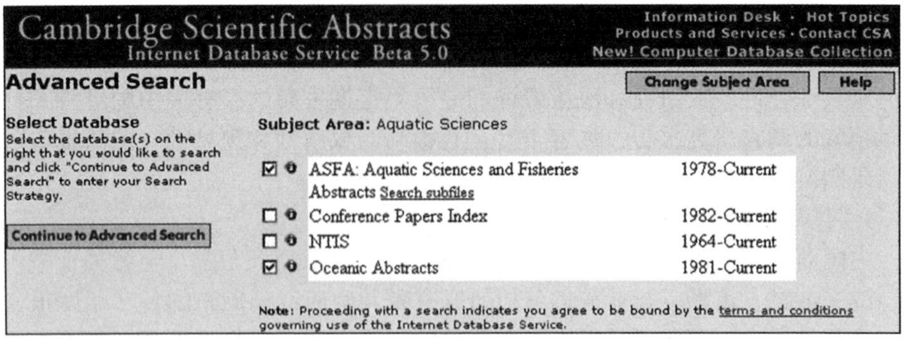

图 5-7　剑桥科学文摘官方网站高级检索界面

其他用户则可以到美国国家技术情报社网站的检索页面免费检索，其默认为快速检索，可切换至其高级检索界面(图 5-8)。

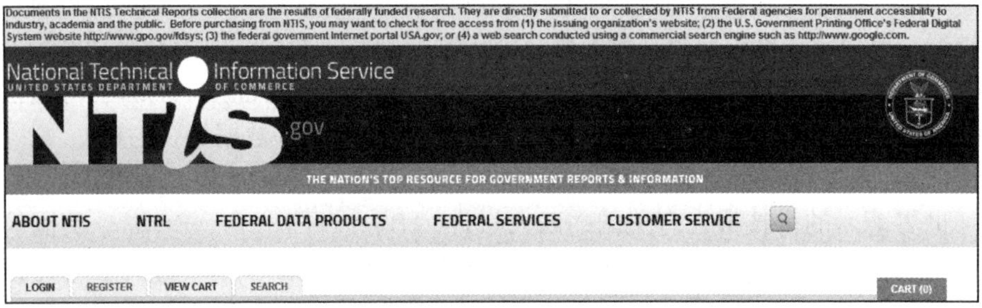

图 5-8　美国技术情报服务社官方网站界面

2. 国家科技图书文献中心国外科技报告数据库

国家科技图书文献中心(NSTL)国外科技报告数据库主要收录 1978 年以来的美国政府研究报告，即 AD、PB、DOE 和 NASA 研究报告，以及少量其他国家学术机构的研究报告、进展报告和年度报告等。学科范围涉及工程技术和自然科学各专业领域，每年增加报告 2 万余篇，每月更新。进入国家科技图书文献中心网站(http://www.nstl.gov.cn)，点击“国外科技报告”按钮，或由“文献检索”子系统，选择“国外科技报告”数据库，均可检索我国收藏的美国政府报告及其他国家的科技报告，但只提供文摘。

3. 其他外文科技成果信息资源

(1)美国宇航局科技报告数据库。美国宇航局(NASA)科技报告数据库(NASA Technical Reports Server，简称 NTRS)是检索世界航空、航天资料主要的综合性检索工具。主要包括 NASA 及其合同用户编写的科技报告，美国和其他国家政府机构、公司、大学和研究机构所出版的科技报告、学位论文和译文，

NASA 本单位所属的专利和专利出版物及其他一些文献。学科涉及航空、航天、化学化工、材料、工程、机械、激光、地球科学、能源、生命科学、数学与计算机科学、物理学、空间科学、社会科学。该数据库可提供全文科技报告。

美国宇航局科技报告数据库可以通过美国宇航局科技信息站点主页(http://www. sti. nasa. gov)(图 5-9)进行检索，也可以直接通过数据库检索网址(http://ntrs. nasa. gov/search. jsp)进入(默认为简单检索界面)。美国宇航局科技报告数据库的高级检索页面见图 5-10。

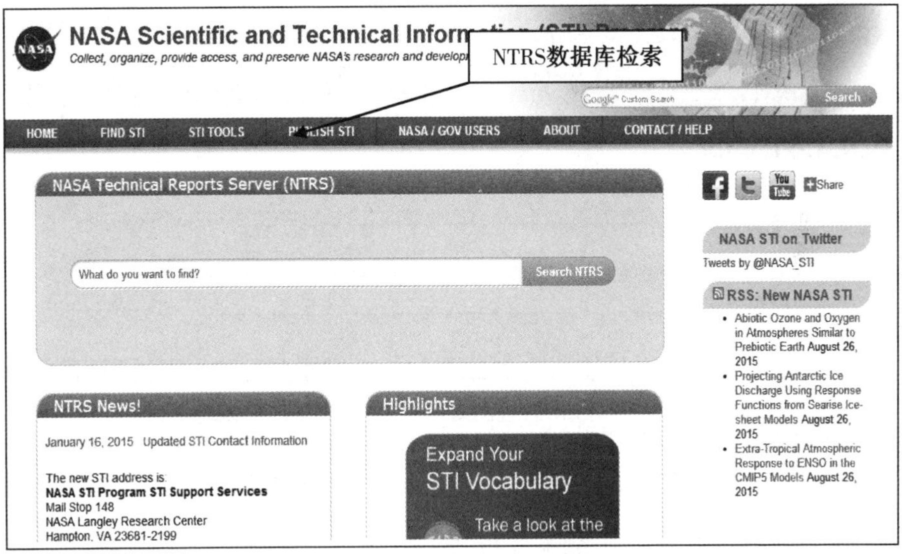

图 5-9　美国宇航局科技信息站点主页

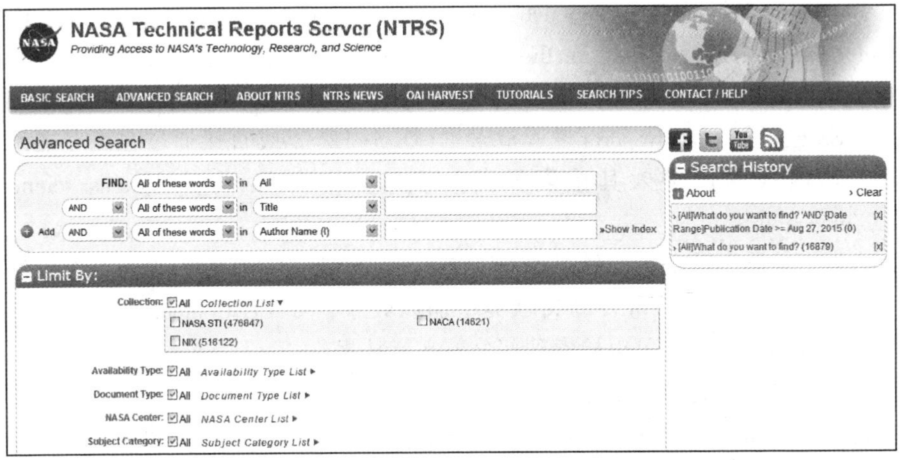

图 5-10　美国宇航局科技报告数据库高级检索页面

（2）信息桥数据库。信息桥（Informtion Bridge）数据库（图 5-11）是由美国能源部（Department of Energy，DOE）的科技信息办公室（Office of Scientific and Technical Information，简称 OSTI）公开免费提供，可获得科技报告的全文。

通过信息桥检索平台（http://www.osti.gov/bridge/index.jsp）检索，可以查阅 1991 年以来的 DOE 报吉。

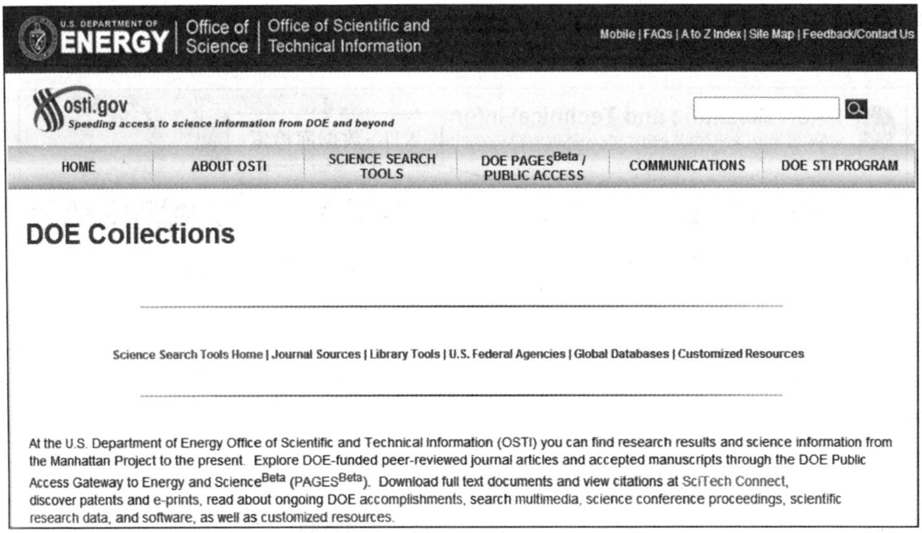

图 5-11　信息桥数据库网站首页默认检索页面

（3）国际环境联合会研究服务报告。国际环境联合会研究服务报告（The Congressional Research Service Reports，简称"CRS 报告"）是美国国家科学与环境委员会（National Council for Science and the Environment，简称 NCSE，原名 Committeefor the National Institute for the Environment）的站点，提供了环境方面许多报告的全文。通过美国国家科学与环境委员会主页（http://ncseonline.org）RESOURCES 栏目的 CRS Reports 进入检索页（图 5-12），或直接通过在浏览器地址栏输入该版块网址进入其检索界面：http://ncseonline.org/programs/science-policy/crs-reports。

另外，美国国防部科技信息库 STINET（为原 AD 报告）和一些大型综合性数据库都将科技报告作为重要的文献类型加以收录，如 Ei（Compendex）、INSPEC 等，通过这些数据库也可以检索到部分外文科技报告。

（四）科技报告原文的获取

通过数据库与免费网站检索到的科技报告，绝大多数只有文摘。如果需要原文，根据文献出版或收藏情况，可以通过以下途径获得。

图 5-12　国际环境联合会研究服务报告检索界面

1. 在线获取

对于电子出版的科技报告，有些可以利用相关网络数据库，直接从网上获取电子版全文。

2. 通过原文传递服务获取

借助于原文传递服务，可以在国内科技报告的收藏机构获得外文报告全文。

中国科技信息研究所是我国引进科技报告的主要单位；上海图书馆/上海科技情报研究所也有美国四大报告的原文馆藏；中国国防科技信息中心收藏有大量AD报告和NASA报告；国家科学图书馆(原中国科学院文献情报中心)是收藏美国四大报告尤其是PB报告最全的单位；中国核科技信息与经济研究院(由原中国核科学技术情报研究所等机构合并组建)收藏有较多的DOE报告；中国国防科技信息中心收藏有美国四大报告全文；北京航空航天大学图书馆收藏有NASA报告全文。

3. 直接从境外邮购

对于国内无法或不便获取的科技报告原文，可以利用公开的渠道，从境外直接邮购。比如美国的一些科技报告，即可直接邮购。美国有两个科技报告收集发行中心，一是美国商务部所属的国家技术情报服务处，它搜集公开的美国科技报告；二是国防技术情报中心，它搜集有关军事的科技报告。另外，国内没有的，可根据NTIS订购号(入藏号)向NTIS直接订购报告复印件或微缩平片。

二、会议文献及其检索

（一）会议及会议文献

1. 会议分类

随着科学技术的迅速发展，各个国家的学会、协会、研究机构及国际学术组织越来越多。为了加强科学家之间的信息交流，各学术组织每年都定期或不定期地召开学术会议。学术会议按其组织形式和规模区分，一般有以下五大类：国际性会议、地区性会议、全国性会议、学会或协会会议、同行业联合会议。

2. 会议文献

会议文献是指各类学术会议的资料和出版物，包括会议前参加会议者预先提交的论文文摘、在会议上宣读或散发的论文、会上讨论的问题、交流的经验和情况等经整理编辑加工而成的正式出版物(会议录)等。广义的会议文献包括会议论文、会议期间的有关文件、讨论稿、报告、征求意见稿等，而狭义的会议文献仅指会议录上发表的文献。新的理论、新的解决方案和新发展的概念通常最早出现在科技会议上发表的论文中。

(1) 会议文献分类：

① 会前文献：包括会议日程、论文目录、摘要和会议论文预印本(因为经费短缺等，有的会后就不再出版正式文献)；

② 会中文献：包括开幕词、讨论记录和闭幕词等；

③ 会后文献：有会议录、会议论文集、会议论文汇编、期刊特辑、图书以及有关会议的声像资料等形式。

其中，会议录有别于会议论文集。会议录通常指某专题会议中所有相关过程的记录，包括会议宣读论文、会议议题讨论等；对于那些特别加以讨论的论文，会议录中通常会记载其他与会者的意见。会议论文集则是专指为该次会议征集、整理的论文，可能没有在会议上宣读，但仍然属于该次会议主题范围内的论文。

(2) 会议文献特征。会议文献一般有 4 个明显特征：

① 传递新产生但未必成熟的科研信息，对学科领域中最新发现、新成果等重大事件的首次报道率最高，是及时了解有关学科领域发展状况的重要渠道；

② 涉及的专业内容集中，针对性强，一般是围绕同一会议主题撰写相关的研究论文；

③ 内容新颖，即时性强，最能反映各个学科领域现阶段研究的新水平、新进展；数量庞大，出版不规则；

④ 出版形式多种多样，有会议录、期刊、科技报告、预印本等形式。

检索会议文献，应了解关于会议的几个常用术语：Conference（会议）、Congress（代表大会）、Convention（大会）、Symposium（专业讨论会）、Colloquium（学术讨论会）、Seminar（研究讨论会）、Workshop（专题讨论会）、Group Meeting/Panel Meeting（分组会议）等。

现在检索会议文献与信息，除手工检索外，主要还是通过互联网进行：既可在专门的商业网站、专业性的网站检索，也可在一些学术团体的网站获得会议文献信息。此外，还可以通过文献传递服务，向一些机构求助。

（二）国内会议文献检索工具

1. 万方数据知识服务平台的会议频道

万方数据知识服务平台的会议频道包括原万方数据资源系统的会议论文系列数据库：中国学术会议论文文摘数据库、中国学术会议论文全文数据库（包括中文版即中文会议论文全文数据库、英文版即西文会议论文全文数据库）、中文会议名录数据库、西文会议名录数据库等数据库。

（1）中国学术会议论文文摘数据库。该库收录了由国际及国家级学会、协会、研究会组织召开的各种学术会议论文，每年涉及上千个重要的学术会议。是目前国内收集学科最全、数量最多的会议论文数据库。

（2）中国学术会议论文全文数据库。该库是国内有影响的学术会议文献全文数据库，主要收录国家级学会、协会、研究会组织召开的全国性学术会议论文，数据范围覆盖自然科学、工程技术、农林、医学等领域，是了解国内学术动态必不可少的帮手。它分为中文版和英文版两个版本。中文版所收会议论文内容是中文；英文版主要收录在中国召开的国际会议的论文，论文内容多为西文。

该会议论文数据库在万方数据知识服务平台中，提供一框式快速检索、高级检索和专业检索等检索方法。其默认的检索页面如图 5-13 所示，检索方法与前文介绍的万方数据知识服务平台的检索方法相似，在此不再重复。

2. 中国重要会议论文集全文数据库

“中国重要会议论文集全文数据库”由中国学术期刊（光碟版）电子杂志社出版，重点收录 1999 年以来我国国家二级以上学会、协会、高等院校、科研院所、学术机构等单位的论文集，年更新约 10 万篇文章。截至 2015 年 8 月，累积收录会议论文全文文献 2868800 多篇。

数据库资源来源于国家二级以上学会、协会举办的重要学术会议、高校重要学术会议、在国内召开的国际会议上发表的文献；收录年限为 2000 年至今（部分重点会议文献回溯至 1953 年）。

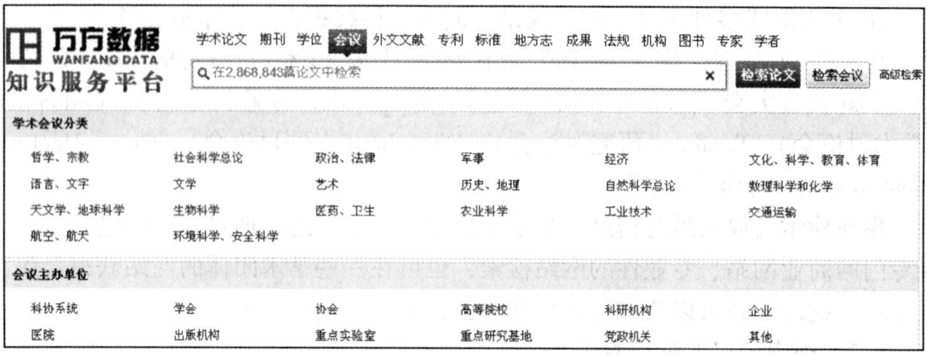

图 5-13　万方检索系统镜像站会议论文数据库检索页面

该数据库通过 KDN 检索平台进行检索。其默认的“标准检索”页面见图 5-14。具体检索方法与前文介绍的中国学术期刊网络出版总库的检索方法相似，在此不再重复。

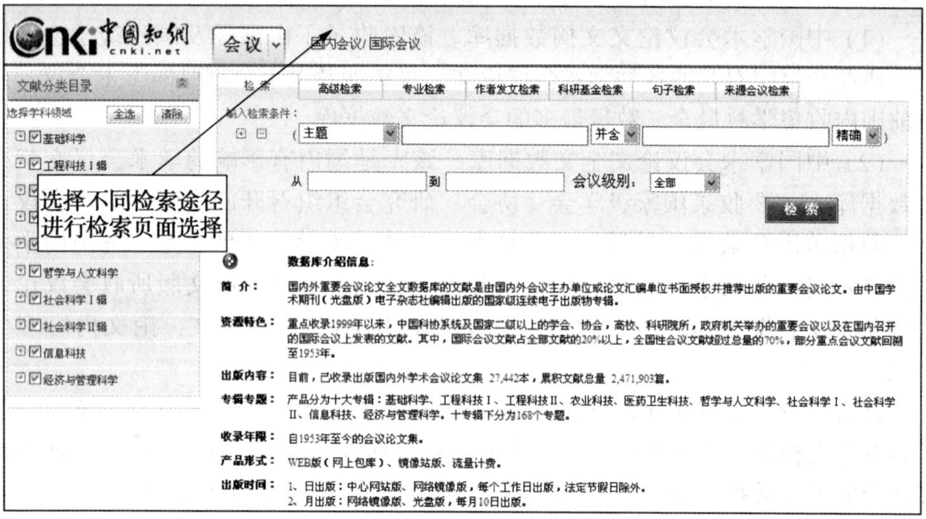

图 5-14　中国重要会议论文案全文数据库默认的标准检索界面

3. 上海图书馆《会议资料数据库》

上海图书馆《会议资料数据库》即原《中国专业会议论文题录数据库》。1995年，与上海图书馆合并的上海科技情报所自 1958 年起征集入藏各种科技会议文献，形成专业收藏。目前，可提供 1986 年至今约 40 万件资料网上篇名检索服务，以后每年新增数据 3 万条。数据库通过母体文献题名、论文篇名、个人责任者、会议名、会议地点/日期、分类等途径提供一框式检索(图 5-15)，并提供全文复制服务(将查到所需的会议文献索取号和平片号发送给有关部门)。检索网址为：http://www.library.sh.cn/skjs/hyzl。

图 5-15 《会议资料数据库》检索界面

检索结果记录页面与论文详细信息页面见图 5-16。

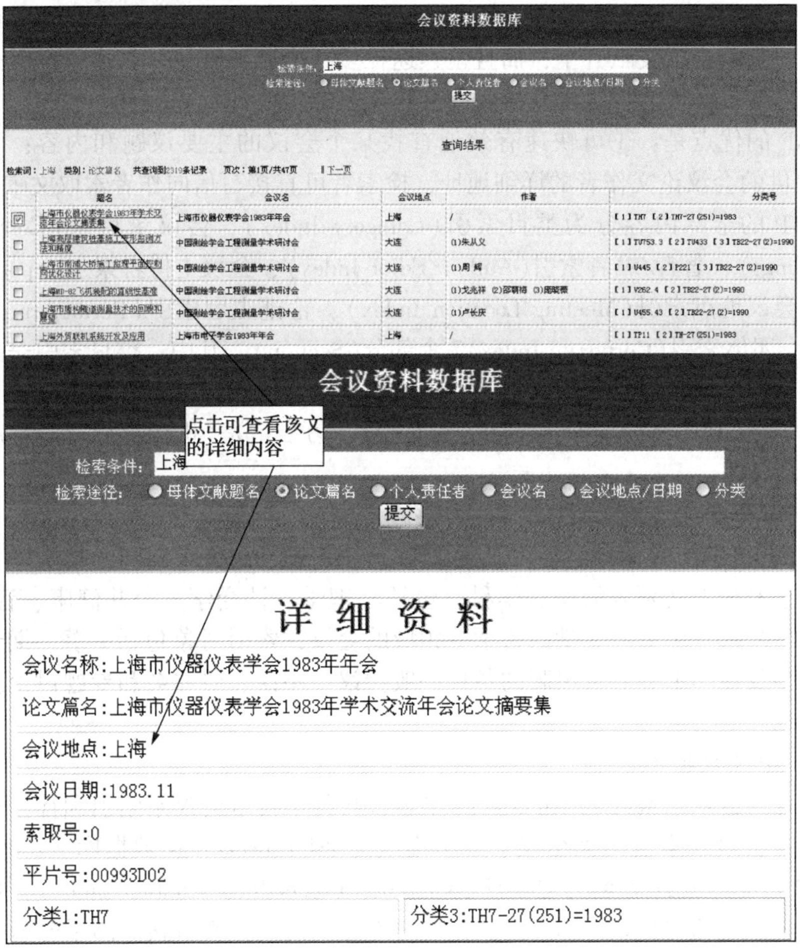

图 5-16 检索结果记录页面与论文详细信息页面

(三) 国外会议文献检索工具

检索国外各种学术会议信息时，通常使用《科技会议录索引》(*Index to Scientific & Technical Proceedings*, ISTP)、《社会科学与人文科学会议录索引》(*Social Science & Humanities Proceedings*, ISSHP)，以及与印刷版会议文献相对应的光碟版数据库和网络数据库，如 ISTP 光碟版、CPCI(Conference Proceedings Citation Index)数据库。现在查找和获取国外会议论文，检索网络数据库 CPCI 是最有效的方法。

1.《科技会议录索引》

《科技会议录索引》(Index to Scientific & Technical Proceedings, ISTP)，是一种综合性的科技会议文献检索刊物，由总部位于美国费城的科学信息所(ISI)编辑出版。ISTP 于 1978 年创刊，月刊，有年度累积索引。该检索工具覆盖的学科范围广，收录会议文献齐全，而且检索途径多，出版速度快，其声誉已盖过其他同类检索工具而成为检索正式出版的会议文献的主要和权威工具。

ISIP 的优点是：①可快速有效地查找某个会议的主要议题和内容；②根据 ISTP 提供的会议论文作者的详细地址，检索者可直接写信向作者索取文献资料。

ISTP 的全部内容分为类目索引(Category Index)、会议录目录(Contents of Proceedings)、著者/编者索引(Author/Edior Index)、会议主持者索引(Sponsor Index)、会议地点索引(Meeting Location Index)、轮排主题索引(Permuterm Subject Index)、团体索引(Corporate Index)7 个部分(Section)。其中，类目索引是正文的编排根据，会议录目录是正文，其他是各种辅助索引。团体著者索引又分为两部分，一个是“地区部分”(Geographic Section)，另一个是“机构部分”(Organization Section)。

2.《社会科学与人文科学会议录索引》

《社会科学与人文科学会议录索引》(ISSHP)于 1994 年创刊，收录来自社会科学、艺术与人文领域的所有学科，包括心理学、社会学、公共健康、管理学、经济学、艺术、历史、文学与哲学等领域的会议，索引对象包括专著、期刊、报告、增刊及预印本等形式出版的各种一般会议、座谈、研究会和专题讨论会的会议录文献。

3. CPCI 数据库

汤森路透基于 Web of Knowledge 平台，将科学技术会议录索引和社会科学及人文科学会议录索引两大会议录索引集成为 ISI Proceedings 数据库。2008 年 10 月，ISI Proceedings 更名为 CPCI(Conference Proceedings Citation Index)，且并入 Web of Science 数据库。CPCI 提供有效的研究工具：全文链接、结果分析、信息管理、格式论文等。Web of Knowledge 平台默认的检索页面见图 5-17。

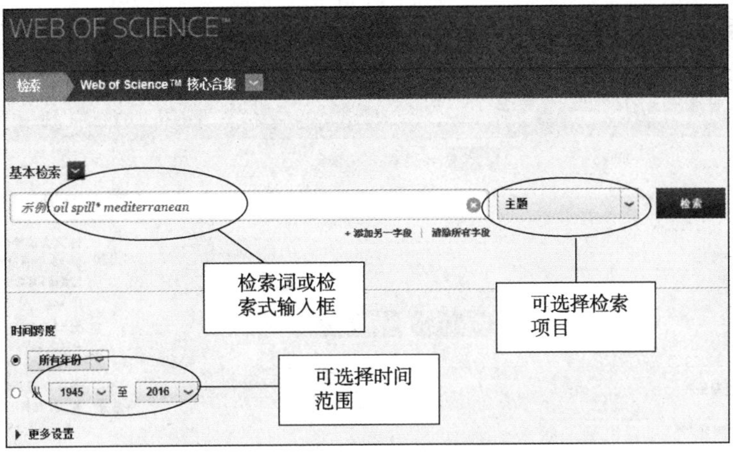

图 5-17 Web of Science 平台默认的普通检索页面

CPCI 汇集了世界上最新出版的会议录资料，包括专著、丛书、预印本和来源于期刊的会议论文，提供了综合全面、多学科的会议论文资料，是目前世界上了解会议文献信息的最主要检索工具，对于工程技术、化学和物理等学科领域内的研究尤其重要。CPCI 分为科技版(CPCI-S)和社科与人文版(CPCI-SSH)，共涵盖约 250 个不同的学科，其中科技版包括农业科学、生物化学、生物技术、化学、计算机科学等学科，IEEE、SPIE、ACM 等协会出版的会议录；社科与人文版覆盖社会科学、艺术及人文领域的所有会议文献，包括心理学、社会学等学科，每年收录 2800 多个会议录。该数据库每周更新，每年增近 26 万条记录，内容涉及一般性会议、座谈会、研究会、专题讨论会等，不限于以英语发表的论文。

在会议论文中出现的一些新理论、新概念、新假说、新方法往往要早于期刊论文，研究者通过检索 CPCI 数据库，可查找某一新的研究方向或概念的初始文献；查找未在期刊上发表的论文；可进行作者、研究所和研究机构及主题词的回溯检索；可找到在别处无法查到的会议文献；根据会议的部分信息检索会议录文献；决定订购哪些会议录并确定相应的出版机构。

CPCI 与 SCIE、SSCI 等引文索引共用 Web of Knowledge 检索平台，其检索方法与 SCIE、SSCI 等引文索引的检索方法也相似，可以借鉴使用。

4. 国家科技图书文献中心网站

国家科技图书文献中心网站(http://www.nstl.gov.cn)可检索其 9 家下属成员馆馆藏外文会议论文的题录文摘。用户可通过国家科技图书文献中心或 CSDL 的原文传递系统获取原文。该网站外文会议文献检索窗口见图 5-18。

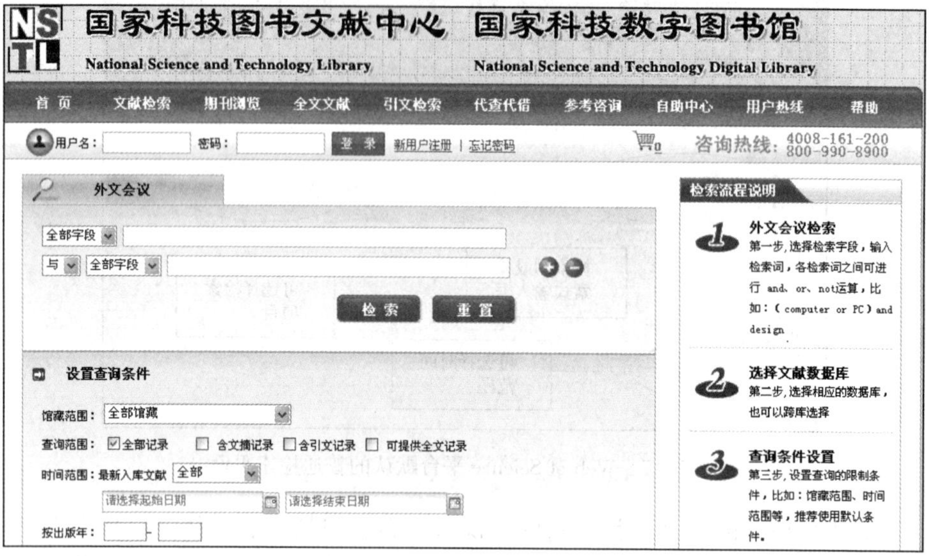

图 5-18 国家科技图书文献中心外文会议文献检索窗

5. 国外会议文献的其他网络检索

(1) 利用因特网的一些搜索引擎进行检索。此类搜索引擎较多如雅虎(Yahoo)、谷歌(Google)等。检索的时候，以 Proceeding，Symposium，Conference，Meeting 等作为关键词，可获得各个信息的数量、会议名称、会议录信息、论文全文的 URL 地址，以及有关会议的分会场、会议论文的标题、作者等信息。国外作者一般是较乐意直接向别人提供其论文的，尤其是以 E-mail 方式提供。

(2) 利用万维网的 Usenet、BBS、Online Meeting 进行检索。通过万维网的专题性网络新闻组、电子公告板、在线会议等多种多样的形式查找会议动态信息。

(3) 从国际一些著名学术机构和学术团体的网站查找。

① IEL(IEEE/Electronic Library)全文库。该库收录了美国电气与电子工程师学会(IEEE)和英国电气工程师学会(IEE)自 1988 年以来出版的约 6000 多种会议录(全文)。网址：http://ieeexplore.ieee.org 或 http://www.ieee.org/ieeexplore。

② INSPEC(英国科学文摘)。由英国电气工程师学会出版的文摘数据库，是物理学、电子工程、电子学、计算机科学及信息技术领域的权威性文摘索引数据库，收录了 1000 余种会议记录的索引和摘要。INSPEC 数据库基于 EV、Web of Knowledge 等多种平台进行检索。

③ 生物学文摘数据库(BIOSIS Previews)。该库收录了与生命科学研究相关的

各个领域自1969年以来的文献，其中包括1500多种会议。BIOSIS Previews基于Web of Knowledge等平台进行检索。

④ SPIE(International Society for Optical Engineering)数字图书馆。该馆成立于1955年，是致力于光学、光子学和电子学领域的研究、工程和应用的著名专业协会。SPIE学会每年举办超过350次国际性技术研讨会以及各种短期课程和教学活动，所形成的会议文献反映了相应专业领域的最新进展和动态，具有极高的学术价值。SPIE会议录汇集了光学工程、光学物理、光学测试仪器、遥感、激光器等领域的最新研究成果，具有信息量大、报导速度快、涉及交叉学科领域广泛等特点，是国际著名的会议文献出版物。目前，SPIE数字图书馆包含了从1990年到现在的会议录全文(会议录从第1200卷起)，同时也收录了1992年起的大多数会议论文的引文和摘要(会议录第1787~3244卷)。每年都会增加大约1.7万篇新论文。网址：http://www.spiedl.org/。

⑤ 美国物理联合会会议论文集(AIP Conference Proceedings)。美国物理联合会(AIP)每年出版约50种专业会议的会议录。其会议录拥有网络版，网址为http://proceedings.aip.org/proceedings，可检索自1970年以来的所有会议录资料，约1100卷。每当有新会议录出版，就会收到相关通知。

(4) 联机计算机图书馆中心(Online Computer Library Center，简称OCLC) FirstSearch系统的PapersFirst数据库。

PapersFirst数据库包括在世界各地学术会议上发表的论文，它覆盖了自1993年10月以来在“大英图书馆资料提供中心”的会议录收集的每一个大会、专题讨论会、博览会、讲习班和其他会议上发表的论文，每两周更新一次。网址：http://www.oclc.org/zhcn-asiapacific/firstsearch.html。

(5) 联机计算机图书馆中心FirstSearch系统的Proceedings数据库。

Proceedings数据库是PapersFirst的相关库，它包括在世界各地举行的学术会议发表论文的目次表，一条记录包括在一次会议上发表论文的目录。该库提供了一条检索“大英图书馆资料提供中心”的会议录的途径。网址同上：http://www.oclc.org/zhcn-asiapacific/firstsearch.html。

(6) 利用其他专业检索期刊或数据库检索会议论文。

诸如EI、SA等期刊以及ACM等数据库都收录会议论文。

(四) 会议文献原文获取

大部分网络数据库，对于已开通服务的单位，可直接获取全文；部分数据库只提供基本检索信息，如论文的题名、作者、页码、摘要，会议录的书名、ISSN号、编著者或出版单位名称等。但这些基本信息是进一步获取全文的重要线索，利用这些信息登录中科院国家科学数字图书馆(CSDL)或国内其他各大图书馆，可以检索馆藏，并通过图书馆的馆际互借及原文传递服务系统获取原文，或直接通过电子邮件与作者联系索取等途径获取原文。

三、学位论文及其检索

（一）学位论文概要

1. 学位论文的定义

学位论文主要指硕士、博士研究生为获得学位，在导师指导下独立完成并获答辩通过的学术研究论文。

在英文中，本科、硕士学位论文用 Thesis，博士论文用 Dissertation。学位论文必须要有新见解，因此其中不乏有较高学术价值的信息。

2. 学位论文的类型

（1）依据内容分类。可分为 2 种类型：一种是作者参考了大量资料，进行了系统的分析、综合，依据充实的数据资料，提出本人的独特见解，称为综论；另一种是作者根据前人的论点或结论，经过实验和研究，提出进一步的新论点。

（2）依据学位名称分类。可分为 3 种类型：博士论文、硕士（或副博士）论文和学士论文。由于博士学位是对大学或研究单位向具有独创性研究和贡献的博士生授予的，且研究课题是在有该课题专长的导师指导下进行的，其论文需经该领域里著名学者审查通过，故博士论文大多质量较高，有新信息，是一种很有参考价值的文献。

学位论文可从学位、论文名称、颁发学位的单位及其地址、授予学位的时间等方面识别。

3. 学位论文的特点

学位论文学术性强，内容比较专一，引用材料比较广泛，阐述较为系统，论证较为详细。除少数在答辩通过后发表或出版外，多数不公开发行，只有一份复本被保存在授予学位的图书馆中以供阅览和复制服务。

4. 学位论文的组成

学位论文一般由论文和附录两大部分组成。

（1）论文部分。主要包括：①封面：统一印制；②题名页；③目次、摘要：包括简短摘要（同学术论文）和详细摘要（供论文答辩委员会审阅）；④关键词；⑤前言：篇幅比学术论文的前言长；⑥材料、方法、结果、讨论；⑦致谢；⑧参考文献。

（2）附录部分。主要包括：论文中未放入的数据、图表、照片、术语说明。

5. 学位论文的收藏

学位的授予是从中世纪开始的，1180年巴黎大学授予第一批神学博士学位。在学位论文的处理上，各个国家的学校或研究单位不尽相同。由于学位论文不公开出版，所以全文的获取比较困难。只有少数国家将学位论文集中保存，统一报道与提供。

美国和加拿大学位论文由美国ProQuest公司收集，该公司还收集、报道、提供其他国家的学位论文；其出版的学位论文有印刷型、缩微胶卷、光碟和网络数据库。英国的学位论文统一收藏于不列颠图书馆的国家外借图书馆(NLL)内，对读者不借论文原件，但提供复印服务。日本规定国立大学的学位论文统一储存于日本国家图书馆内，私立大学的学位论文则由本校图书馆收藏。

中国收藏学位论文的法定单位主要有：

① 国家图书馆(主要收藏博士论文)；

② 中国科学技术信息研究所(主要收藏自然科学学位论文)；

③ 中国社会科学院文献信息中心(主要收藏社会科学方面的学位论文)；

④ 解放军医学图书馆(主要收藏军队医学博士、硕士学位论文)。

尽管大多数图书馆不予系统收藏学位论文，但随着网络的发展，学位论文的检索比以往已变得容易，但目前收费的数据库仍然居多。

(二) 学位论文的检索

检索学位论文，除了传统的直接向收藏单位获取的方式外，目前主要通过网络检索平台，查询一些中外学位论文数据库。

1. 万方数据库中国学位论文全文数据库

2002年，万方数据股份有限公司推出中国学位论文全文数据库。目前该数据库收录人文社会科学、理学、医药卫生、农业科学、工业技术、交通运输、航空航天、环境与安全科学等各领域我国各高等院校、研究生院及研究所的硕士研究生学位论文、博士研究生学位论文及博士后论文。

中国学位论文全文数据库通过万方数据资源系统统一检索平台提供检索，其默认的简单检索界面如图5-19所示；高级检索界面如图5-20所示，提供如下检索字段：论文标题、作者、专业、导师姓名、授予学位单位、授予学位时间、分类号、关键词、文摘等。

2. CALIS高校学位论文数据库

CALIS高校学位论文数据库由CALIS全国工程中心清华大学图书馆牵头建设，收录了北京大学、清华大学等国内80多所高校CALIS成员馆硕、博士学位论文的文摘信息。成员馆在收取学位论文的同时，取得作者的使用授权书，并在作者授权范围内提供直接下载、文献传递等全文服务；其他馆则需要通过CALIS的馆际互借系统申请获取学位论文全文。

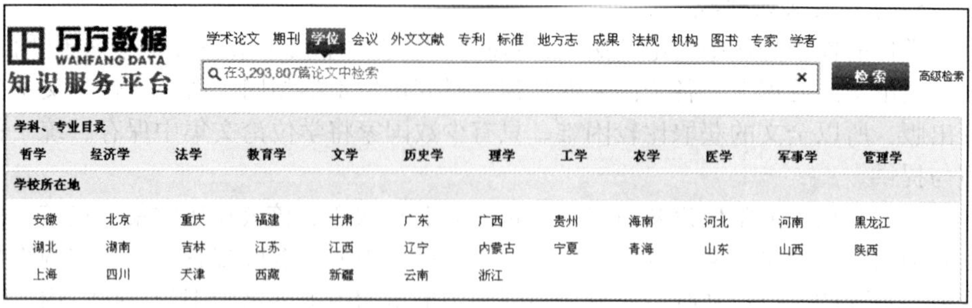

图 5-19　万方数据库中国学位论文全文数据库简单检索界面

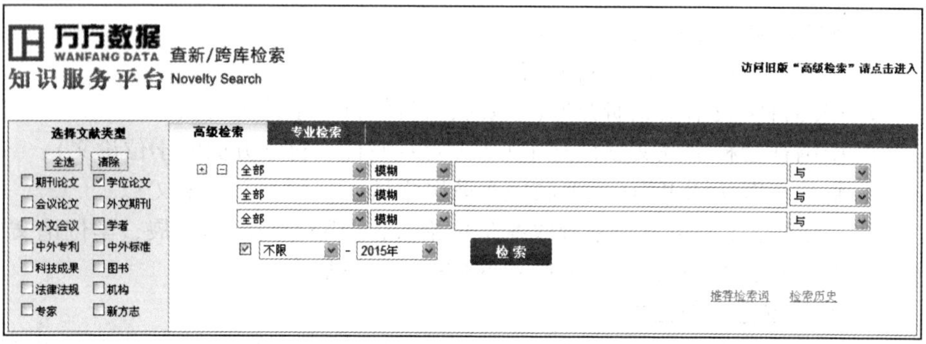

图 5-20　万方数据库中国学位论文全文数据库高级检索界面

CALIS 高校学位论文数据库平台“CALIS 学位论文中心服务系统”现通过 CALIS 学术搜索引擎 e 读(http://www.yidu.edu.cn)提供服务。e 读默认的主界面为一框式检索界面，只要文献类型选择学位论文，即可进入学位论文检索界面(图 5-21)，可选择全部字段或题目、作者、导师、学校、学科等任意字段进行文献检索。

3. 中国优秀硕士/博士学位论文全文数据库

中国优秀硕士/博士学位论文全文数据库是中国知识基础设施工程(CNKI)的系列数据库，由清华同方股份有限公司等研制开发，是目前国内相关资源最完备、高质量、连续动态更新的硕士、博士学位论文全文数据库(收录年限为 1980 年至今)，分 10 大专辑(基础科学、工程科技Ⅰ、工程科技Ⅱ、农业科技、医药卫生科技、哲学与人文科学、社会科学Ⅰ、社会科学Ⅱ、信息科技、经济与管理科学)，168 个专题文献数据库。数据库数据来自全国近 600 家硕士培养单位和近 400 家博士培养单位。这两个数据库的产品形式有 Web 版(网上包库)、镜像站版、光碟版等。

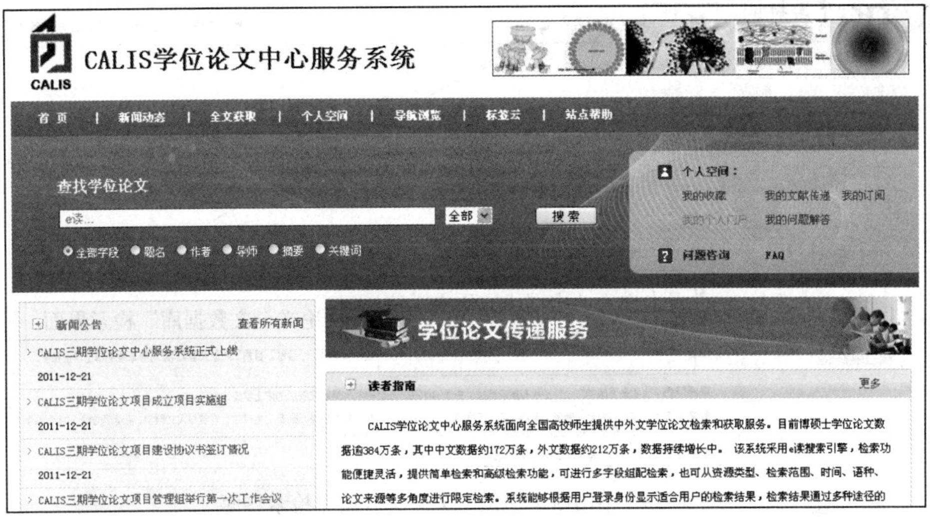

图 5-21　CALIS 高校学位论文数据库平台学位论文检索界面

中国博士学位论文全文数据库和中国优秀硕士学位论文全文数据库通过 CNKI 的 KDN 平台提供检索服务。数据库分检索、高级检索、专业检索、科研基金检索、句子检索 5 种检索方式。同时提供 CNKI 知识仓库分类导航(分 10 大类 168 个专题)和学位授予单位导航。中国博、硕士学位论文全文数据库和中国博士学位论文全文数据库的检索界面分别见图 5-22、图 5-23，其检索界面和检索方法与 CNKI 中国学术期刊网络出版总库大同小异，在此不再赘述。

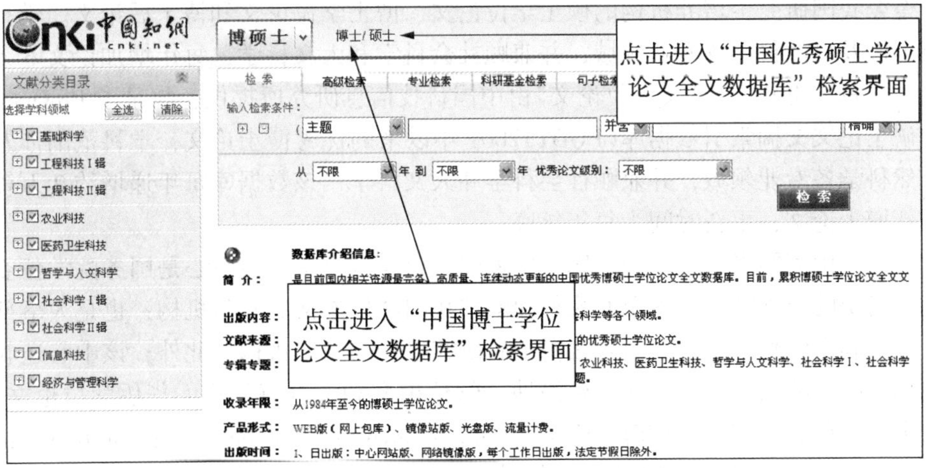

图 5-22　中国博、硕士学位论文全文数据库默认统一检索界面

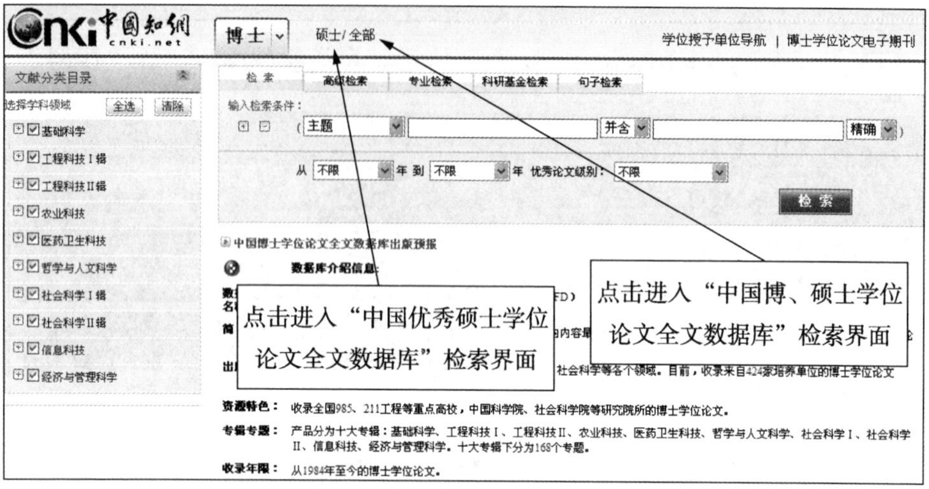

图 5-23　中国博士学位论文全文数据库检索界面

目前，基于 KNS 平台的旧版中国博士学位论文全文数据库和中国优秀硕士学位论文全文数据库仍然可用，它们与新版中国博士学位论文全文数据库和中国优秀硕士学位论文全文数据库大同小异。

4. 网上免费检索的学位论文资源

（1）国家科技图书文献中心中文学位论文库和外文学位论文库。国家科技图书文献中心（http://www.nstl.gov.cn，简称 NSTL）“中文学位论文”和“外文学位论文”栏目提供论文摘要，是免费使用的数据库。“中文学位论文”主要收录了 1984 年至今我国研究生培养机构的硕士学位论文、博士学位论文和博士后论文。学科范围涉及自然科学各专业领域，并兼顾社会科学和人文科学，每年增加论文 6 万余篇，每季更新。“外文学位论文”由中国科技信息研究所提供，收录了 ProQuest 博硕士论文文摘索引数据库（PQDT）2001 年以来的优秀博士论文，学科范围涉及自然科学各专业领域，并兼顾社会科学和人文科学。该数据库每年递增约 2 万篇最新博士论文，更新时间为每年年底。

（2）国家图书馆博士论文库。国家图书馆学位论文收藏中心是国务院学位委员会指定的全国唯一负责全面收藏和整理我国学位论文的专门机构；也是人事部专家司确定的唯一负责全面入藏博士后研究报告的专门机构。此外，该中心还收藏部分院校的硕士学位论文，台湾博士学位论文和部分海外华人华侨学位论文。该中心简称的国家图书馆博士论文库（http://mylib.nlc.gov.cn/web/guest/boshilunwen）电子版仅供浏览前 24 页，不提供电子版的下载、打印服务，提供论文阅览、复制等服务。

(3) 研究生培养单位自建的硕、博士学位论文库。目前，国内许多研究生培养单位(高等院校和科研院所)都自建本单位的硕、博士学位论文库，一般都提供题录和文摘信息的查询。例如，北京大学学位论文库(http://www.lib.pku.edu.cn→学位论文→北京大学学位论文库)主要收藏2003年以后的全部学位论文和1985~2003年间的部分学位论文题录和电子版全文。在北大校园网内，可免费检索部分获得授权的学位论文全文。上海交通大学学位论文数据库(http://thesis.lib.sjtu.edu.cn)收录了该校历年来硕、博士学位论文，用户可免费检索到其中的论文摘要。上海理工大学也建有“本校硕博学位论文数据库”，收录了1990年以来的硕士学位论文、博士学位论文和博士后研究报告，可查询书目和文摘信息，校园网内部分非保密论文可浏览全文。

(4) 网上其他免费学位论文站点。对网上其他免费学位论文站点，可通过浏览这个网页进行跳转链接访问：http://depa.usst.edu.cn/wjk/tb/dissertations.htm。

(三) 学位论文原文的获取

学位论文原文的合理、合法获取渠道主要有如下3种。

1. 直接获取

如果有权使用学位论文全文数据库，则可直接通过数据库获取博、硕士学位论文的原文。

2. 文献传递

若不能使用数据库或数据库中没有收录需要的学位论文，可以通过图书馆的馆际互借与文献传递服务获取；

3. 联系作者

如果知道作者的联系方式如电子邮件(E-mail)，也可与作者直接联系，请求作者提供原文。

此外，出于非商业用途，需要少量文献，也可以登录专业学术论坛，通过网络求助方式获取。比如，中国化学化工论坛(http://www.ccebbs.com/)、小木虫(http://muchong.com/bbs/index.php)、丁香园(http://www.dxy.cn/)等知名学术论坛，都能进行文献求助。不仅可以求助获取学位论文，其他类型文献也可以在这些论坛求助获取。具体操作步骤，一般包括论坛注册、论坛登录、版块发帖等。例如，在小木虫论坛进行文献求助，具体步骤包括如下4个。

(1) 访问主页(http://muchong.com/)。该论坛主页见图5-24。

(2) 注册会员。非注册用户需要在论坛注册，成为注册会员，才可以正常访问论坛信息，并发帖求助。打开主页之后，在页面找到“注册会员”4个字，点击，打开注册页面(图5-25)，输入拟使用的用户名(长度为4~12个字符)和拟取回密码的邮箱，选择邮箱类型(以备密码遗忘之后找回)，点击“注册小木虫”

(图 5-26)；然后按照新窗口(图 5-27)提示内容，访问注册时提供的邮箱，阅读收到的注册确认邮件(图 5-28)；复制邮件里面提供的网址，粘贴至网络浏览器新标签页并回车，打开该页面，2 次输入相同密码，点击“获取小木虫帐号”(图 5-29)，注册即告成功(图 5-30)。

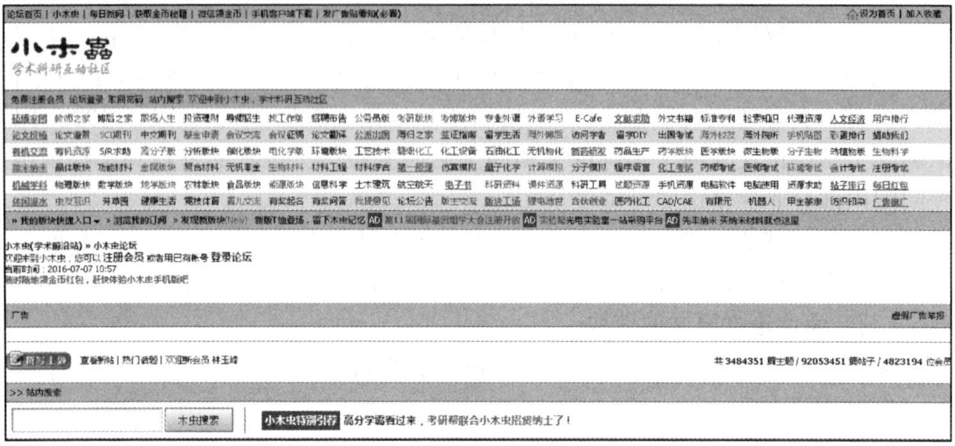

图 5-24 小木虫论坛主页

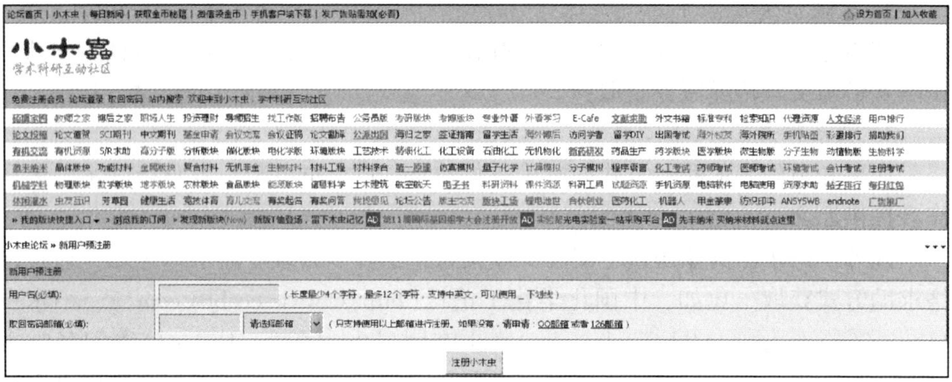

图 5-25 小木虫论坛注册页面

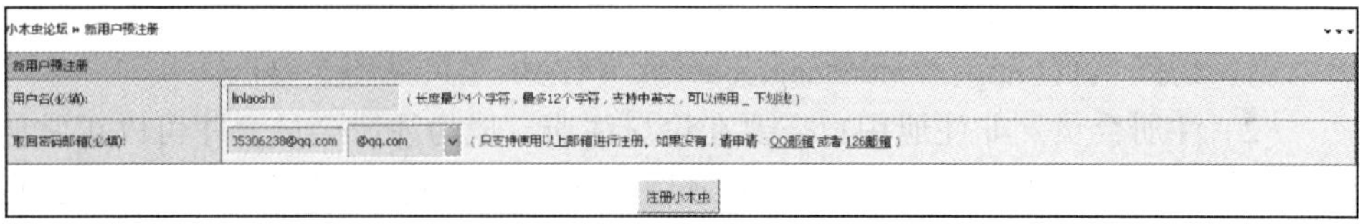

图 5-26 新用户注册

图 5-27　注册提醒

图 5-28　提醒邮件

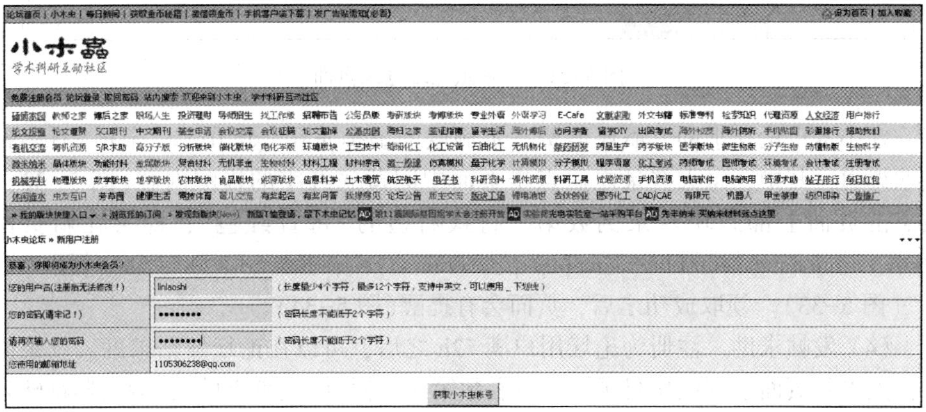

图 5-29　完成注册

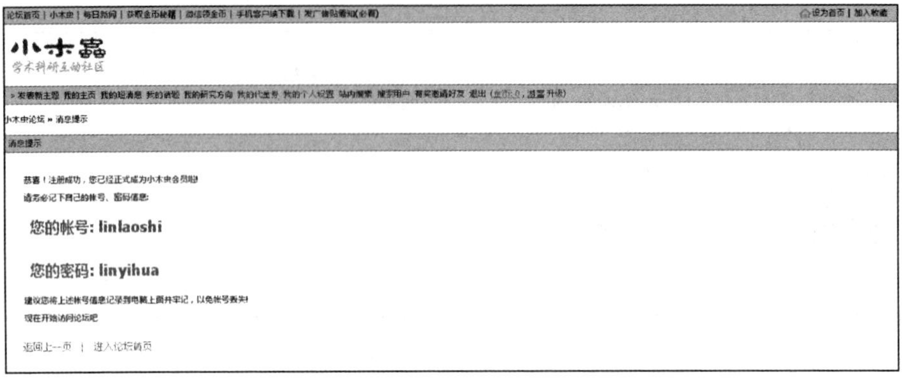

图 5-30　注册成功

(3) 登录论坛。注册成功之后，以后每次访问论坛，只需要在其登录页面(http://muchong.com/bbs/index.php)输入用户名和密码，即可进入论坛(图 5-31)。

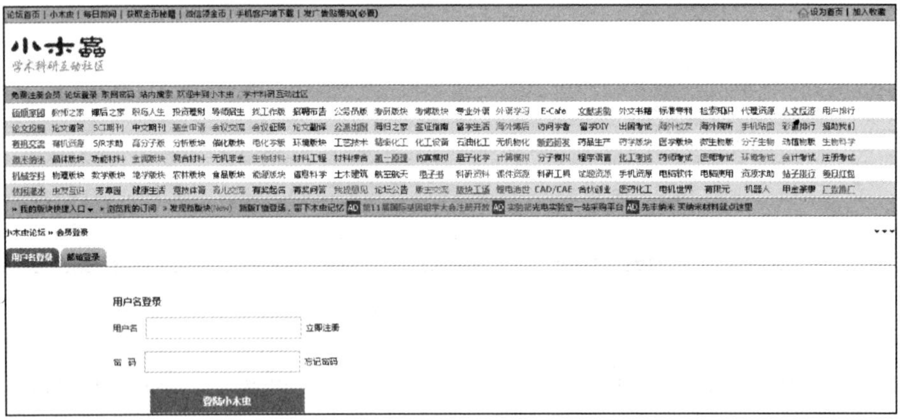

图 5-31　小木虫论坛登录页面

在小木虫论坛求助，需要消费一定额度的虚拟货币“金币”。“金币”有多种获取渠道，其中，每天登录之后点击页面中间黄底红字的提醒内容(图 5-32)，或点击页面上部版块目录倒数第二行最右边的“每日红包”，即可在新页面(http://muchong.com/bbs/memcp.php? action = getcredit&uid = 4823298)领取“金币”(图 5-33)。领取成功之后，页面会有提醒(图 5-34)。

(4) 发帖求助。注册为论坛用户满 72h 之后，可以在论坛发帖求助。登录论坛，点击新页面上部版块目录第 1 行右数第 7 个栏目“文献求助”，浏览器跳转到新页面(http://muchong.com/bbs/forumdisplay.php? fid = 158)，点击“撰写主题”(图 5-35)，按照要求发帖，即可求助(图 5-36)。

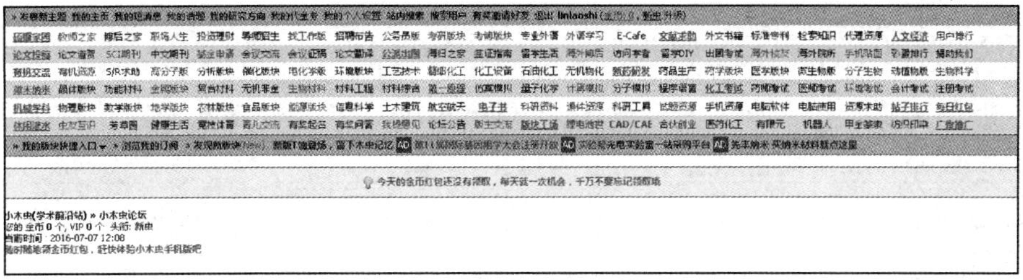

图 5-32　领取“金币”入口

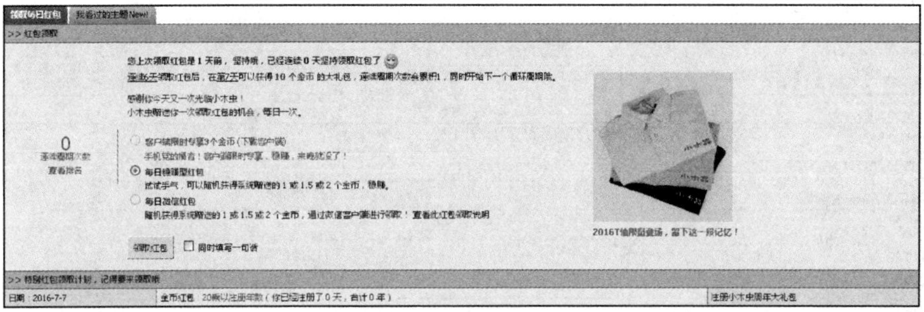

图 5-33　领取“金币”页面

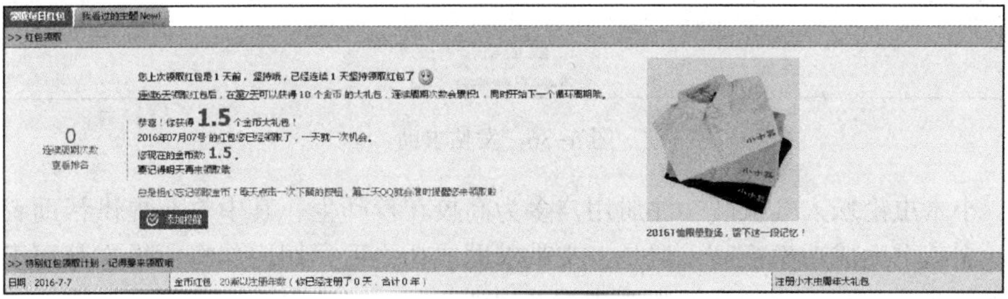

图 5-34　成功领取“金币”

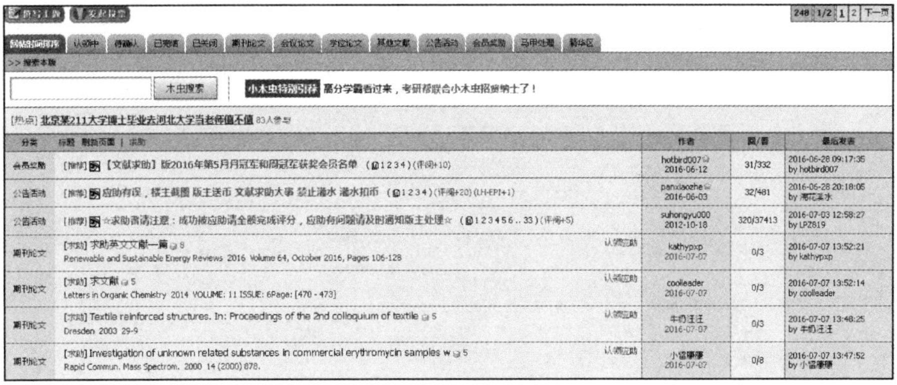

图 5-35　文献求助页面

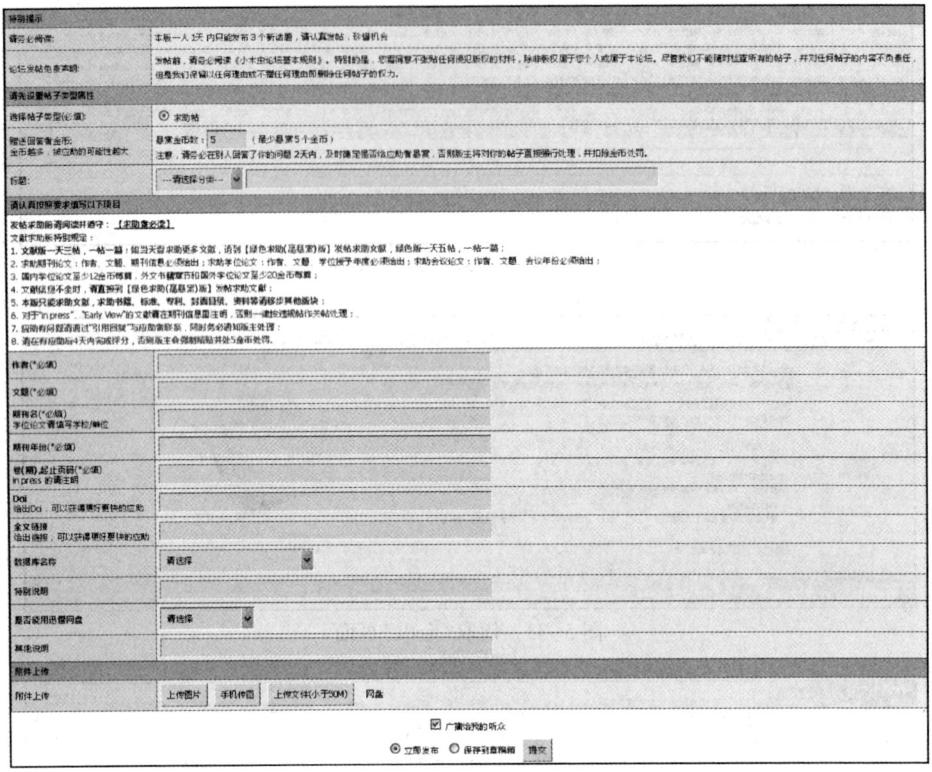

图 5-36　发帖求助

小木虫论坛人气极旺，注册用户多为高校在校师生，其中热心提供帮助者很多，文献求助成功率极高。但是，文献求助成功之后，切记勿将所得文献用于商业用途非法获利，否则会触犯法律、受到惩罚。

第六章　普通网络资源的应用

课堂教学：利用搜索引擎检索文献

随着计算机技术、远程通讯技术和信息存储技术的飞速发展，信息检索由手工检索过渡到了计算机信息检索。计算机检索的成功应用，为我们更为及时、准确、全面地继承、利用和发展人类的科研成果提供了先进的手段。在信息时代的今天，掌握计算机信息检索方法已成为每个科研工作者必备的基本技能。

利用普通网络资源检索出我们所需要的专业文献，可以为我们的学习、工作带来方便。当然，这种检索技术可以迁移到解决日常生活中的一些问题，这样便能大大提高自己处理问题的能力，而做到真正利用网络资源为自己服务，充分发挥网络资源的益处。

授课教师继续利用此前使用的高职学生优秀毕业论文，实施本章实训教学。

1. 认识常用搜索引擎

认识几个常用搜索引擎，国内 2 个：中国搜索（http://www.chinaso.com）和百度搜索（http://www.baidu.com）；国外 2 个：雅虎（http://www.yahoo.com/）和搜索引擎元老 Lycos（http://www.lycos.com/）。分别访问这几个搜索引擎，比较其主要功能，了解各自的不足。

2. 拟制文献检索方案

仍然以此前课堂训练使用的那篇高职学生优秀毕业论文为依据，围绕该论文课题的主题，制定利用几个搜索引擎检索文献的方案。

3. 依据方案检索文献

根据拟制的检索方案，分别利用国搜、百度、雅虎和 Lycos 检索，运用不同检索入口和检索方法，进行主题文献检索，力求查全、查准。

4. 比较文献检索结果

记录并整理每种搜索引擎检索的结果，分别从检索入口、检索方法等方面进行结果比较，充分认识每种搜索引擎的功能和不足。

5. 撰写文献调研报告

根据 4 种搜索引擎检索文献的情况及检索结果，结合检索结果比较情况，撰写一篇结构完整、内容充实的文献调研报告。

6. 课后检索论文资料

学生利用课余时间，制定一份利用 4 种搜索引擎检索自己毕业论文课题所需文献的方案，分别使用每种搜索引擎，运用不同检索入口和检索方法，进行文献检索，力求查全、查准。

汇总、分析由此获取的资料，然后分门别类整理出来，并做好标记，以备撰写毕业论文时候参考使用。

课前自学：普通网络资源及其应用

一、计算机信息检索

计算机信息检索(Computer Information Retrieval)是利用计算机系统有效存储和快速查找的能力发展起来的一种计算机应用技术。它与信息的构造、分析、组织、存储和传播有关。计算机信息检索系统是信息检索所用的硬件资源、系统软件和检索软件的总和。它能存储大量的信息，并对信息条目(有特定逻辑含义的基本信息单位)进行分类、编目或编制索引。它可以根据用户要求，从已存储的信息集合中抽取出特定的信息，并提供插入、修改和删除某些信息的能力。

(一) 计算机检索系统的发展阶段

1. 脱机检索阶段(Offline Retrieval)

脱机检索阶段即批处理检索(20 世纪 50~60 年代)阶段。1954 年，美国海军兵器研究中心首先将计算机应用于文献信息的处理，建立了利用计算机存储、检索文献的情报检索系统。由于当时计算机设备条件的限制，所以，需要由系统人员对用户的检索需求进行成批处理即批处理检索。

批处理检索主要存在如下 3 方面不足。

(1) 空间距离的障碍。用户与检索人员距离较远时，既不便于检索要求的表达，也不便于检索结果的获取。

(2) 时间安排的迟滞。检索人员定期执行检索而不是根据需要随时执行检索，因此，用户往往不能及时获取所需信息。

(3) 封闭僵化的检索。检索方式既封闭又僵化，检索策略一经检索人员输人系统就不能更改，更不能依据机检应答对检索式作出修改。

2. 联机检索阶段(Online Retrieval)

此为 60~80 年代，其间经历了 3 个重要时期。第一个时期为 20 世纪 60 年代，对联机信息检索进行了研究开发试验；第二个时期为 70 年代末，进入了联机检索地区性应用阶段；第三个阶段为 80 年代以后，随着空间技术和远程通讯技术的发展，计算机检索进入“信息—计算机—卫星通信”三位一体的新阶段，即以信息、文献不受地区、国家限制而真正实现全世界资源共享为目的的国际联机信息检索阶段。

著名的国际联机检索系统包括：美国的 DIALOG 系统、ORBIT 系统、BRS 系统以及 MEDLARS 系统，欧洲的 ESA/IRS 系统，英国的 BLAESE 系统等。这些系统很快发展成为国际性情报检索系统，数据库种类及其检索存储记录都在迅速增加，例如美国的 DIALOG 系统，1984 年就有 200 多个数据库，其中包括美国《医学索引》、《生物学文摘》、《化学文摘》和荷兰《医学文摘》等。如今，此联机检索系统仍然是世界上最有影响的联机检索系统。

3. 光盘检索阶段(CD-ROM Retrieval)

1983 年出现了一种新的存储器，CD-ROM 光盘。光盘检索具有储量极大而体积微小，要求设备简单，可随地安装，使用方便、易于操作，检索费用低(不需要昂贵的联机检索通讯费用)，可随时修改检索策略，查全率和查准率高等优点，至今仍在世界各地广泛应用。

4. 网络检索阶段

进入 90 年代，随着卫星通讯、公共数据通讯、光缆通讯技术以及信息高速公路事业在全世界的迅猛发展，计算机情报检索走向了全球大联网。网上资源具有信息的时效性、内容的广泛性、访问的快速性、搜索的网络性和资源的动态性 5 大特点，因此，要及时、准确、有效地获取与自身需求相关的实用信息，对所有网络用户都具有很大的挑战性。

国际互联网就是这个时期最杰出的代表。它是一个联结了世界 200 多个国家和地区、几万个信息网络、几百万台主机、数十亿个终端用户，并能够跨越时空，进行实时信息检索、资源共享的国际性超级计算机网络。

目前，90%的国际联机检索系统都已进入因特网，包括中国在内，许多国家都从因特网获取重要的科技和经济信息资源，在促进本国科学技术和经济的发展方面取得了极大的经济效益和社会效益。多年来，因特网得到了飞速发展，网络规模不断扩大，网上信息资源无限增长，网络传输速度不断提高，已成为开展全球范围合作、信息交流与资源共享的不可替代的通讯交流方式。随着计算机技术的进一步智能化、数据库载体的进一步高密度化和多媒体化、通讯技术的进一步网络化，计算机情报检索将走向办公室化、家庭化。

（二）计算机信息检索系统

计算机信息检索系统可分为一次性信息检索系统和二次性信息检索系统。前者适合于单个条目，即信息量不大而且需要经常修改的情况，如航空公司订票系统；后者适合于信息条目本身信息量较大而且不常修改的情况，如图书或文献检索系统。

计算机信息检索主要有脱机处理和联机检索两种检索方式。对于前者，用户提交书面检索要求，操作员按期打印结果并交付用户；对于后者，用户通过联机终端输入检索命令，系统当时给出回答。通过计算机网络，用户还可以进行远程脱机处理或远程联机检索。计算机检索流程如图 6-1 所示。

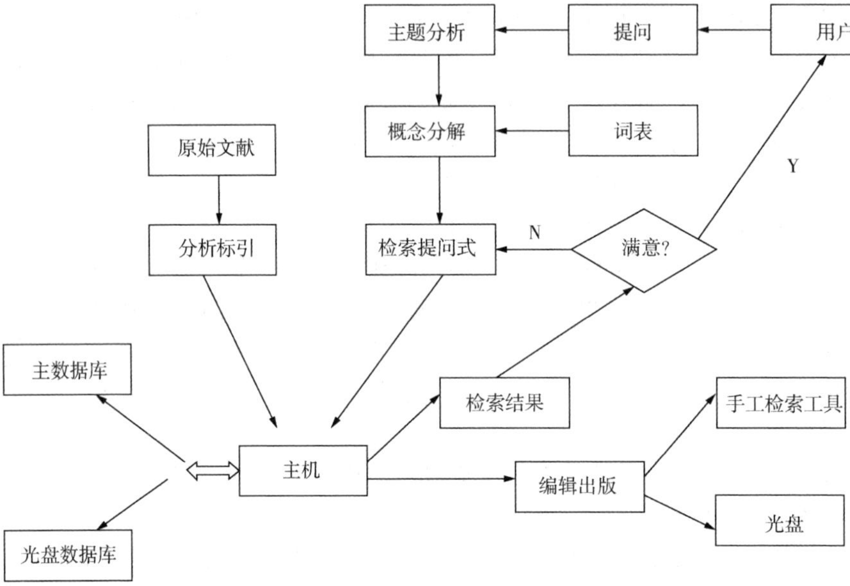

图 6-1　计算机检索流程

用户与系统的接口是检索语言，通过它提出检索要求。检索语言通常包括检索命令和提问逻辑表达式两个部分，命令传达用户对系统的请示，逻辑表达式则提供执行该命令时的逻辑条件。逻辑表达式是逻辑运算符(与、或、非)、逻辑关系符和不同属性主题词的组合。系统提供一组程序，解释和执行检索语言。

计算机信息检索系统的效能通常根据漏检率、误检率、查全率、查准率和响应时间(对联机检索)等衡量。关键词本身错误或使用的查找方法不对，都会引起漏检；关键词的二义性也会造成误检。查全率和查准率主要针对二次信息检索系统而言，二者相互制约。一般认为，一个系统查全率在 60%~70%、查准率在 40%~50%，即能满足需要。响应时间的快慢不仅与软件设计的好坏有关，而且与硬件的性能有关。

计算机信息检索最初用于图书、文献检索方面，后已用在军事、工业、医疗、航空、政府机关等各个方面。有的只作信息检索用，有的则是将信息检索技术应用在其他综合的管理信息系统之中，如用于辅助决策的军事情报检索系统；

航空公司自动订票系统，医疗情报系统(包括病历管理、预约登记、通知、病名检索、病床管理等)；旅馆床位管理系统；检索型的辅助设计系统等。此外，政府部门或企业的档案管理、科研或工程项目管理、基本建设投资管理等都可应用信息检索技术。

二、国际联机检索系统

国际联机检索是指用户利用国际联机信息检索系统网络的终端设备，通过通信网络与国外的大型计算机信息检索系统的主机进行直接的人机对话式的联机检索过程。

(一) 国际联机检索特点

① 检索速度快。一般都可以在几分钟之内完成联机过程。

② 资源丰富。四大情报检索系统具有丰富的情报源。

③ 可及时得到最新信息。一些大型数据库更新速度极为迅速，如 CA、BA 等均是每周更新；联机数据库的信息至少比书本式工具书快一至两个月。

④ 费用较高。

⑤ 需制定完备的检索策略。

(二) 世界著名联机检索系统

1. DIALOG 系统(http://www.dialog.com)

DIALOG 系统是目前世界上规模最大的综合性商业联机信息检索系统，其用户遍布世界 100 多个国家。

DIALOG 拥有全文、题录、事实及数据型数据库 600 多个，文献量超过 3 亿篇。专业内容覆盖自然科学、社会科学、工程技术、人文科学、时事报道及商业经济等各个领域，其中科技文献数据库占 40%、社会科学与人文科学文献库占 10%、公司及产品等商情数据库占 24%，其他为新闻、媒体以及参考工具等类型数据库。文献数据库有题录、文摘及全文等多种形式，科技文献包括期刊、会议录、图书、专利、科技报告、学位论文、标准、产品手册等各种类型。数据库中的数据最早可回溯至 20 世纪 60 年代，多数按周更新。

2. STN 系统

STN 系统是德国卡斯鲁埃专业情报中心(FIZ)与美国化学会(CAS)以及日本国际化学情报协会(JAICI)三家合作，于 1983 年建立的国际性情报检索系统，目前拥有 220 多个数据库。STN 是先进的高效率情报系统，也是范围极广的国际情报网络，基本上可以满足用户对自然科学和技术科学文献情报的需求。

3. BRS 系统

原由美国书目检索服务公司建于 1976 年，1988 年 BRS 被收购，改名为 BRS

Information Technologies。该系统现有 160 个数据库，40 个私人数据库；文献存储量 8000 多万篇；用户 4000 多家，多属于科技图书馆以及医学界。

收录文献范围涉及医学、生物科学、教育、健康、商务、政治、物理和应用、社会科学、人文学，以及其他综合性学科，尤以产品信息、工业标准和技术规范数据库独具特色。

三、因特网文献检索

（一）因特网简介

因特网是国际计算机互联网（internet）的英文称谓，它是一个网络的网络（a network of network），以 TCP/IP 网络协议将各种类型、不同规模、不同位置的物理网络连接成一个整体。它把分布在世界各地、各部门的电子计算机存储在信息总库里的信息资源通过网络连接起来，从而进行通信和信息交换，实现资源共享。

1. 因特网的产生

1969 年 9 月 2 日，美国国防部先进研究项目局的研究人员将两台计算机第一次连接在一起，构成阿帕网，成为因特网的早期基础。

20 世纪 70 年代初，阿帕网已经由分散于全美的 10 个地址组成。但它连接的仅是不同的计算机，而不是“因特网”所指的不同的网络。

卡恩和瑟夫于 1974 年建议提出一组网络通信协议，这就是 TCP/IP 协议。这项协议使阿帕网能够与其他网络相通，并形成今天的因特网。1983 年 1 月 1 日，TCP/IP 成为网络标准，因此这一天也可能成为因特网的生日。

不过，不论因特网的生日最终定在何年何月何日，它给人类社会带来的变化却是有目共睹的。自 1993 年起，因特网面向商业用户并向普通公众开放，用户数量开始滚雪球式地增长，各种网上服务不断增加，接入因特网的国家和地区也越来越多。全球因特网用户每年增长率都超过 15%，目前全世界上网总人数已达数十亿。

北京作为中国公用计算机互联网的一大节点，用户在任何地方接入中国公用计算机互联网，都可以与接入国际计算机互联网中的世界任何国家、单位、部门进行通信和信息交换，享用到各种通信服务和丰富的信息资源。

因特网具有如下优点：①国际计算机互联网是一个开放的网络，不为某个人或某个组织所控制，人人都可自由参与；②信息量大、内容丰富；③不受时间、空间的限制；④入网方便，操作简单；⑤可以迅速、便宜地实现通信和信息交换，资源共享。

2. 因特网的功能

(1) 电子邮箱(E-mail)。电子邮箱是因特网的一项基本服务。通过电子邮箱，用户可以方便、快捷地交换电子信件，提取信息，加入有关的公告、讨论等。

(2) 浏览检索(Browing)。利用相应的软件，通过电子计算机的屏幕可看到各种各样的信息，内容涉及教育、科研、军事、医学、体育、音乐、美术、摄影、音像、旅游、烹饪、时装、游戏等，包罗万象。应用此项服务时，不但可以浏览文字内容，还可按需提取图像和声音。

(3) 远程访问(Telnet)。它是一个允许用户自己的计算机访问远端另一台计算机的软件程序。用户可以应用这款软件，使自己的计算机成为远程计算机的一个终端。目前，最普遍的应用是接入世界各地大学的数据库，查阅图书馆的卡片目录。

(4) 大众论坛(Newsgroup)。这是交流信息的场所，人们可以根据各自的兴趣、爱好参加不同的小组讨论，提出问题或解答问题。

(5) 文件传递(FTP)。可以利用这项功能，将国际计算机互联网上自己感兴趣的信息(包括各种免费软件)拷贝(复制)到自己的电脑中来。

(6) 信息服务(HomePage)。这是一种可以让政府、企业、工厂和商家等单位、部门接入国际计算机互联网，发布相关信息的服务。政府、企业、工厂和商家可以在国际计算机互联网上建立自己的信息窗，使其有机会以较低的成本向国际市场发布信息、做广告、做宣传，以最直接的方式建立一条通向国际的信息高速公路，从而扩大自己的影响。

信息服务内容非常丰富，范围涉及人类生活的各个方面：

① 邮电业务查询，如电话号码查询、电信业务费用查询、邮政业务咨询等；

② 文化教育，包括网上学校、科技资料、网上书店、各大高校网站、科研机构等；

③ 新闻报道，联结各大新闻媒体，及时报道国内外新闻，提供深层次的新闻背景分析；

④ 影音点播，可以在网上点播视频、音频节目，甚至可以实时控制节目内容，参与节目制作；

⑤ 其他内容，如餐饮旅游、网络技术、网络游戏、天气预报等。

(7) 多媒体通信。多媒体通信的具体应用可分为以下几个大类：

① 科学计算及信息处理。利用异地主机的 FTP 文件交换或用 Telnet 仿真终端接入，完成远程异地科学计算及信息处理，实现世界范围的计算机资源共享。

② 网上通信。包括收发电子邮件、网上可视电话、网上会议等。网上通信的推出，极大地丰富了人们的联络方法，大幅度降低了通信费用，是对传统通信的强劲挑战。

③ 电子商务。可以广泛应用于房租、水、电、暖、电信、罚款、税务等费用的在线查询、在线征收。

④ 多媒体远程医疗。如远程医疗手术示范、远程专家会诊、高清晰医疗图像传送、讨论处方等。

⑤ 事务处理。应用于证券行情查询和交易、外汇行情查询和交易、各种订票业务、客房预约、房地产交易等。

因特网在中国的发展也非常迅速，目前我国已拥有中国公用计算机互联网(Chinanet，163)、中国教育和科研计算机网(Cernet)、中国金桥信息网(ChinaGBN)、中国公众多媒体通信网(CNINFO，169)、中国科技网(CSTNET)等骨干网，因特网用户众多。

(二) 网上搜索引擎

现代意义上搜索引擎的祖先，是1990年由蒙特利尔大学学生 Alan Emtage 发明的 Archie。随着互联网的迅速发展，使得检索所有新出现的网页变得越来越困难，因此，在 Matthew Gray 的 Wanderer 基础上，一些编程人员将传统的“蜘蛛”程序工作原理作了改进。其设想是，既然所有网页都可能有连向其他网站的链接，那么从跟踪一个网站的链接开始，就有可能检索整个互联网。1993年底，一些基于此原理的搜索引擎纷纷涌现，其中以 JumpStation，The World Wide Web Worm(Goto 的前身，即今日的 Overture)和 Repository-Based Software Engineering (RBSE) Spider 最负盛名。

现代意义的搜索引擎最早出现于1994年7月。当时 Michael Mauldin 将 John Leavitt 的蜘蛛程序接入其索引程序，创建了大家现在熟知的 Lycos。同年4月，斯坦福大学2名博士生 David Filo 和美籍华人杨致远，共同创办了超级目录索引雅虎，并成功使搜索引擎概念深入人心。从此，搜索引擎进入高速发展时期。

目前，互联网上有名有姓的搜索引擎有数百家，其检索的信息量远胜从前。

1. 搜索引擎分类

众多的搜索引擎，主要有如下3类。

(1) 全文搜索引擎。全文搜索引擎是名副其实的搜索引擎，国外较具代表性的有 Fast/AllTheWeb、AltaVista、Inktomi、Teoma、WiseNut、Google 等，国内著名的有中国搜索(图6-2~图6-4)、百度等。它们都是通过从互联网提取各个网站的信息(以网页文字为主)而建立的数据库中，检索与用户查询条件匹配的相关记录，然后按一定的排列顺序将结果返回给用户。

图 6-2 中国搜索主页界面

图 6-3 中国搜索搜索服务界面

（2）目录索引。目录索引虽然有搜索功能，但在严格意义上并非真正的搜索引擎，仅仅是按目录分类的网站链接列表而已。用户完全可以不用进行关键词查询，仅靠分类目录也可找到需要的信息。最具代表性的目录索引是雅虎，其次如 Open Directory Project（DMOZ）、LookSmart、About 等。国内有搜狐、新浪、网易搜索等。

图 6-4　中国搜索特色产品

（3）元搜索引擎(META Search Engine)。此类搜索引擎在接受用户查询请求时，同时在其他多个引擎上进行搜索，并将结果返回给用户。著名的元搜索引擎有 InfoSpace、Dogpile、Vivisimo 等，中文元搜索引擎中较具代表性的有搜星搜索引擎。在搜索结果排列方面，有的直接按来源引擎排列搜索结果，如 Dogpile；有的则按自定规则将结果重新排列组合，如 Vivisimo。

2. 常见著名搜索引擎

（1）国外英文目录索引。

Yahoo：最著名的目录索引，搜索引擎开山鼻祖之一。

Dmoz. com/ODP：由义务编辑维护的目录索引。

Ask Jeeves：著名的自然语言搜索引擎，2002 年初收购 Teoma 全文搜索引擎。

LookSmart：点击付费索引目录，2002 年收购 WiseNut 全文搜索引擎。

About. com：有其自身特色的目录索引。

（2）国外英文搜索引擎。

Fast/AllTheWeb：总部位于挪威的搜索引擎后起之秀。

AltaVista：曾经的搜索引擎巨人，目前仍被认为是最好的搜索引擎之一。

Overture：最著名的搜索引擎广告商，臭名昭著的网络搜索竞价排名做法的始作俑者，也是全文搜索引擎。

Lycos：发源于西班牙的搜索引擎，网络遍布世界各地。

（3）国内目录索引。

搜狐：国内三大门户之一，最早在国内推出搜索引擎收费登录服务。

新浪：最大的中文门户网站，同样也推出了搜索引擎收费索引项目。

网易：它是 ODP 的国内翻版，其目录由志愿管理员维护。

（三）网络快速检索

目前，日趋完美的网页检索工具也是层出不穷，每个人都有自己喜欢使用的网页检索工具，每个人的检索方式也大相径庭。这就像每个人的生活方式各不相同，不可强求统一。但是，如果能从众多检索工具中摸索出一些规律，就能提高检索质量，节省时间和精力。做到以下几点，将可提高检索效率和质量。

1. 要了解、熟悉检索主题

检索之前，应该确切了解想要查询的内容。否则，一旦键入的检索式不正确，就可能引出许多无用信息。虽然可以边查询边修改检索策略，但效率不高。如果相当了解学科主题，熟悉常用术语，那么，检索进展就会顺利得多。譬如，想查找因特网方面的信息。这种信息网上太多；如果知道的信息比较具体，比如知道要查何种范畴(10Mbps 和 100Mbps)的因特网，就能有的放矢地检索。另外应注意：专有名词要大写。

2. 要明确网络局限性

所有网页检索工具的查准率和查全率都不太高，而且并非一上网就能查到学科方面的最新信息。同时，网络信息一般也都滞后，因为检索工具大多得耗费数月时间在网上搜寻新资料，而有些动态网址本来很难编成索引。

3. 正确使用布尔逻辑组合式

功能强大的网站都容许使用布尔逻辑式进行检索。正确使用 3 种布尔逻辑运算符(AND，OR，NOT)，并了解各网站“禁用词”，可以大幅提高检索效率。

（四）网络化学化工信息资源

目前，因特网的很多网站提供各类化学化工信息，诸如期刊论文、学位论文；科技图书；技术报告、会议文献；各国标准和专利文献，产品样本、化工经济信息和化工科技信息；各类化学化工数据库(如 CA 化学物质登录数据库、化学品安全信息数据库、物理性质数据库、热力学数据库、化工产品目录数据库、中国化工产品供需厂商数据库等)；各类化学化工工具书(如综合性、无机化学化工、有机化学化工、分析化学、实验室化学、高分子化学化工、农业化学品、精细与专用化学品、化工过程、化学工程、生产工艺、化学物质毒性及化工安全和防护工具书)等。

化工技术人员使用网络进行查询，可以获取大量的学术资料、科技成果。具有代表性的几个站点如下。

1. 化工“虚拟图书馆”(http://www.che.ufl.edu/index.asp)

该网站(图 6-5)由美国佛罗里达大学建立，主要为用户提供化工、生物、环境、给排水、能源等方面技术资料，同时提供有关标准、专利，化学制品的价格、制造商和相关服务信息，用户还可免费订阅“化学品交易信息”。该网站连接了许多著名化工站点，可搜寻化工方面的更多信息。

图 6-5　化工“虚拟图书馆”主页界面

2. OCLC(http://www.oclc.org/home.en.html)

OCLC 是一个全球性的图书馆合作机制，也是当今世界为读者提供文献信息服务的最大机构，成立于 1967 年，属于非营利性、由成员驱动的图书馆社区。成员数量超过 16000 多个成员图书馆，遍及 100 多个国家和地区。其个人成员队伍庞大，包括图书馆员、技术专家、研究员、先驱者、领导人和学习者等。

服务的图书馆类型包括研究型图书馆、学术型图书馆、公共图书馆、学校图书馆、医学图书馆、法学图书馆、企业图书馆、政府图书馆、专门图书馆、州立图书馆和国家图书馆、图书馆集团和联盟等。

OCLC 系统主要提供图书馆管理、检索、编目、数字图书馆、虚拟咨询、资源共享等服务，每日处理搜索请求逾 4000 万。通过该机构网站(图 6-6)可以方便地检索大量学术资源。该机构开通了中文网站，可以为我国用户提供方便的检索服务，网址是 http://www.oclc.org/zhcn-asiapacific/home.html? redirect=true。

图 6-6 OCLC 主页界面

3. 环境在线(http://envirolink.org)

环境在线是一个非盈利性的草根网络社区，成员包括 150 多个国家和地区的数百个组织和数百万志愿者。该社区网站(图 6-7)主要由专门的志愿者负责运行和维护，提供最新、最全的环境信息和新闻。

4. 美国化学工程师协会(http://www.aiche.org/)

该协会是由美国化学工程师组成的化学工程学术团体，成立于 1908 年，宗旨是发展化学工程的理论和实践，提高会员的专业水平，为社会服务。主要出版物包括《化学工程进展》、《能源进展》、《环境进展》、《工厂操作进展》、《国际化学工程》及《美国化学工程师协会杂志》等期刊，以及有关技术交流、系统座谈、讲座、标准等的专辑。

5. 美国化学会(http://www.acs.org)

美国化学会(American Chemical Society，简称 ACS)成立于 1876 年，为世界

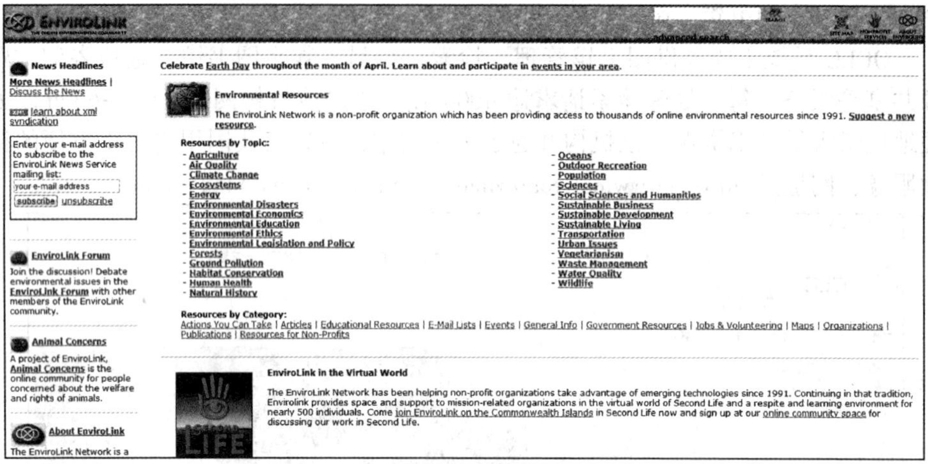

图 6-7　环境信息主页界面

最大的科技学会。该学会网站为全球化学研究机构、企业及个人提供化学化工文献资讯及服务，在科学、教育、政策等领域提供多方位的专业支持。ACS 的期刊覆盖《化学文摘》、教育、公共事物、出版物、计算机软件、会议等领域。该网站提供科技信息的在线检索服务，但需付费建立合法账号方可使用。

（五）利用因特网进行文献检索

因特网的检索可同时使用网上多个主机，甚至所有主机的某种资源，而并不需要用户预先知道它们的具体地址。这就极大扩宽了检索的空间和信息量，包括各种文献信息资源及其指向的网络页面。而传统的联机检索、光盘检索只局限在对一台或几台主机的特定数据库。但另一方面，互联网信息非常庞杂，正式与非正式信息及其交流渠道共存，信息缺乏有效的组织管理，因此很难用一般意义上的查全、查准这些概念衡量其检索效果。目前还没有一种对所有在线服务行之有效的简单检索模式。

网络信息检索与联机信息检索最根本的不同在于，前者基于客户机/服务器的网络支撑环境，客户机和服务器是同等关系；而后者的主机和用户终端是主从关系。根据客户机/服务器模式，一个服务器可以接受多个客户访问，一个客户也可以访问多个服务器。因特网就是该系统的典型，网上主机既可以作为用户的主机信息，又可以作为信息源被其他终端访问。

因特网蕴藏了非常丰富的信息资源，从电子期刊、电子工具书、商业信息、新闻、大学和专业机构介绍、软件、数据库、图书馆资源、国际组织和政府出版物，到娱乐性信息等，已经成为全球范围内传播科研、教育、商业和社会信息的最主要渠道。但要从这个信息海洋中准确、迅速地找到并获得自己所需的信息，却往往比较困难。为了解决这个问题，从 20 世纪 80 年代起，人们开发了各种网络信息检索工具。

根据检索工具检索网络资源类型的不同，可以将其分为万维网检索工具和非万维网检索工具。万维网检索工具主要检索万维网站点的资源，它们常被称为搜索引擎，而且由于万维网资源常以网页形式存在，故其检索结果常被称为网页。非万维网检索工具主要检索特殊类型的信息资源，如 Archie 检索 FTP 文件，Veronica 搜索 Gopher 服务器，WAIS 检索全文信息，Deja News 检索新闻组等。不过，越来越多的万维网搜索引擎具备了检索非万维网资源的功能，成为检索多类网络信息资源的集成化工具。

第二篇
毕业论文写作

第七章　高职毕业论文写作

课堂教学：　毕业论文写作训练

论文撰写能力属于一项综合性较强的高级能力。对于高职学生来说，掌握毕业论文的撰写能力，是掌握科研论文写作能力的重要基础。高职学生必须接受毕业论文教学，撰写合格论文并通过答辩，才能顺利毕业。但是，毕业论文撰写能力的培养不可能一蹴而就，而是要通过一系列实践，在不断动手写作的过程中，循序渐进地实现。

授课教师准备 2 篇高职学生毕业论文，其中 1 篇是用于此前教学使用的优秀毕业论文，另外 1 篇是与之同主题的高职学生毕业论文，但质量一般。再准备一个毕业论文课题。

1. 复习毕业论文结构体系

继续利用前面教学中使用的高职学生优秀毕业论文，再度浏览论文全文，深入理解毕业论文的结构体系。

2. 拟制毕业论文撰写方案

根据毕业论文的结构体系，分析毕业论文撰写工作，确定毕业论文撰写次序和轮次安排，拟制毕业论文撰写方案。

3. 分训毕业论文写作能力

将另外 1 篇毕业论文发给学生，围绕毕业论文课题，依次进行标题拟制、摘要撰写、关键词提炼、目次设计，绪论、总结与展望和致谢的撰写，参考文献著录、附件配置等训练，并按照有关要求调整格式；然后把撰写的分项内容交给教师，由教师逐项检查、指导和点评。

4. 合训毕业论文写作能力

教师将准备的毕业论文课题发给学生，由学生依次完成标题拟制、摘要撰写、关键词提炼、目次设计，绪论、总结与展望和致谢的撰写，参考文献著录、附件配置等，并调整格式；然后将完整的文案交给教师批阅、点评和指导。

5. 完成文献资料调研报告

根据历次课堂实践情况，学生撰写一篇文献资料调研报告，交给授课教师。

6. 课后撰写毕业论文初稿

学生利用课余时间，完成自己毕业论文的各项内容撰写，为正式撰写自己的毕业论文奠定基础。各项内容完成后，做成一个内容完整、格式正确的 Word 格式文档，交给教师批阅和指点。

课前自学：毕业论文写作与答辩

毕业论文是指大学专科生、本科生、研究生在毕业前必须完成的论文(图 7-1)，它是毕业生顺利毕业和获取毕业证乃至学位证书的重要条件。高职学生在完成顶岗实习之后，必须提交毕业设计报告或者毕业论文并完成答辩，成绩合格，才能顺利毕业。调研报告则是根据社会或者工作的需要，制定切实可行的调研计划，实施严谨全面的调查研究，从而撰写的分析报告。高职毕业生在实际工作中，往往需要撰写特定主题的调研报告，为生产、营销或管理提供参考。

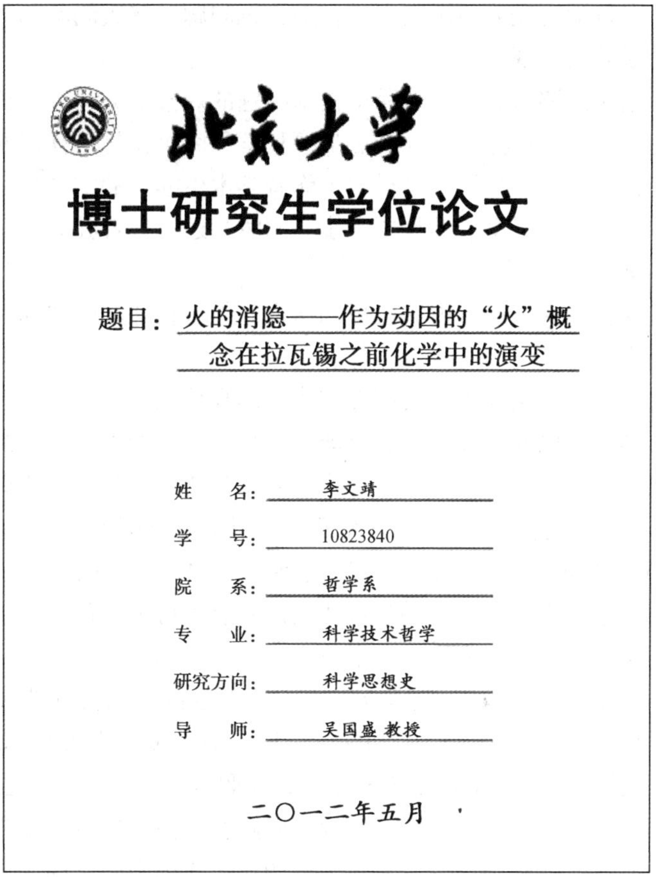

北京大學

博士研究生学位论文

题目：火的消隐——作为动因的“火”概念在拉瓦锡之前化学中的演变

姓　　名：李文靖

学　　号：10823840

院　　系：哲学系

专　　业：科学技术哲学

研究方向：科学思想史

导　　师：吴国盛 教授

二〇一二年五月

图 7-1　毕业论文封面示例

毕业论文与调研报告是服务于不同目的的两种文章，二者的撰写要求存在一定差别。但是，二者又有许多共性，如结构体例相对固定，表述方式相对统一等，调研报告的撰写(尤其是技术分析类调研报告)可以充分借鉴毕业论文的相关要求。因此，本书主要介绍毕业论文写作相关内容，调研报告的撰写则安排在课后训练部分，由读者借鉴毕业论文的有关要求进行训练和总结。

一、毕业论文概述

毕业论文是高等院校毕业生在毕业之前，按学科教育计划或专业人才培养方案的要求，在教师的指导下，独立撰写的学术论文。它是本科毕业生、硕士、博士研究生和大多数大专毕业生完成学业的标志性作业，是对学习成果的综合性总结和检验，是从事科学研究的前期尝试，也是考核学生掌握知识的程度，以及利用所学知识，在科学研究或顶岗实习过程中分析问题、解决问题的能力，并取得的创造性劳动成果的体现。

撰写毕业论文能够培养学生对科学技术问题的观察能力、思维能力、分析能力、判断能力和文字表达能力，为日后从事科学研究工作打下良好的基础。

撰写毕业论文并通过答辩，是科学工作者学术生涯中的重要里程碑，也是实现学业进修和取得高一级学位的重要一步。同时，还是作者独立从事一项比较大的研究工作的标志。

毕业论文涉及的面很广，内容也更加深入，作者在课题的选择和组织方面也有更大的自由空间。

毕业论文的最大作用在于，表明即将毕业的高校学生完成了一项比较大的独创性的智力活动，也以此来证明自己有能力将自己研究的过程组织成书面表达的形式，供自己的第一读者评审，并以此作为获得学历乃至学位的依据。

我国于 1981 年颁布实施了《中华人民共和国学位条例》，确定了我国的学位制度(以下简称《条例》)。这标志着我国为促进本国科学专门人才的成长，开发科研资源，促进学术水平提高和科学事业的发展有了可依据的规定。近年来，高职教育界借鉴英国等发达国家给高职毕业生授予学位的做法，不断呼吁国家调整《条例》，给我国高职毕业生授予学位。这一呼声也得到社会其他领域专家学者的响应，并一度成为 2015 年全国政协会议和全国人民代表大会(简称全国“两会”)热议的话题。广西、湖北两省各有少数高职院校，已经率先尝试，给本校毕业生颁发了象征性的学位。这一呼声及其实践在给高职毕业生带来取得学位希望的同时，也意味着高职毕业生高质量完成毕业论文的必要性随之增强了，高职教育界对毕业论文的要求自然也会水涨船高。

（一）撰写毕业论文的意义

简单地说，毕业论文是高等院校毕业生独立完成的一篇总结性的学术论文，主要由毕业生承担和完成。它是高等院校教学和考试制度的一部分，根据国家教育主管部门的有关规定，大学生必须通过全部所学课程的考试，同时毕业论文成绩合格，才准予毕业，获得毕业文凭。如果毕业论文不合格，即使修满学分，其余各科成绩及格，仍然不能毕业。因此，大学生必须重视毕业论文。

撰写毕业论文有以下几点意义。

1. 毕业论文是科学研究工作的总结

如果没有进行科学研究或顶岗实习，就没有毕业论文。对自己学习的专业技术的深入研究和专业技能的深度领悟，是撰写毕业论文的基础。事实证明，许多已经完成的毕业论文对科技进步和岗位工作发挥了显著的帮助作用。

2. 撰写毕业论文有助于提高科研能力、工作能力和创造思维能力

通过撰写毕业论文，可以发现自己在毕业设计、顶岗实践和科研实践中存在的不足，并将其进一步完善和解决。通过对毕业论文的反复推敲、完善，能使自己对某问题的思考更确切、更缜密。所以，毕业论文撰写是一种重要的思维手段，也是一种思维描述的工具。人们进行科学研究、思考问题，只凭脑子想是想不清楚的，要在思考过程中不断记录、整理、推敲、修改，才能使创造性的思考逐层展开，逐步深入，并趋于完善，最终解决问题。

写作论文的过程需要知识的积累和方法的训练；另一方面，完成该过程也会进一步增加知识的积累，并且对总结方法的训练产生影响。所以说，毕业论文是对所学专业知识和技能的总结，也是对自己的思想、理论水平的提高过程，有利于提高自己的科研能力、工作能力和创造思维能力。因此，撰写毕业论文有助于发现新问题，提高科研能力、工作能力和创造思维能力。

3. 毕业论文反映学生综合素质和全面处理问题的能力

撰写毕业论文可以反映学生在某一学科和专业领域达到的学术水平、研究能力和工作成绩。可以从以下几个方面反映学生的情况：

① 反映学生的专业基础知识掌握得是否牢固；

② 反映学生的查找资料、筛选资料和运用资料的能力；

③ 反映学生的思维能力和理论水平；

④ 反映学生的学习能力、动手能力、写作基础和分析、综合、演绎、归纳、证明事物的能力，即从事科学研究的综合能力。换言之，写好一篇论文，既需要坚实的专业知识和专业基础知识，也需要较强的研究能力和语言表达能力。

4. 毕业论文是授予毕业生学历和学位的依据

我国教育行政部门规定，凡高等学校毕业生，都要撰写毕业论文或毕业设计说明书；审核答辩合格，才准予毕业。我国颁布的学位条例规定：大学生申请学

位者，必须提交学位论文，据此作为是否授予相应学位的重要依据。凡学位论文审核和答辩不符合要求者，不得授予其学位。由此可见，毕业论文是授予相应学历和学位的依据，是发现、选拔和培养人才的一条途径。

今后，如果我国学位制度改革，允许给大专毕业生授予学位，那么，毕业论文也必然是高职学生获取学历和学位的关键依据。

（二）毕业论文的分类

与其他学术论文一样，毕业论文因学科内容、研究方法和写作方式等不同，存在明显的多样性。同时，其论文类型划分也是多样的。

1. 毕业论文的分类

由于毕业论文本身的内容和性质不同，研究领域、对象、方法、表现方式不同，其分类方法也就不同。

（1）按所涉及的专业分类。可分为政治、教育、历史、文学、语言学科、经济学科、理工学科、农业学科、医学学科等毕业论文。

（2）按毕业论文写作的形式分类。可分为理论性论文、实验性论文、描述性论文和设计性论文等 4 类，例如以文字写作为主的毕业论文，医学、工科学生的实验报告，还有毕业设计等。

（3）按毕业生取得学科等级分类。毕业论文是用以申请授予相应学历和学位而提出的，并作为考核和评价的依据，其写作质量直接反映申请者在某一学科或专业领域的学识水平、学术成果以及独立进行创造性科学研究的能力。按照毕业生取得学科等级进行分类，毕业论文可以分为一级学科毕业论文、二级学科毕业论文等。

（4）按毕业论文涉及内容覆盖面分类。这是一种综合性的分类标准，可以把毕业论文分为专题型、论辩型、综述型和综合型 4 类。

2. 学位论文的分级

我国大学教育分为 3 级，即大专、本科、研究生，因此，对应的大学生毕业论文也有大专毕业论文、本科毕业论文和研究生毕业论文 3 级。然而，论及学位，则是另外的分级情况。《中华人民共和国学位条例》将学位论文分为学士学位论文、硕士学位论文和博士学位论文等 3 类。

（1）大专毕业论文。大专毕业论文是高职高专学生毕业前夕必须完成的任务，分为毕业设计和毕业论文 2 种。其中，毕业设计类的，需要完成毕业设计报告；毕业论文类的，需要完成毕业论文。

依据国家有关规定和高职教育专业人才培养方案，高职学生毕业实习指导工作实行“双导师制”，必须在实习单位指导教师和学校指导教师的双重指导下，独立、认真完成顶岗实习和毕业论文。因此，大专毕业论文应该反映大专生的专业知识与技能，较强的实践动手能力和一定的独立思考、独立解决问题的能力。

由于大专毕业论文的撰写需要结合顶岗实习工作，而顶岗实习工作的研究性质相对较弱，因此，大专毕业论文的选题不应过大，内容不应侧重理论和基础研究，篇幅不宜求长，难度不宜求大。作者只要能够独立分析和解决一个对实际工作有一定帮助的问题，即为合乎要求。

一般地，大专毕业论文篇幅在4000～7000字，提出、分析并解决实际工作中的一个大小合适的具体问题，即可答辩通过。

(2) 本科毕业(或学士学位)论文。本科毕业论文是高等院校本科毕业生在教师的指导下，独立完成的毕业作业。论文应能反映作者从事科学研究的能力。《中华人民共和国学位条例》第四条规定，只有达到下列两条才可以取得学位：一是较好地掌握本学科的基础理论、专门知识和基本技能；二是具有从事科学研究工作或者担负专业技术工作的初步能力。

由于本科毕业论文用来考核学生对专业理论知识、专业基础知识的掌握及运用这些知识分析解决问题的能力和水平，因此，本科毕业论文的选题不宜过大，篇幅不宜过长，内容不易过难。作者只要能够较好地分析并解决不太复杂的问题，就应该给以肯定。

本科毕业论文的篇幅一般要求1万字左右，因此，学位论文只要能反映作者具有运用大学期间所学得的基础知识分析和解决本学科内某一基本问题的能力，就可获得本科学历和学士学位。

(3) 硕士学位(或研究生毕业)论文。硕士学位(或研究生毕业)论文是硕士研究生在导师的指导下，独立完成的学位论文。《中华人民共和国学位条例》中对硕士学位论文的要求是：高等院校和科学研究机构的研究生，或具有研究生毕业同等学力的人员，只有在本学科上掌握坚实的基础理论和比较系统的专门知识，具有从事科研工作和专门技术工作的独立能力者，才可以通过论文答辩，取得硕士学位。硕士学位不光用来考核硕士研究生掌握基础理论、系统知识的深度和广度，同时更注重考核其独立从事科学技术研究工作的能力，以及对专业问题的独到的见解。因此，同本科毕业(或学士学位)论文相比，硕士学位论文必须要有很大的提高。硕士学位论文要充分反映作者独立思考的能力；要充分反映论文的创新价值和学术价值。硕士学位论文的篇幅一般要求3万～5万字。

(4) 博士学位(或研究生毕业)论文。博士学位(或研究生毕业)论文是博士研究生在导师指导下独立完成的学位论文。《中华人民共和国学位条例》对博士学位论文的要求是：在某一学科领域具有坚实而深广的知识基础，必须有独到性成果；应有较高的学术水平和学术价值，能够深入进行同类性质问题的研究，有明显的启发性、引导性，在某一学科领域中起先导、开拓的作用。在论文中能反映有所发现、有所发明，并在研究中做出创造性成果。由于博士论文是内容完整、论述严密，系统而周详的科学论著，具有公开发表的价值，因此，无论在理论还是实践方面，都要有重大的科学意义，有超越前人的创新见解，能够推动学科的发展，促进学术水平的提高。博士学位论文的篇幅一般要求5万~15万字。

（三）毕业论文的特点

毕业论文作为学术论文的一种，学术论文所应具备的科学性、理论性、创造性、学术性和规范性的特点，它也应当具备。撰写毕业论文是为了使毕业生树立科学思想、培养科学精神、遵循科学规范、掌握科学研究方法及毕业论文的写作方法，为今后独立开展科学研究和撰写学术论文奠定坚实的基础，因此，同学术论文相比，毕业论文在具有学术论文特点的同时，又有自身所独有的鲜明特点。

1. 指导性

毕业论文是在教师的指导下，由毕业生独立完成的。无论是撰写前的准备阶段，还是写作阶段及修改阶段，诸如选题的确立，文献、资料的查阅，研究方法的选择，结构的安排，文章的修改等，都需要教师给予认真的指导、耐心的帮助，引导学生独立地进行工作。可以说，毕业论文水平的高低、质量的好坏，从一个侧面也体现了教师的劳动付出，反映了教师的治学态度。

2. 练习性

毕业论文是大学生完成学业，申请学位和获得学历的标志性作业，是大学生所学专业理论知识和基础知识的综合、深化及提高，是科学研究的初步尝试和体验。从毕业论文的写作目的来看，主要是对学生的专业以及利用所学知识分析问题、解决问题能力的检验和考核，是对学生科研能力的培养和训练，为以后的科学研究奠定基础，做好准备。所以，从这一层面来看，毕业论文属于习作性论文。

大专和本科毕业论文的作者，大部分都是第一次涉及科学研究的工作，而且是独立完成整个论文的书面起草工作的。从学习到科研是一种尝试，因此他们的毕业论文粗糙、幼稚、不成熟在所难免。尽管撰写论文要发挥作者的主动性、创造性，但基本上还是属于必须完成的习作性的文章。

3. 专业性

专业性是理工科毕业论文的一个本质特点，理工科毕业论文又分为数学、物理学、化学、生物学、地理学等毕业论文。无论内容还是形式，理工科毕业论文都具有鲜明的专业性。

4. 规范性

理工科论文，由于受到内容、性质、特点和功用的制约，目前，其格式都有固有的规定性和规范性。为此，毕业论文虽有文体、样式的区别，但同一文体与样式，主要理工科毕业论文的基本格式一般是固定不变的，具有约定规范。世界许多国家都对学术论文（包括毕业论文）的撰写和编排制定了国家标准，不同学科和专业的学术机构还制定了本学科和本专业的国际标准，在撰写时必须遵守并熟练地运用这些规则和标准。

（四）毕业论文的结构

一篇结构完整的毕业论文，一般包括10部分内容，分别是题目、版权声明（由学校统一提供固定格式的文本）、摘要、关键词、目次、正文、致谢、参考文献、注释和附录。

1. 题目

题目相当于毕业论文内容的姓名，应该具有区分性。本科和专科毕业论文因为篇幅较短，一般不需要设置单独的题目页，也不严格要求撰写英文题目；硕士研究生和博士研究生的毕业论文则篇幅较长，通常需要单独设置题目页，展示院校、指导教师、答辩时间等信息，并撰写英文题目。英文题目一般需要使用Times New Roman字体。

2. 版权声明

为了维护学术活动的严肃性和公正性，增强大学生法制意识，尊重别人的科研成果和知识产权，一般要求硕士研究生和博士研究生在毕业论文的正文前面提供版权声明，并独立成页。个别本科毕业论文也有此要求，但高职学生毕业论文则一般没有此项要求。

3. 摘要

顾名思义，“摘要”由论文主要内容“摘录而成”。因此，摘要必须具有高度的概括性，语言精练、明确。高职学生毕业论文的摘要一般篇幅较短，为150~250个汉字（不同院校可能要求不同）。本科毕业论文和研究生毕业论文的中文摘要篇幅相对较长，前者一般为300~400个汉字，后者一般800~1000字。

4. 关键词

关键词是能够反映毕业论文关键内容、表达论文主要内容的词语，一般从论文标题或正文中挑选3~5个或3~8个。关键词之间一般使用分号分开，最后一个关键词后面无任何标点符号。

5. 目次

目次是论文内容框架的陈列。该部分标题即为“目次”，单独标注页码，一般与正文编码方式有所区别。正文各一级与二级标题（根据实际情况，也可以标注更低级别标题)、参考文献、附录、致谢等，都应在目次部分列出。

6. 正文

高职专科毕业论文正文篇幅一般应在5000字以上，本科文学学士毕业论文篇幅通常要求8000字以上，硕士论文篇幅一般应在3万字以上(不同院校可能要求不同)，博士论文则为4万~6万字甚至更多。

毕业论文正文：包括前言、本论、结论三个部分。其中，前言(引言)是论文的开头部分，主要说明论文写作的目的、现实意义、对所研究问题的认识，并提出论文的中心论点等。前言要写得简明扼要，事理明晰，篇幅不要太长。

本论是毕业论文的主体，包括研究内容与方法、实验材料、实验结果与分析(讨论)等。在该部分要运用各方面的研究方法和实验结果，分析问题，论证观点，尽量反映自己的科研能力和学术水平。

结论是毕业论文的收尾部分，是围绕本论所作的结束语。其基本要点就是总结全文，加深题意。

7. 致谢

简述自己通过做毕业论文得到的体会，并应对指导教师和协助完成论文的有关人员表示谢意。

8. 参考文献

在毕业论文末尾要列出在论文中参考过的所有专著、论文及其他资料，所列参考文献可以按文中参考或引证的先后顺序排列，正文部分需要标注参考文献序号；也可以按照音序排列，正文部分则采用相应的哈佛式参考文献标注，而不出现序号。

9. 注释

在论文写作过程中，有些问题需要在正文之外加以阐述和说明，此即注释。

10. 附录

对于一些不宜放在正文中，但有参考价值的内容，比如大幅面插图、长篇幅表格、调查问卷等，可依照出现次序或者类别编入附录部分。有时也常将个人简介附于文后，作为附录内容。

(五) 毕业论文的写作要求

毕业论文的写作要求与前述科技论文的要求基本相同，但尤其需要注意以下几个方面。

1. 立论要有独创性

立论的独创性是毕业论文的价值所在。毕业论文不是所学知识的全部或部分的总结，也不是知识介绍。虽然它着眼于毕业生科学研究能力的基本训练，但必须反复强调要有独创性这一要求。衡量独创性，可从以下几个方面来考虑：

(1) 所提出的问题在本学科或专业领域有一定理论意义或社会意义，并通过研究得到自己独特的见解。

(2) 虽是别人已经研究过的问题，但作者采取了新的论证方法，得到的结论能在一定程度上给人以启发；

(3) 应能以自己的分析，澄清别人在某一问题上的混乱看法，虽无新的见解，但能提出一些新的必要的条件和方法；

(4) 能用较新的理论、方法解决或在一定程度上解决生产中的问题，取得一定的效果，或为实际问题的解决提供新的看法和数据；

(5) 用新发现的材料、数据证明已经证明过的问题。

2. 论据要充分、真实

论据充分、真实是毕业论文的生命，毕业论文应尽可能多引用自己的实验结果作为证据。如果全篇论文的内容是由间接得来的材料拼凑而成，没有或很少有自己亲自动手得到的东西，这样的论文基本没有价值。

3. 论证要有逻辑性

论证是用论据证明论点的方法和过程。从文章全局来说，提出问题、分析问题和解决问题要符合客观规律，符合人们对客观事物的认识程序，使事物的逻辑程序与人们的认识程序科学地统一起来，形成一个逻辑整体。从局部来讲，对某一事物的分析和某一现象的解释要体现出较为完整的概念、判断及推理过程。

4. 体例格式要规范

毕业论文的文体、样式都有基本的规定性。它必须以论点的形式构成全文的结构格式，以多方论证的内容组成文章的整体，以较深的理论分析反映全篇。为此，不能把一般的议论文、实验报告和一般的工作调查报告与毕业论文混为一谈。毕业论文是学术性的文章，一般来说，所论述的是抽象的理论问题，或以抽象的理论回答实践提出的问题，所以语言表达应准确、通顺，可读性好。

5. 内容具有真实性

毕业论文的内容是对科学研究进行的系统总结、归纳和分析，必须绝对真实，不允许有半点虚构和夸大。毕业论文的真实性要求客观地反映科学研究所取得的成果，涉及的理论、技术、方法、实验及有关的公式、数据和引用的文献资料皆需准确无误，不能人为地编造、拔高和渲染；不能脱离实际，制造轰动效应；更不允许抄袭与剽窃。遣词造句要做到恰当、准确，避免产生歧义、引发争议。

二、毕业论文的写作过程

撰写毕业论文必须力求认真，追求优质。因此，毕业论文撰写过程一般要经过论文构思、提纲拟定、初稿起草、论文修改 4 个阶段。

(一) 论文构思

写作构思是毕业论文写作的先声，也是必不可少的步骤，它确定了论文的框架和蓝图。其主要任务是进行内容和方法的构思。作者应反复推敲、仔细琢磨、再三斟酌，让论文轮廓由远而近、由简到详，达到全局在胸、思路清晰的地步。

1. 内容构思

内容构思应从以下几个方面思考：研究对象、思路、层次、顺序、段落、层次间的过渡、开头和结尾的呼应等。考虑论文主题时，中心要明确，各部分的中心、各段落层次的中心都应清楚。在这个基础上，精选材料，组织论据，严密论证，做到全文结构完美统一。

如果一篇毕业论文包括多个部分或多个论题，应分清主次，采取逐步递增进入高潮的顺序；或是采取相反顺序先写重点，渐及其他。

构思直接关系到论文的全貌，决定了论文水平。因此，作者必须具备一定的逻辑、语法和修辞能力。而这种能力取决于平日在工作实践、科学实验、调查研究和学习过程中的观察、揣摸，周密思考、善于发现，勤于阅读、勇于探索，不可能一蹴而就。

2. 方法构思

构思是作者的逻辑思维能力在写作实践中的具体体现。但是只具备逻辑思维能力，不懂构思方法也是不够的。常用的构思方法包括如下几种。

(1) 纵递式。纵递式是毕业论文写作常用的结构方式，在围绕中心论述时，采用由表及里、由浅入深、层层递进、步步深入的方法，进而得出结论；或者先论述分论点，使分论点逐渐逼近、靠拢总论点，最后水到渠成，得出结论。这种以纵向为线，按从属关系为序安排组合，由低层次到高层次，顺应事理的内在联系，显得层次分明，条理清晰。

(2) 横列式。横列式，又称拼盘式。这种结构方式是以横向为线，以材料的性质来分类并安排层次，各层次之间是平行、并列的关系。全文围绕中心，从不同的力度提出问题，分别加以论述。毕业论文各个层次既是相对独立的，又是相互联系的。各个层次从不同角度、不向方面论述总论点，有主有次，重点突出。

(3) 纵横交叉式。纵横交叉式是指以纵或横这二者之一为主线，要么纵中有横，要么横中有纵，纵横文错，最后综合得出结论。这样构思，可以做到繁而不杂、活而不乱。

(4) 因果式。因果式的结构，是指前后部分之间形成因果关系，有的先因后果，也有的先果后因。这种结构方式，引入注目，容易理解，符合读者的阅读习惯。

(5) 时空顺序式。时空顺序式是指以纵向时间的推移或以横向空间方位的变换为顺序划分论文层次的结构方式。它常常根据工作进行的步骤或事情发生的空间位置，由近及远、由前到后、由上到下、由内到外，逐步阐述。这种表达方式，一般用于科技论文中的记叙类文体、说明类文体等，毕业论文较少采用。

以上介绍的是比较常用的结构方式，但这些结构方式都不是单一的，也不是一成不变的。具体写作时，应根据情况恰当地运用，切莫生搬硬套，要自觉地养成观察与分析的习惯。要运用得当，首先需要认真观察客观事物。其次，要善于分析问题，不仅要看到问题的正面，而且要看到问题的反面；不仅要看到问题的有利因素，而且要看到不利因素。

(二) 提纲拟定

拟写论文提纲是进入写作计划的一部分。在确定了有写作价值、有研究基础的毕业论文题目，充分搜集并认真阅读参考资料，而且酝酿形成论证角度和基本论点以后，可以开始论文提纲的拟定工作。

1. 拟定提纲的意义

论文提纲是一个反映论文基本观点、佐证材料、论证角度和步骤，依照逻辑关系层层展开的纲目体系。它是一篇论文的骨架和纲领，也是一篇论文的雏形和缩影。撰写毕业论文时，一定要先拟好提纲，否则很难写出质量较高的论文。

拟写提纲具有以下 4 方面作用。

(1) 有利于理清思路，突出重点，探求最佳的论证角度，层层展开讨论。

(2) 有利于建立框架，勾出论文雏形，组织剪裁材料。

(3) 有利于根据纲目结构，科学安排时间，分段写作论文。

(4) 有利于指导老师提出修改意见，按时做出修改、调整。

2. 拟定提纲的原则

由于论文是以纲目和纲目结构的形式表现出来的，因此，拟写论文提纲应该遵循以下基本原则。

(1) 纲目要紧贴主题和论点。在撰写提纲时，要确定选题和论点，确定从何种角度、以何种方式立论，以及中心论点之间有哪些次要论点。文章的内容和结构要服从论文的立论，各级纲目都要围绕主要论点拟定，并从主要论点区分出来的次要论点展开，做到主次分明、从容有序，为全文的写作打好基础。

(2) 纲目结构要有逻辑性。由于毕业论文研究的对象都具有自身的规律性，要揭示反映这种规律性及相关多个现象之间的联系，毕业论文的纲目结构必须具有严密的逻辑性。论文的逻辑性主要表现在论文结构、论证、论述过程等各个方面，既在左、右平行的纲目之间，又在上、下层次的纲目之间，也在它们自身和它们所包含的内容之间。

（3）纲目结构要完整齐备。由于毕业论文内容反映的是相对完整的研究过程，必须使用完整的结构进行表达。完整的论文结构必须具有合理的布局，将文章各部分有机地组织在一起，让整篇论文层次清楚、前后呼应、材料充实，文字疏密得当。这就要求论文纲目必须完整。

3. 理顺提纲的格式

论文提纲通常包括以下项目：标题、基本论点、论证方法和目次纲要。目次纲要由并列的二级标题组成，二级标题下面再列出子目（三级）和纲目（四级）。四级以上的标题在国家标准《科学技术报告、学位论文和学术论文的编写格式》（GB 7713—1987）中分别称作章、节、款、项。论文提纲可简、可详：可以简单地写，列出章、条、款、项组成的目录；也可以写得比较详细，不仅列出章、条、款、项，在章、条、款、项等提纲之下，用句子或段落写出每一级提纲下面的内容，必要时也可写出第一级目次下面的论点与方法。论文提纲的目次纲要，是由章、节、条目、子目组成的一个逻辑图表，如下所示：

论文题目

作者名

作者单位

摘　要

关键词

1 引言

2 一级标题

2.1 二级标题

……

N　结论

（三）初稿起草

拟定论文提纲之后即可起草论文初稿。但是，在正式起草初稿之前，必须检查基础工作和由此产生的工作条件，并对执笔顺序和写作方法做出选择。如果条件不具备或不成熟，还不能仓促起草初稿。

1. 起草初稿的条件

（1）选题已确定，并有足够的资料。

（2）已经明确论文的立论和研究方法。

（3）通过对资料的分析，已经确定论文布局和结构的提纲。

一般而论，论文初稿就是论文提纲的细化和扩展。但在撰写初稿时，随着对提纲的细化和扩展，往往会产生更新颖的观点，这时可能需要重做局部甚至是全局的构思、修正，更改原先的提纲。

2. 修改提纲的方法

初稿的写作就是依据提纲，将毕业论文或毕业设计的结果形成的结论，按照毕业论文要求的规范表达出来。这是论文形成过程中最艰苦的工作阶段，目的是要把想写的内容全部表达出来，并对全部实验数据和资料进行详细的分析与归类。在初稿写作过程中，还可能及时发现论文或研究工作的不足或错误，而这也是研究工作的重要环节。初稿的写法主要有以下 4 种。

（1）严格顺序法。这是毕业论文的常用写法，即作者按照研究课题内容结构，根据一定的顺序，比如论文的结构顺序、研究内容顺序等逐一论述，先提出问题，然后进行论证，最后给出结论。

（2）一气呵成法。这是指作者依据拟好的提纲，照此方式起草初稿的撰写方法。作者沿着既定思路，没有中断，一鼓作气写下去。写作过程中，不为较小的疑难问题或措辞选择而发生停留，尽可能把头脑中涌现的词句写出来，疑难问题留待初稿完成后再去推敲、修改。这会使论文初稿衔接自然、结构完整，产生良好的影响；也会减少完成初稿花费的时间。对准备工作充分，拟定提纲后写作时间又比较集中的情况，通常可采用这种方式。

（3）重点写作法。这指的是从论文核心章节开始的写作方法。若作者对论文的主要论点及论据已经明确，但一气呵成的条件还不十分成熟，则可以采用重点写作法。这种写法不是按论文的自然顺序写，而是根据自己的构思，分解出主次，分别写作，最后组装成篇。

（4）分段写作法。该法是指作者从最先考虑成熟的内容开始动笔，完成此段内容的写作，其余内容则等待考虑成熟或进一步研究以后才写。待全文写完，再进行前后对照检查，使前后文风格保持一致；层次间衔接紧凑、自然，避免冗余。如果毕业论文主要论点已经形成，但论点的说明或阐述还需要分成若干段落与层次，就可以采取分段写作法形成初稿。用这种写法，每一次最好完成一个完整的部分，以便下次接着往下写时，只需大体考虑一遍已写过的内容，便可思路连贯地顺势写下去。

3. 起草初稿的禁忌

在起草论文初稿阶段，有许多问题还是需要注意的，否则，就会功亏一篑，前功尽弃。

（1）不要把初稿写成知识普及型的文章。实际写作时，有人会把毕业论文写成“教科书”或“科普读物”。这种情况主要表现在两方面：一是论证过程啰嗦；二是选用材料不简略、不精练。

（2）不要过多引用材料。过多引用，却没有自己独到的见解和精辟的分析，论文便成了材料库。

(3) 不能只提出问题而不分析问题。问题提出来却不分析、不解决，让文章失去研究性和学术性，也便不能成为毕业论文。

(四) 论文修改

论文修改就是对论文初稿所写的内容不断加深认识，对论文表达形式不断优化选择、直到定稿的过程。毕业论文的修改，不仅是语言修辞等技巧的修改，更重要的是对全篇论文的论点及论据进行再次推敲，使论文更趋于完美。毕业论文的写作过程就是一个不断修改的过程。

1. 修改的范围

毕业论文修改的范围主要包括对论文内容和形式两个方面的修改。对论文内容的修改，主要是指对论文的观点、方法和材料的修改。对论文形式的修改，主要是指对论文结构、格式、体例、语言及其表达方式的修改。具体包括以下 6 条内容。

(1) 修改观点。观点体现论文的价值，是修改论文时首先要注意的事项。修改观点应从两方面着手：一是观点的修正。检查全文的论点以及由该论点说明的若干问题是否带有片面性，表达是否准确，并反复推敲。若发现新问题，应重新查阅资料，对实验方法及数据给予增补和改换。二是观点的修改。应检查自己的论点是否与别人的雷同，有无新意。若无新意，则应从新角度重新提炼观点，形成自己的见解。

(2) 修改材料。初稿中的材料一般只是按序罗列。修改材料就是通过对这些材料的增、删、改、换、调，使论文观点明确、逻辑清晰，达到论点和材料的和谐统一。

(3) 修改结构。结构是毕业论文表现的重要因素，结构的优劣直接关系到论文整体大局和内容的表现效果。初稿完成后，首先要检查论文结构是否符合主题要求，论点、论据、论证三个方面的要求是否全部具备，层次、主次是否清楚，论文各部分安排是否得当，开头、结尾、段落、层次、主次结构的各个环节是否合适。若存在不合适情况，则应对其进行修改。

(4) 修改语言。语言是毕业论文要求的重要方面。作者要把自己的工作成果恰如其分地描述出来，晓畅易懂，就必须在语言方面下工夫，要反复斟酌、反复修改，确保论文的观点能够准确表达论文的内容。毕业论文对语言的要求首先是准确，其次才是可读性。因此，语言表达均应实事求是，切忌牵强，避免自我评价。为了给人以客观、公正、中立的感受，论文一般不用第一、第二人称，统一使用第三人称。另外，图表也是毕业论文的特殊语言，进行语言修改时，要认真检查图表数据是否可靠，形式是否规范、是否符合要求，标点是否合理表达语意等。

（5）修改标题。初稿修改完毕，还需要斟酌修改论文标题。虽然从总标题到子目标题和细标题，在撰写初稿时就已经拟订了，却不一定是最后确定的标题。各级标题对整篇论文及论文各章、条、款、项具有画龙点睛的作用，必须反复斟酌、推敲，直到找出最切题、最具概括性、最适合表达所述内容的文字表述。

（6）修改格式。毕业论文的层次结构和逻辑关系，不仅需要由文字予以表述，也需要通过格式予以理顺。各所学校对毕业论文的格式，从标题到正文，都有一定的具体要求。相同级别的标题应该设置同样的字体、字号、位置等要求；相同功能的正文内容，包括物理量、单位、数字，参考文献的著录项目等，也有各自统一的规定，必须遵守。否则，一旦格式出线错误，会显著影响毕业论文观感和评价。因此，毕业论文修改到最后，必须认真修改和调整格式，做到逻辑清晰，层次分明，功能确定，表述合理。

2. 修改的方法

根据毕业论文的特点，一般有效的修改方法有以下几种。

（1）通篇考虑，整体着眼。这是指对论文初稿要反复阅读，考虑论文的基本观点、主要论据是否成立，全文布局是否合理、论据是否正确，结论是否自然、恰当，论证是否严密，全文各部分衔接搭配是否恰当等。

（2）逐步推敲，及时修改。初稿完成后，在对全文通读的基础上，可逐字、逐句、逐段审查，发现问题则及时解决。

（3）请教他人，帮助修改。由于初稿完成后，作者头脑已形成一个固定的思维框架，同时，对自己写的论文难以割舍部分内容，这就很难保证论文的质量。最好的办法是请别人帮忙，将稿件送给同学、同事或指导教师，请他们提出意见，然后分析意见，再做修改。事实证明，这种方法可以避免大的失误。

（4）暂时搁置，日后再改。论文初稿完成后，一般要间隔一段时间再修改，这样做是为了遗忘习惯思维模式，以新眼光、新视角重新审视论文，以便发现初稿中的失误，把初稿改得更好一些。当然，如果时间紧迫，立即动手修改也无妨，这时对初稿中存在的问题记忆犹新，改起来也自有便利之处。

至于论文修改究竟采用何种方式，常常取决于每个人的思维方式、动笔习惯，不可强求一致。

三、毕业论文的写作格式

按国家标准规定，论文的编写格式由四大部分组成：前置部分、主体部分、附录部分和结尾部分。前置部分又分 3 项，主体部分含 5 项。现根据撰写毕业论文的实际需要，将必须遵循的编写格式分成 8 项叙述。

（一）题目

题目也称题名，是选题用文字固定形成的表述形式，同时也是毕业论文内容、主旨的集中反映。国家标准《科学技术报告、学位论文和学术论文的编写格式》(GB 7713—1987)规定：题名是以最恰当、最简明的词语反映报告、论文中最重要的特定内容的逻辑组合。该处规定有3处使用了“最”字，突出了对拟定题名的要求。“最恰当”指题名与论文的内容应相符；“最简明”提出了对词法、修辞的要求；而“最重要的特定内容的逻辑组合”则提出了对题名的内涵与外延以及逻辑性的要求。之所以如此规定，正是因为题名首先给读者提供了论文内容的主要信息，在一定程度上为读者判断该篇论文有无阅读价值提供了可能性。

国家标准对题名还作了规定：如题名语意未尽，可利用副标题补充说明论文的特定内容。论文题名的字数，国家标准规定：中文题名一般不宜超过20字；外文题名一般不宜超过10个实词。限制题名长度，目的主要是为了简明，并与“特定的内容”相一致。由于大部分读者在检索文献的时候只阅读题名而不浏览全文，因此，毕业论文作者必须重视论文题名的拟定。

1. 题名与选题的关系

在创作过程中，题名与选题是两个不同的概念；而在论文表述中，两者关系则非常密切。一篇成功的毕业论文，其题名与选题是相互联系的。这种联系主要反映在3个方面：首先，题名应该反映选题的内容；其次，题名内容必定受选题内容的制约；再次，通过题名与选题之间关系的处理，可以反映作者的思维方式、构思能力与文字表述能力等，这更为重要。

有了理想的选题又有好的题名，必定会增强毕业论文的交流与传播效果。

2. 选题的原则

选题与题名确有密切关系。毕业论文的选题应遵循宏观与微观两方面的若干原则，不应盲目选题。

(1) 宏观方面：

① 面向世界新技术革命，反映科技发展远景。根据新技术革命的内容，可从三个方面考虑选题：一是新的科学理论；二是当今世界科技发展的新特点；三是科技发展的新趋势。

② 立足行业企业发展需要。我国改革开放进入深水区，行业企业面临调结构、稳增长、促发展的压力，必须解决许多疑难重杂问题，否则，行业企业发展必然受到掣肘和限制。大学生毕业论文应该围绕行业企业需求，从技术改造、工艺改良、管理升级等方面确定合适的选题，努力解决行业企业存在的现实困难，支持行业企业健康发展。

③ 科学态度与重视实际。理工科各专业毕业论文所描述的是科学技术现象。

科学是实事求是的，因此，撰写毕业论文也同样需要严谨的科学态度。这既是文风问题，也是作者个人良好科技素质的反映。认真遵守这项原则，既可以充分发挥作者在科学技术方面的才智，也能够保证毕业论文的质量。

（2）微观方面：

① 创新性。只有创新才能促进生产、技术等发现与发展，因此，要写好毕业论文，就要求毕业论文选题必须具有创新性。选题的创新性可以表现为新理论、新观点、新解释、新规律、新现象、新工艺、新材料、新方法等 8 方面。其中，前 4 者主要针对科学研究，后 4 者主要指技术发明。

② 论争性。论争是促进科学技术发展的催化剂，科学技术的发展离不开观点与方法的探讨，因而经常不断地出现不同观点与方法的论争。

③ 针对性。选题都需要有对象、有目的。选题的针对性最能反映作者对某一时期、某一学科发展的新认识，这是具有实际意义的选题原则。针对性主要反映在对新形势、新现象的认识。

④ 现实性。这项选题原则主要是为了面向社会，避免脱离现实需求。

⑤ 敏感性。这项选题原则主要表现为作者的思维素质与智力结构，具体表现为对新信息的捕捉、分析与利用能力。

以上选题原则，无论是客观方面还是微观方面，它们既有各自的特殊要求，又都相互联系，有些选题原则之间是难以严格区分的。只要满足其中一条，选题即有作为毕业论文工作内容的价值，并将其研究成果写成毕业论文。

3. 选题的信息源

选题原则是指导性的，要正确确定选题，尚需掌握信息源。什么是信息源？一般认为，从内容划分，可包括零次、一次、二次以及三次文献；从类型划分，有间接信息与直接信息。为了清晰显示信息源的特点，可以将其分为稳定型和瞬息型两种。

（1）稳定型信息源。其特点是学术性强，科学性完整，可靠性大，体现在科技资料的积累。反映在连续性方面，这种类型的信息源有其特殊和重要的价值，其内容包括科技期刊、科技报告、学位论文、政府出版物、企业出版物、会议文件、科技图书、专利文献、标准文就、其他等 10 种。

（2）瞬息型信息源。其特点是提供创新思路与新素材，传递速度快但不易捕捉，如广播、交谈等，产生的信息瞬息即逝。另外，可靠性也不如稳定型。正因为如此，它又极易激起作者的联想，甚至爆发灵感。其提供的信息量可能不大，如报纸、广播所传出的信息，文字均比较简洁，但其容量往往是无限的。若能正确利用这类信息，可以使论文的选题、主题、材料更具有创新性，论文的质量更具有学术价值。瞬息型信息源包括报纸、广播、交谈、调查、咨询、观察等。

4. 拟定题名的方法

拟定题名的具体方法较多，从不同的角度考虑，就会有不同的题名。常用的方法，可归纳如下。

(1) 明确撰写毕业论文的目的性。目的性指教育功能如完成教学计划、顺利毕业，社会功能如总结工作或科研成果。出于不同的目的考虑，同样的一篇毕业论文，可以拟出不同的题名。这是作者写作艺术的体现，也是作者思维与语言综合能力的反映。

(2) 根据主题修改毕业论文的题名。确定选题之后，在撰稿过程中，由于思路的变化或根据新联想突然爆发的灵感，对主题有了新拓展；或者在撰稿过程中，受到有关资料的启发，改变了已拟定的主题(这种情况经常发生)：这样，题名就要随同主题一道变化。也就是说，题名不仅受选题的宏观制约，还要受主题的具体制约。

(3) 根据措辞调整毕业论文的题名。即使题名已经符合选题和主题内容的要求，还有如何选定适当的词、词组或利用何种句式的问题。这种对语言的加工也是非常必要的，因为只有选用更加形象、明朗、内涵稳定的词或词组，再辅之以恰当的句式，才能使题名更具有吸引读者的作用。

5. 拟定题名的要求

(1) 准确。准确是指标题要确切地反映毕业论文的内容和特点，能把毕业论文的主旨、研究目的、研究中心以及研究内容中某些因素之间的关系，准确地表达出来，不得过大、宽泛、笼统。比如《双甘膦母液三效蒸发处理工艺的节能改进》，此题名首先给读者交待了研究内容是“双甘膦母液三效蒸发处理工艺的改进”，“节能”一词说明该工艺改进工作不是全面铺开或无的放矢，而是集中于节约能源这个具体问题。因此，该题名对毕业论文研究工作的概括比较准确，没有宽泛之感。相反，《电镀废水化学处理浅析》、《浅谈冶金废水处理技术现状》等题名都存在过于宽泛、不够准确的问题，不易让读者了解文章的范围和具体内容，前者不知道作者研究的是技术、工艺还是现状，后者的“冶金废水”含义过于宽泛，读者难以由该题名了解文章的内容。

(2) 得体。毕业论文题名不仅要做到准确，而且必须得体。所谓得体，指题名措辞合理，既不夸大、吹嘘，也不掩饰、偏离，而是恰如其分地表达研究工作的性质、特点、规模、水平等。例如《浅谈双甘膦母液三效蒸发处理工艺的节能改进》这个题名，虽然对所研究的各因素之间的关系表达得比较确切，但“浅谈”一词使用不当，既无法恰当表示该项研究工作的深度、成效等，也难以传递论文撰写内容的范围、篇幅等，很不得体。因此，论文题名在高度概括文章内容的同时，必须做到措辞得体，恰如其分。

(3) 简练。意即要尽量做到少用字，却又能确切地概括反映文章的内容，让人一看就懂，不拖泥带水。毕业论文题名一般不宜超过 20 个字，否则，既难以让读者得到鲜明的印象，也不便读者记忆和引用。另一方面，题名也不宜过短，以免笼统抽象和一般化。比如《废水处理工艺》这个题名，短则短矣，但非常笼统、宽泛，可以作为丛书题名，却不能用作毕业论文的标题。俗话说"题好一半文"，好的标题往往能吸引读者，并使其产生阅读全文的兴趣，使其看了题名就能大致了解论文的内容和特点，如《温度对烯法制环已烯原料苯预处理的影响》、《不同栽培条件对水稻茎秆生化成分的影响》等题名，措词比较简明扼要，使人一目了然。如果论文题名中用了多余的词，则题名既不简明，又无助于表达。例如《关于温度对烯法制环已烯原料苯预处理的影响的研究》这个题名，"关于……的研究"这几个字纯属多余，可以果断舍弃，《温度对烯法制环已烯原料苯预处理的影响》既不影响表达，而且是个准确、简明的好题名。还有的题名，如《口服青霉素可预防新生羔羊腹泻》，此题名单纯托出结论，而结论并不适宜作为论文题名使用，可酌情改为《口服青霉素预防新生羔羊腹泻的效果观察》，相对比较贴切。

(4) 醒目。论文的题名置于文章之首，无疑是醒目的。但是，为了激发读者的阅读兴趣，题名要选用适当的词语，突出关键字、词的排列位置，以引起读者的注意。一般题目的前半部分是比较引人注意的，应把关键的字词尽可能排在前面。如《香猪早期生长性能及生理生化指标测定研究》、《硒对菠菜、小白菜生长及抗氧化活性影响的研究》，前者突出了产于我国贵州和广西的优良小型猪种香猪，后者则突出了人体必须的微量元素硒，这样安排，不但让题名主次分明，而且容易引起读者兴趣。有些论文的题目虽然拟得比较规范，但由于遣词用字及关键词的位置排列不够恰当，往往分散、淡化了读者对它的注意。例如《几种方法对青燕麦草含钙量测定的比较》，其关键词排列不够妥当。"青燕麦草"和"含钙量"是引人注目的关键词，应排在题名前面；而"几种方法"是普通措辞，不宜占据前面的位置。将其改为《青燕麦草含钙量几种测定方法的比较实验》，则妥当不少。

(二) 署名

一篇毕业论文、学术论文或一部著作一定有著者。对署名作出具体现定，使之标准化，是有现实与实际意义的。

1. 署名的原则

关于署名，国家标准 GB 7713—1987《科学技术报告、学位论文和学术论文的编写格式》规定："在封面和题名页上，或学术论文的正文前署名的个人作者，只限于那些对于选定研究课题和制订研究方案、直接参加全部或主要部分研究工作并做出主要贡献以及参加撰写论文并能对内容负责的人，按其贡献大小排列名次。”这项规定充分肯定了学术成果与成果创造者的关系，论文或著作与作者的直接关系，反映了劳动成品与劳动者的关系。遵守这项规定将可以解决署名之争，学术不正之风亦可得到有效遏制。

关于署名，国家标准 GB 7713—1987 还作了如下补充规定：“至于参加部分工作的合作者、按研究计划分工负责具体小项的工作者、某一项测试的承担者以及接受委托进行分析检验和观察的辅助人员，均不列入。这些人可以作为参加工作的人员一一列入致谢部分或排于脚注。”这样就将署名的范围作了严格界定。

2. 署名的作用与意义

国家标准对署名的规范除了有其广泛的现实意义之外，还具体反映了如下 4 个方面的问题：

第一，肯定成果的归属。一篇论文乃至一部著作一旦公开发表，就是作者劳动的结晶。劳功结晶的归属问题是劳动者的权力问题，署名是对作者劳动的正式肯定，理应受到法律的保护。

第二，署名表现了社会对作者的尊重。一篇论文或一部著作既然是劳动的结晶，社会各界为了表示对作者的尊重，一向重视作品的署名。

第三，署名便于读者与作者取得联系。许多读者在阅读作品之前，一般都要看看署名，这意味着读者与作者之间即开始产生一种认识。作者通过作品表达了对客观事物的观点，而读者也通过作品了解到作者的观点。通过作品，两者之间又进一步产生了感情的联系，其间或出现争论，或产生更深远的正面影响，这就形成了社会效益。

第四，署名也表示作者对作品的负责。一篇文章一经公开，它就属于社会公有。作者的立意、思想、观点直接作用于社会，在社会上产生不同的影响。署名表示作者对这种影响完全负责。因而，署名绝非名与利的问题，实质是对社会负责的问题。

因此，毕业论文的署名作者必须是学生本人，且仅限于学生本人，任何其他个人和机构都不能署名成为毕业论文的作者；指导教师只是指导教师，应该署名于“指导教师”对应位置，而不应作为论文作者署名。

（三）摘要

摘要也称文摘。国家标准（GB 7713—1987）规定：“摘要是报告、论文的内容不加注释和评论的简短陈述。”这说明：摘要的对象主要是报告、学术论文和学位论文的内容，一般应该说明研究工作目的、实验方法、结果和最终结论，而重点是结果和结论。

摘要是对报告、论文内容的客观反映，不应添加注释，也要避免作出评论；

摘要的撰写应简短、明晰。

1. 摘要的作用

① 读者通过摘要，能够决定是否有必要进一步阅读全文；

② 读者不阅读全文也可以获得必要的信息；

③ 摘要可以引用，可以用于公益推广；作为情报资料，可供文摘等二次文献采用。

因此，摘要应具有独立性，是一篇内容要素完整的短文，可以独立使用。

2. 摘要的分类

摘要包括如下3类，各有自己的特点。

(1) 报道性摘要。撰写报道性摘要，要求概括地、不加注释地扼要陈述论文研究的对象、目的、方法、结果及结论等主要信息，综合反映论文的具体内容。

报道性摘要信息量大，参考价值也高，常用于科技论文、技术报告、会议报告等文献，毕业论文也大多采用这种摘要。

【示例1】 (题名:《〈申报〉新闻标题的历时分析》)

本文立足于语言学，以《申报》新闻标题为研究对象，采用量化统计、对比分析的方法，从新闻标题的形式、内容和句法三个层面进行观察与讨论，探求新闻标题的历时变化。全文共有五章，分别为绪论、新闻标题的形式分析、新闻标题的内容分析、新闻标题的句法分析和结语。

第一章是绪论。本章首先对本文的研究对象新闻标题进行了简要介绍，然后探讨其在新闻传播中的功能及价值，指出现今相关研究的成就和不足，并在此基础上提出了本文的研究目的与思路，具体而言就是以选取的《申报》新闻标题为样本，从语言学角度对标题的历时变化进行考察。

第二章是新闻标题的形式分析。本章首先从标题字数的变化入手，将《申报》划分为三个时期。其次，注意分析比较三个时期标题字数、格式特点及其变化。分析表明，《申报》新闻标题字数逐渐增多，格式逐渐丰富，并对这种变化的原因进行简要小结。

第三章是新闻标题的内容分析。本章主要以新闻要素说为基础，考察新闻标题中六要素(5W、1H)的使用情况，发现新闻标题在历时发展中所包含的新闻要素越开越丰富，传递的信息越来越完善。

第四章是新闻标题的句法分析。本章立足于语言本体，根据现有的研究成果，对不同时期新闻标题中出现的句法结构进行统计比较，发现新闻标题作为新闻内容的核心概括，主谓结构一直居于首位。其次是述宾结构早期，新闻标题结构类型非常丰富，越到后期，其结构越趋于集中。

第五章是结语。首先对全文内容作了总结，然后提出本文在研究中的不足与未来的研究方向。

(2) 指示性摘要。撰写这种摘要，只需要简要叙述研究的内容概况或成果，而不述及研究的方法和内容。综述、述评、简报及学术专著等论题不集中且篇幅较长的文章多采用这种摘要。

【示例2】 (题名:《白薯线虫的防治》)

对美国密西西比州种植的白薯由根节线虫引起的问题作了讨论，叙述了1967年由蔬菜收获分公司实验站所进行的商品熏剂和杀虫剂的试验。对行间撒播的施用方法作了比较。列出了包括商品杀线虫剂 vorlex、DOW WV W-85、DD 和试验的固体杀线虫剂 68 138 及 Dasanit 的试验结果。

(3) 报道/指示性摘要。这是介于报道性摘要和指示性摘要之间的文摘形式。它以报道性摘要形式叙述一次文献中价值较高的内容，而以指示性摘要形式处理其余内容。此类摘要适用于既有主题偏于单一的专题性部分，又有某一领域综述性内容的文章。

【示例3】 (题名:《柴油机燃用棉籽油的试验研究》)

介绍了不经任何改装的 S195 型柴油机燃用棉籽油与柴油混合油或纯棉籽油的试验研究情况。结果表明，燃用棉柴混合油或纯棉籽油时，发动机性能良好，无异常现象；适当调整供油提前角、加大循环供油量，可以达到原机功率，而且烟度有所下降。还分析了 S195 型柴油机在试验工况下的燃烧特性和放热规律。

国家标准 GB 7713—1987 就摘要篇幅作了规定：中文摘要一般为 200~300 字，不宜超过 300 字；外文摘要不宜超过 250 个实词。但是，毕业论文为了通过评审，学术论文为了满足学术会议审稿，可按相应要求写成变异形式的摘要，不受篇幅规定的限制。

另外，除了实在无变通方法可用，摘要不使用图、表、化学结构式、非公用的符号和术语，一律使用文字。

3. 摘要的主要内容

(1) 背景与目的。阐明该项研究工作的主旨、目的、范围及其重要性。

(2) 内容与方法。交代该项研究工作的对象，描述所使用的实验方法和过程。

(3) 研究结果。总结研究成果，突出观察到的新现象和新见解。

(4) 研究结论。阐明研究结论，介绍其价值和意义(应客观介绍，不得随意拔高、夸大其词，更不得自吹自擂)。

4. 摘要的写法诀窍

写好一份摘要，其诀窍是突出新贡献，并使之醒目，即采用精辟语句使新东西出现在摘要的突出位置。所谓“新贡献”，包括新技术、新理论、新方法、新观点、新规律、纠正前人错误、解决争议、补充和发展前人成果等多种情形。撰写摘要的时候，务必要在摘要中体现重要的研究成果，而不是放在论文的后部分予以指明，否则，摘要便难以达到要求，从而失去撰写意义。

醒目地展示新贡献，即明显区别别人工作和自己新贡献的不同之处，并将二者分离开来，让自己的新东西引人注目。对新贡献不必着墨过多，而应力求精辟。同时，语言不能模棱两可，而要明确、清晰，直接将自己的新贡献指出来，让读者能够轻易看到，设法避免让读者亲自分析作者的贡献“新”在何处。

（四）关键词

关键词是毕业论文和学术论文的独立项目，位于摘要的左下方。何谓关键词呢？国家标准（GB 7713—1987）规定：“关键词是为了文献标引工作从报告、论文中选取出来，用以表示全文主题内容信息款目的单词或术语”。

就论文关键词的提取，国家标准（GB 7713—1987）也提出了一些注意事项：“每篇报告、论文选取 3~8 个词作为关键词，以显著的字符另起一行，排在摘要的左下方。如有可能，尽量用《汉语主题词表》等词表提供的规范词。”

关键词是论文信息的高度概括，是论文主题的集中反映。论文作者在论文写作完成后，应该将对论文起到关键作用、最能说明问题、代表论文内容特征、通用性强、为同行所熟知而且最有意义的词语选出来，作为文章的关键词。因此，关键词一般可以直接从论文题目、摘要、层次标题中提取；如果从这些项目无法提取到关键词，也可以从全文提取。选择的关键词并不组成完整的句子，不必考虑语法结构，也不一定表达一种完整的意思，只需要将几个能反映该篇文章主题概念的词语或词组简单地组合在一起。

此外，关键词也可以从《汉语主题词表》选取。甚至未被《汉语主题词表》收录的新学科、新技术中的重要名词术语，也可以选作关键词。

例如，有一篇题为《资料管理在建筑工程项目管理中的作用》的毕业文章，作者选用了“建筑工程；项目管理；资料管理”这 3 个词作为关键词，直接取自论文题名。而题为《水稻抗稻瘟病鉴定几个相关问题的探讨》的学术论文，作者选作了“稻瘟病；抗性鉴定；近等基因系；氮肥”这 4 个词为关键词，大都是从全文提取出来的。

（五）绪论

绪论又称引言、前言、序言，写在正文之前。这是毕业论文和学术论文的开场白，由其引出文章，因此，在整篇论文中起到铺垫、过渡和引导的作用。它也是论文的“窗口”，通过阅读绪论，读者即可大致了解论文研究的背景，目的、重点、范围及过程等。国家标准（GB 7713—1987）规定：“引言（或绪论）简要说明研究工作的目的、范围、相关领域的前人工作和知识空白、理论基础和分析、研究设想、研究方法和实验设计、预期结果和意义等”。图 7-2 显示了绪论写作的结构。

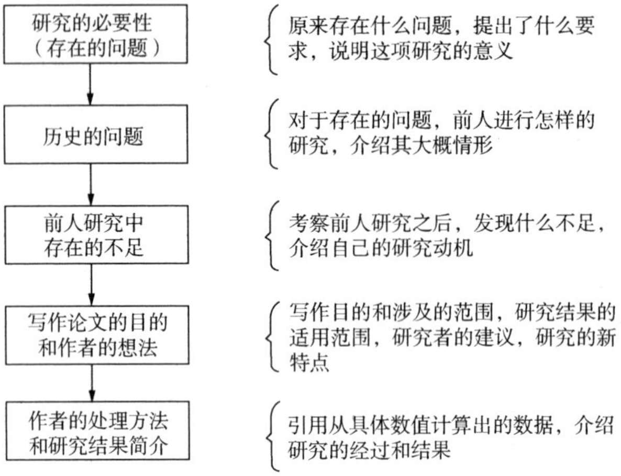

图 7-2　绪论写作结构示意

国家标准(GB 7713—1987)还规定：“学位论文为了需要反映出作者确已掌握了坚实的基础理论和系统的专门知识，具有开阔的科学视野，对研究方案作了充分论证，因此有关历史回顾和前人工作的综合评述以及理论分析，可以独立成章，用足够的文字叙述。”撰写绪论时应注意尽可能言简意赅，最好不要写成摘要的注释或说明。

1. 绪论的作用

绪论是论文编写格式的一个组成部分。其作用有如下两点。

首先，绪论是正文内容的先导。用于阐述作者写作的意图、动机或目的，让读者了解该篇论文能让自己获得什么或为自己解决什么问题。高水平的绪论往往能在阐述写作目的的同时，引起读者阅读正文的兴趣，激发读者追求知识的愿望。

其次，绪论是思维活动的起点。根据思维发展、演变的规律，人们认识事物、研究问题都有具体的思维活动过程。这个过程一般是从具体到综合，从形象到抽象。一篇毕业论文和学术论文如果没有绪论部分，就如同跳过了形象思维而直接进入抽象思维，并不符合思维活动规律。有了绪论部分，则思维活动可以渐次展开，避免给人以跳跃和突兀之感。

2. 绪论的主要内容

(1) 背景与目的。简要说明研究工作的背景、目的、范围，即为什么写这篇论文、写到何种程度和要解决什么问题。

(2) 问题与发展。简要回顾前人研究工作的历史，即扼要介绍前人在本课题相关领域所做的工作和尚存的知识空间，使读者对该领域的概况一目了然，同时显示论文的价值及地位。

(3) 思路与工作。扼要介绍论文的理论依据、研究方法和手段，提纲挈领地总结毕业论文主要工作内容与相关结果。

3. 绪论的写作要求

(1) 简单明了，自成一体。高职毕业论文的绪论应避免与摘要雷同，不要写成摘要的注释和说明，而是自有完整内容。但是，毕业论文的绪论部分需要对本领域内前人研究历史和现状作出详细回顾，此为着墨重点。

(2) 言简意赅，突出重点。绪论文字不可冗长，高职毕业论文绪论的篇幅一般不超过 1500 字，应尽量对读者产生吸引力。业内熟知的内容与教科书中的常识内容不必赘述。确有必要提及他人的研究成果和基本原理时，只需以参考引文的形式标出即可。

(3) 措辞有度，中肯客观。在论述这篇论文的研究意义时，应注意分寸，既要避免自我吹嘘，最好不要使用“有很高的学术价值”、“填补了国内外空白”、“首次发现”、“在这方面很少报道”、“尚未见报道”等话语，对这些话语一定要慎重，以免造成将来被动；也要注意忌用套话，如“才疏学浅”、“水平有限”、“恳求指教”、“抛砖引玉”等语言，“大家知道”、“众所周之”等句子。

(4) 首尾呼应，避免雷同。绪论一般应与结论相呼应，在绪论中提出的问题，在结论部分应有解答，但也应避免与结论的文字雷同。

(5) 人称中立，回避自身。文中应尽可能回避用第一人称。不得不使用第一人称时，可以使用“本课题”或“本次工作”等代替。

(6) 合理分节，避免连写。毕业论文的绪论一般应编层次序号，分节、分段论述，因此，应当尽量合理分节，避免连写。

4. 绪论的写作方法

无论是正文内容的先导还是思维活动的起点，毕业论文绪论的写作目的就是提示内容、启发思路、酝酿情绪。根据绪论的这些作用，可以从 3 方面把握其写作方法。

(1) 思路完整，要素齐备。按照国家标准(GB 7713—1987)规定，绪论的内容主要是提示性的。所以，绪论的写作必须提示写作意图、论题的中心或带有结论性的观点等，告诉读者这篇论文的写作目的、作者的论题以及其基本观点。

(2) 予人启迪，开拓思路。绪论的写作应具有一定的启发性，以开拓读者的思路。为此，高职学生应该重视语言的运用，包括语法、修辞等的运用。

（3）吸引读者，激发兴趣。毕业论文不仅为了满足高职学生毕业的要求，也应产生社会效益，为读者带去帮助。为此，高职学生应从绪论入手，巧用文字，酝酿读者情绪，将读者吸引到论文中来，提高其阅读兴趣。

（六）正文

关于论文正文内容，国家标准（GB 7713—1987）规定："可以包括：调查对象、实验和观测方法、仪器设备、材料原料、实验和观测结果、计算方法和编程原理、数据资料、经过加工整理的图表、形成的论点和导出的结论等。""由于研究工作涉及的学科、选题、研究方法、工作进程、结果表达方式等有很大的差异，对正文内容不能作统一的规定。但是，必须实事求是，客观真切；准确完备，合乎逻辑；层次分明，简练可读。"另外，明确规定了图、表的绘制要求以及数学、物理和化学式、计量单位、符号和缩略词等在使用时应注意的一些事项。

高职毕业论文与学术论文的正文，有的分为四大部分，即材料和方法，结果与分析，讨论，结论；有的分为三大部分，即材料和方法，结果与分析，讨论。分为三大部分中的"讨论"，其实就是结论，它既是结论，又同人讨论。

1. 正文的内容

不同类型的毕业论文与学术论文，正文的写作内容不尽相同。常见的论文有三种类型，其内容结构分别如下。

（1）理论型论文。此型论文以理论探讨、理论分析为主，从追溯理论发展过程开始，到形成新理论为止。追溯理论发展过程是为了提炼其理论框架。作者通常会对已有的理论进行分析，指出其不足之处，比较说明各种理论的优劣，并提出新的理论。作者也会考查一种理论的内部和外部一致性，分析理论本身是否自相矛盾，以及理论与实验观察结果之间是否矛盾。

理论型论文的各部分内容是按内在逻辑关系编排的，而不是根据研究进程进行排序。其正文内容结构见图 7-3。

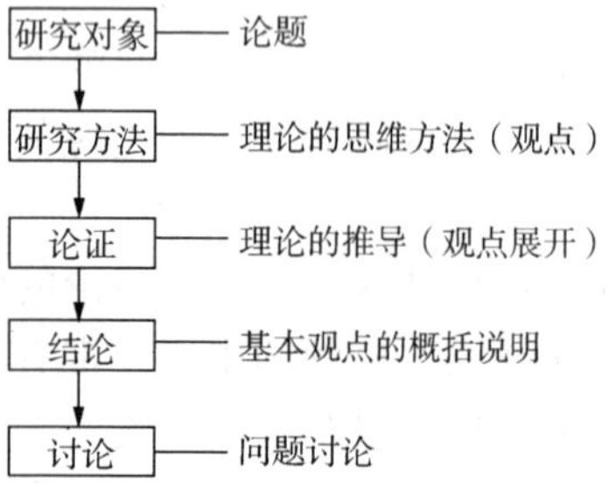

图 7-3　理论型论文的正文内容

（2）理论、实验结合型论文。理论、实验结合型论文既有理论探讨，也有实验分析，从理论分析入手，提出实验方案，并按照方案开展实验、采集数据并分析数据，利用分析结果验证实验结果与理论阐述的一致性。因此，该型论文以理论指导实验，以实验验证理论。其正文内容结构见图 7-4。

（3）技术型论文。技术型论文是高职学生根据顶岗实习过程中开展的工程建设实践，通

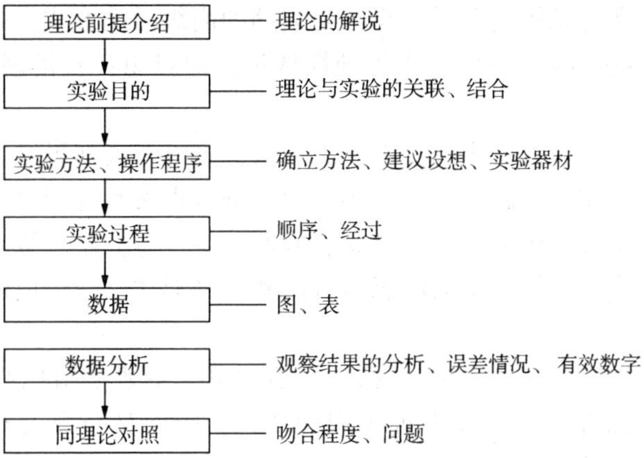

图 7-4 理论、实验结合型论文的正文内容

过对工程建设实践过程中产生的现象或问题进行专题研究、分析和阐述，并揭示这些现象的本质、规律或问题解决的方法撰写而成的毕业论文。此型论文的内容从发现问题开始，提出技术改进或实验方法的设想，设计方案并开展实验，最后根据实验数据和结论对设想进行验证。

此型毕业论文的正文内容结构见图 7-5。

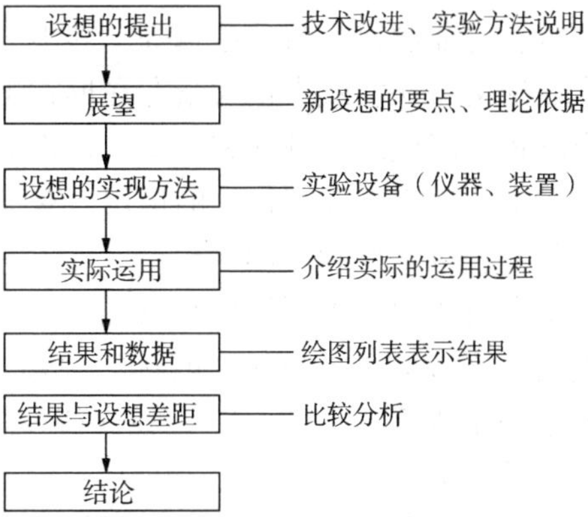

图 7-5 技术型论文的正文内容

2. 正文的写作方法

由于不同学科有不同的研究方法，所以，毕业论文的写作方法没有绝对统一的规定。高职学生的思维方式、方法的不同，也导致正文的写作“各有千秋”。但是，无论各种毕业论文有多少差异，毕竟都是毕业论文，因此，其写作方法必然具有共性，都能从思维、逻辑、语言等 3 方面加以规范。毕业论文正文的撰写与思维、逻辑和语言这三者都存在密切的关系。

（1）撰写正文与思维的关系。思维是人脑的高级活动形式，是人脑对客观事物间接的和概括的反映。思维若作为理性认识，即思想；若指理性认识的过程，即思考。

思维实际上包括3方面内容，即思维方法、思维形式和思维方式。思维方法是指一个人按照确定的思路、过程、逻辑程序进行观察和处理客观事物。思维形式是指一个人在实践基础上形成的概念、判断、推理等抽象思维、形象思维和灵感思维。思维方式则是指一个人的思维方法和思维形式已经形成的比较稳定的思维模式。

毕业论文正文写作需要提前构思。所谓构思，主要是指思维方式和思维方法。思维方法与思维方式往往表现为理性认识，因而又与个人对事物认识的观点、思路具有密切的关系。

在撰写毕业论文或学术论文时，作者应重视改变心理定势的影响，勇于创新。思维方法与思维方式的创新反映在写作方法上，就是要根据不同的内容采用不同的方法，避免运用同一种写作方法去撰写不同内容的论文。所以，毕业论文正文的写作应重视思维素质的培养，重视思维方法、方式的训练。

（2）撰写正文与逻辑的关系。逻辑一般是指思维形式。逻辑作为一门独立学科，又是思维科学的重要组成部分。

逻辑可以分为形式逻辑、辩证逻辑、数理逻辑等。其中，形式逻辑在写作中的作用较大，高职学生毕业论文写作实践中也大量存在形式逻辑方面的问题。

形式逻辑有三种思维形式，即概念、判断和推理。在正文写作中，需要大量运用思维形式。形式逻辑在毕业论文正文写作中的运用，有助于增强毕业论文内容的创新性、论证性、论争性、科学性和可读性。

形式逻辑在毕业论文正文写作中，主要体现在以下几方面。

① 逻辑组织的升华作用。论文的内容重在“创新”。“新”的来源有二，一是在已有的科研成果基础上进一步提高、改进；二是在尚待发掘的领域探讨研究，通过分析、总结开拓新的科学技术领域。

逻辑学所研究的推理，就是根据一个或几个已知判断得出另一个新的判断的思维形式，即从已知的知识推导出新的知识。撰写毕业论文和学术论文的目的有多个，其中就包括从已知的原理推导出新的理论，在已有的科学技术基础上建立新的科学技术。

例如：逻辑学中研究的推理方法，如演绎推理、归纳推理、类比推理等都是撰写论文必须运用的推理方法。尤其是归纳推理、类比推理，更是撰写论文时普通运用的推理方法。换句话说，只有在归纳推理、类比推理的基础上，才能确定前提；有了前提才能导出结论，即最后运用演绎推理的方法，导出正确的、新的判断。

在撰写论文的过程中，总是要通过推理得出结论，也就是先有推理、后有结论。一般的论文所运用的撰写形式，主要有如下两种。

一是通过特殊的或个别已知的知识，推出一般性的结论。比如：列举一系列数据、试验结果、科技成就、中外科技史上的科研现状、自然界和社会上的各种现象等，逐一进行分析，再提高到理论层面加以印证，然后得出新的结论。这就是归纳推理。

二是分析各个研究对象之间已知的相同或相似之点，并在此基础上得出对象之间未知的相同或相似之点，进一步推出新的结论。这就是逻辑学所谓的类比推理方法。比如，鲁班发明锯子就是运用了类比推理的思维形式。而近代新兴科学仿生学，正是类比推理思维的结晶。近几年，交叉学科的发展有了新的突破，而类比推理在产生学科之间交叉效应方面起到了关键性的作用。尤其是在迅速转移交叉学科新成果方面，在迅速转移相关的多学科综合研究方面，在迅速转移横断学科方法论研究方面，类比推理成为交叉科学研究的基本方法。

在科学研究中需要培养运用类比推理的思维形式，在毕业论文写作中也需要恰当地、熟练地运用类比推理，使内容达到创新的目的。

值得重视的问题是：归纳推理和类比推理运用于前提与结论之间没有必然联系的情形。若要让前提与结论发生必然联系，除了两者之间必须有相同或相似之点，还要进行理论与实践方面的探讨、实验与研究，否则容易得出不可靠的或错误的结论。

因此，在撰写毕业论文时，必须依靠逻辑思维形式，将所占有的材料围绕论题合理地组织起来。同时，也只有运用逻辑推理的形式，才能让已有的科技成就或已知的知识升华，达到创新的目的。

② 逻辑的鉴别辨析作用。撰写论文时，从命题（题名）到整个论证推理过程，直至最后的结论，总是涉及对一系列客观事物的属性认识和事物之间关系的判断，这就需要作者具有较好的鉴别、辨析能力。不论是客观世界上的任何事物，或者是事物之间的何种关系，总是在认识上存在真伪之分和正误之别，这就需要进行判断。逻辑学所研究的判断就是对客观事物有所肯定或否定。判断在论文写作中具有特殊意义，它具有如下三个特点。

一是真理性。科学技术应该反映客观事物的内在本质和规律，否则就不是科学。判断的作用就在于必须对客观事物进行真与伪、正与误的区分，以反映客观事物的真实属性。这就要求判断必须具有真理性。

针对某一科技理论、科技现象，在某一阶段，真理有一定绝对性。比如，凡是金属均可导电，还有许多著名的定理、定律等。但是，由于科学理论的不断充实，技术的持续发展，人们对客观世界的认识能力也在不断加强，过去认为是真理的理论，今天又发生了新变化，出现了新的判断。例如：长期以来，逻辑等于理性，非逻辑等于非理性的公式成了不证自明的公理。但是，这其实并不成立，因为我们不能将非逻辑的直觉、灵感、幻想等排除在理性之外。

现在，由于科学技术迅速发展，人的思维能力空前活跃，对一些科技现象提出了许多新理论和新观点。对这些新理论、新观点进行解释时，必须运用严格的判断，反映其真理性。当然，由于各种条件限制，目前还有许多缺乏真理性的判断，或者一时尚不能被承认具有真理性的判断。

二是时间性。客观事物错综复杂，人们认识客观事物的本质和规律总是有个过程，这个过程就反映为时间性问题。科学史上不断发现这种现象，如亚里士多德对物体运动曾做过这样的判断："推一个物体的力撤销时，原来运动的物体便归于静止"，这一错误判断曾统治历史2000年，被认为是真理，直到伽利略对其作出纠正。

对传统的学说、理论、观点提出质疑是人类认识客观世界、认识历史的必然现象。客观世界扑朔迷离，其实质往往被长期掩盖，因而发现新的理论都需要一些时间。比如：公元17世纪以前，医学界一直认为人的血液产生于肝脏，存在于静脉中，进入右心室后渗过室壁沉入左心室，经过动脉遍布全身就消耗干净。这种错误判断一直持续了1000多年，并享有绝对科学权威。直到17世纪提出血液循环说，才纠正了这种错误判断。

科学技术的进步是随着时间转移而延伸的，科学技术领域的许多判断也必然随时间的转移而发生巨大变化。

三是确认性。判断的确认性反映在2方面：一是理论确认；二是社会实践确认。一般来说，通过推理、综合判断而形成的理论一般无懈可击，在客观上即被确认，如超导理论。通过实践，若判断是正确，即会得到社会确认。

为了让判断符合上述三个特点，撰写毕业论文正文时必须注意：凡是涉及判断，一定要重视理论上的可靠性和严密性，能经得起推敲和反驳，要遣词造句，尤其是带有观点性的文字要反复研究，以正确发挥判断的鉴别与辨析作用。

③ 逻辑的概括限制作用。撰写各学科毕业论文，其基本"建筑材料"是语言。论文写作除了必须运用文学语言，其特殊的语言形式是科技语言。科技语言包括专业语言、术语、定义、图表符号。一般地说，文学语言有三性，即准确性、鲜明性、生动性，而科技语言（主要指专业语言和术语）也有三性，即单义性（准确）、概括性（抽象）、普遍性（国际交流）。无论是文学语言还是科技语言，以逻辑学的要求必须反映一定的概念。逻辑学认为，所谓概念，就是反映事物特有属性的思维形式。概念的表征是语言，语言必须反映一定的概念。在论文写作中，这种概念的特殊意义，就是起到概括和限制作用。

概念的概括作用，体现为一个词语可以用最少量的字，准确地包容较多的含义。概念的限制作用，体现为科技语言所反映的概念有一定的专业领域或反映一定的科学技术内容。如："相干辐射"是物理学中的专用术语，"相干参考"是电子学中的专用术语，而"相干系统"则为通信技术中的专业术语。

因此，在阅读论文时，一般从论文所使用的语言，尤其是术语，即可以了解论文所阐述的学科领域。又如在阅读论文时，有的论文给读者留下通畅、明白、生动的印象(概念)，有的则给人留下别扭、生硬、梗阻的感觉，这些都与概念表述有关。

由于交叉学科的发展，综合性学科领域的扩大，许多新的专业语言、术语不断涌现，在撰写论文时，尤其需要注意每个术语或专业语言的基本概念，如"情报"与"信息"，"信息论"与"信息技术"，"知识网络"与"知识化"等，它们所反映的基本概念都是不相同的。

某种程度上，可以认为科技语言，即语言所反映的概念，应该像法律条文那样严密、明晰。

总之，论文写作格式标准化是指写作形式、论文内容都必须符合于逻辑，否则内容杂乱无章、思路紊乱、语言模糊，就不能符合论文写作要求。

(3) 撰写正文与科技语言的标准化。毕业论文和学术论文所使用的语言除了文学语言，还要求使用大量的科技语言。科技语言包括专业语言、术语、定义、图表。科技语言的特点有三性，即术语性、单一性、符号性。科技语言的不同类型与特点如下。

① 术语与专业语言。一般地说，术语是诞生于专门语言所必须要求的精确和清晰的基础上。专业语言的特点是简明性、精确性和客观性，而术语的特点则要求体现单义性、概括性、普遍性和专业性。

术语与专业语言的另外一个重要区别在于，术语反映的概念是逻辑学所要求的概念，其内涵与外延必须明确，而专业语言所反映的概念，则恰如汉语语法中的固有名词，它只反映一般的专业概念。

在科技论文写作过程中，作者应重视术语与专业语言的正确运用。

② 术语的定义。科技术语的定义形式应包括三部分：被定义项(被定义的概念)、联结项和定义概念。关于为术语下定义的方法，可根据不同的读者对象、文章的思路以及不同需要采取不同的方法。定义可长可短，可以用一个词、一句话解决，也可以用整段甚至整本书完成。

在正文写作中，术语的定义位置亦可视具体情况而定，如：可在文章正文中，可在脚注里，有时亦可置于结尾的术语汇编或附录。

③ 图、表。图、表是科技语言中的一种形象语言。其作用可归纳为四点：

a. 辅助文字表达；b. 代替文字难以表述的思维、叙述、说明；c. 节省文字；d. 便于交流(不同语言可共用)。

一篇论文应以文字描述为主，图、表为辅。在毕业论文和学术论文中，文字与图、表的关系甚为密切，尤其是在技术性较强的论文中，图、表的作用尤为显著。文字叙述的同时，配以适当的图、表，既能增强读者的阅读兴趣，也不易产生心理疲劳感，还有利于智力开发。

使用图、表时，要求图、表应具有清楚、简要、形象的特点，也应该力求达到科学与哲学(逻辑学)、文学与美学的结合。所以，无论绘图还是制表，都必须精心构思，运用各种知识，以发挥图、表在科技论文写作中的应有作用。

国家标准(GB 7713—1987)对图、表的绘制作了必要的规定，如：图、表均应编排序号；图的序号与题名应置于图下，而表的序号与题名应置于表上；每一个图、表还应有简短确切的题名。

应该再说明的是：图、表序号标明“图 1-1”、“图 1-2”和“表 1-1”，其序号中前一个“1”表明为第 1 章，后一个序号“1”表明为第 1 章中的第 1 图或第 1 表。表的长宽比例，图的大小，可视版面尺寸、排版格式而定，作者应根据上述情况慎重考虑。另外，图、表的绘制贵在少而精。关于绘图、制表的有关细节，可遵照有关国家标准的规定执行。

科技术语除了上述主要内容外，还涉及符号、缩略词、公式、计量单位等，可遵照国家标准的规定执行。

(七) 结论

国家标准(GB 7713—1987)规定：“报告、论文的结论是最终的、总体的结论，不是正文中各段小结的简单重复。结论应该准确、完整、明确、精练。”

1. 对“结论”的理解

论文的结论应该是全文的精华部分。所谓结论，即在全文论述的基础上，从总体上予以概括，以突出其主要的理论或观点。因此，高职学生必须重视毕业论文结论的写作。许多有较高造诣的学者，往往会为写好结论付出相当的时间，花费一定的精力，认真构思，字字推敲，不仅重视概念，而且注意表述方法。

结论的写作应努力做到以下 3 点。

首先，结论应该是思维的聚光。结论应该是全文内容的高度浓缩。理想的结论是哲理性与科学性的有机结合，给人以启发，并激发读者继续不断地思考。

其次，结论应该是知识的曝光。撰写论文的过程，是作者对科技领域某一点、某一方面知识的集中表述，其中既有科学理论的阐发，也有作者观点的申述，行文过程就是阐发与申述过程。结论则是这个过程的终结，它应该像百米竞赛中最后的冲刺，是精神与力量的集中反映，所以，是写作过程中的知识曝光。

最后，结论应该是语言的闪光。作者的思维和知识是通过语言表达的，结论的语言不仅反映作者的语言修养水平，更反映作者的思维与知识的素质。国家标准对结论的写作要求提出 8 个字(准确、完整、明确，精练)，其中“准确”、“精练”就是针对语言运用的。结论语言的准确性主要指用词和判断。语言的精练，还包括语言的逻辑性和形象性。一段好的结论，通过准确、精练而形成闪光的语言，会给读者留下理性的思考，感情的融合。

2. 结论的写作方法

(1) 分析综合。即对正文重点内容进行分析、概括，突出作者的观点。

(2) 展望。即在正文论证的理论、观点基础上，对其理论与观点的价值、意义、作用等推导至未来，预见其生命力。

(3) 对比。即对正文阐述的理论、观点，最后以事实做比较，形成结论。

(4) 解释。即对正文所阐述的理论与观点进一步予以说明，使作者阐发的理论和观点更加明朗。

高职毕业论文的作者应以知识为基础，充分发挥思维与语言的作用，认真地写好结论。

(八) 致谢

“致谢”也称“谢辞”，一般出现于字数过万的硕士、博士毕业论文中。如今，本科毕业论文和高职专科毕业论文也普遍要求撰写“致谢”。

1. 致谢的意义

毕业论文“致谢”置于正文之后，在参考文献之前。其主要作用是向指导教师或者辅助、指导论文写作的人员表达谢意。因此，致谢既是对论文指导者或者合作者劳动的尊重与肯定，也有利于促进形成互帮互助的学术和社会风气，有效展示团队合作的价值所在。

2. 致谢的作用

致谢提供了简略的论文写作背景和写作过程信息，提供的信息对读者研判论文的写作过程和价值具有一定的参考作用。

3. 致谢的格式

高职毕业论文致谢的篇幅一般为 500~800 字，大多分为三段。首段表达对论文指导老师的谢意，内容一般为导师对本论文的贡献及对论文作者的教导、影响；中段向在论文写作过程中提供过帮助的老师致谢，内容一般为该老师对本论文的实验部分提供的帮助及指导，对论文实验部分出现问题的解决等；末段对帮助过自己做试验或者查资料的师兄、师姐、同学、师弟、师妹、朋友及家人表达谢意，内容既可具体也可笼统。

3. 致谢的写作要求

致谢的写作应该认真对待，不能马虎了事。首先态度要端正，其次措词要恰当，另外遵循严格规范的格式。

（九）参考文献

科学发展史表明：科学的新发现离不开前人的创造和前人所创造的丰富知识。没有前人的幻想，就不可能产生今天许多重要的科学成就；没有前人对已形成的科学认识的质疑，就不能产生正确的科学理论；没有前人建造起来的科学堡垒，就没有今天新学科的诞生。

所以，无论是开展科学研究，还是撰写毕业论文和学术论文，总要根据前人的研究基础，针对前人总结的理论、观点，进行必要的创新，“研究—继承—发展”，如此循环不已，才能推动科学永无止境地更新、发展、进步。正是由于这一科学发展规律，在毕业论文写作过程中必须查阅资料、翻阅文献，以验证自己的理论、观点，论证并发展前人的理论和观点。引用、借鉴或受到他人文献的启发，应该在论文适当的位置标注出来。这就是参考文献的由来。

1. 著录参考文献的意义

第一，反映真实的科学依据。在毕业论文行文论证过程中，需要借鉴史实、史料、名家名言等内容做论据，以增强论文的说服力，提出科学的依据进而印证作者个人所提出的理论或观点的正确性。

第二，反映作者的严肃科学态度。一般而言，凡引用的参考文献都要注明；引文或引证的材料一般都要加引号以示区别，还要予以著录。因为著录不仅可供读者阅读查找引文或引证材料的原文，也证明作者对引文的负责精神。

有的作者只将引文或引证资料加以引用，这是不完全符合要求的。

第三，表示作者对前人（或他人）科研成果的尊重。对引文或引证的资料，既不加引号又不著录者，当有剽窃他人成果之嫌。

所以，对毕业论文作者来说，著录参考文献是其科学精神与治学精神以及科学道德的具体表现。

著录参考文献时，应注意：著录的文献一定是作者亲自阅读过的，是最主要、最新和关键的文献。一般性的可不必著录。

2. 参考文献的著录格式

国家标准 GB/T 7714—2015《信息与文献参考文献著录规则》规定，需要著录的参考文献有：专著、专著中析出的文献、连续出版物、连续出版物中析出的文献、专利文献和电子文献。现简要介绍几类文献的著录格式。

(1) 专著著录格式。

主要责任者．题名[文献类型标识/文献载体标识]．其他责任者．版本项．出版地：出版社，出版年：引文起止页码[引用日期]．获取和访问路径．数字对象唯一标识符．

【示例 1】

[1] 哈里森，沃尔德伦．经济数学与金融数学[M]．谢远涛，译．北京：中国人民大学出版社，2012：235-236.

(2) 专著中析出文献的著录格式。

析出文献主要责任者．析出文献题名[文献类型标识/文献载体标识]//专著主要责任者．专著题名：其他题名信息．版本项．出版地：出版社，出版年：析出文献页码[引用日期]．获取和访问路径．数字对象唯一标识符．

【示例 2】

[1]马克思．政治经济学批判[M]．马克思，恩格斯．马克思恩格斯全集：第 35 卷．北京：人民出版社，2013：302.

(3) 连续出版物著录格式。

主要责任者．题名：其他题名信息[文献类型标识/文献载体标识]．年，卷(期)-年，卷(期)．出版地：出版者，出版年[引用日期]．获取和访问路径．数字对象唯一标识符．

【示例 3】

[1]中华医学会湖北分会．临床内科杂志[J]．1984，1(1)-．武汉：中华医学会湖北分会，1984-.

(4) 连续出版物析出文献著录格式。

析出文献主要责任者．析出文献题名[文献类型标识/文献载体标识]．连续出版物题名：其他题名信息，年，卷(期)：页码[引用日期]．获取和访问路径．数字对象唯一标识符．

【示例 4】

[1]袁训来，陈哲，肖书海，等．蓝田生物群：一个认识多细胞生物起源和早期演化的新窗口[J]．科学通报，2012，55(34)：3219.

(5) 专利著录格式。

专利申请者或所有者．专利题名：专利号[文献类型标识/文献载体标识]．公告日期或公开日期[引用日期]．获取和访问路径．数字对象唯一标识符．

【示例 5】

邓一刚．全智能节电器：200610171314. 3[P]．2006-12-13.

(6) 电子文献著录格式。

主要责任者．题名：其他题名信息[文献类型标识/文献载体标识]．出版地：出版者，出版年：引文页码(更新或修改日期)[引用日期]．获取和访问路径．数字对象唯一标识符．

【示例6】

[1]中国互联网络信息中心．第29次中国互联网络发展现状统计报告[R/OL]．(2012-01-16)[2013-03-26]．http：//www.cnnir.net.cn/hlwfzyj/hlwxzbg/201201/P0-20120709345264469680.pdf.

著录参考文献时，应注意如下几点：

① 著录的顺序不宜随便更动。

② 应按照规定，正确使用标点符号。著录参考文献只用4种标点符号：点号、逗号、冒号、括号。

③ 国家标准规定著录所用的标点符号，没有我国传统使用的书名号。

④ 严格按照著录格式著录。

3. 引用参考文献的标准方法

国家标准(GB/T 7714—2015)规定：专著正文部分引用的文献标准方法可以采用顺序编码制，也可以采用“著者-出版年”制。

顺序编码制是按文章正文部分引用文献出现的先后顺序连续编号，并将序号置于方括号中(方括号位于标准文献的上角)。

专著正文部分引用的文献采用“著者-出版年”制，即各篇文献的标注内容由著者姓名与出版年构成。

国家标准就学术论文(科技论文)编写格式主要项目做了规定，这些规定也适用于毕业论文的撰写，但还有几项应该说明。

① 关于章、节的划分，编号和排列格式。国家标准(GB/T 7714—2015)规定：报告、论文章、条、款、项的编号参照国家标准GB 1.1—1981《标准化工作导则编写标准的一般规定》的有关规范，采用阿拉伯数字分级编号。

② 关于封面。国家标准规定：封面是报告、论文的外表面，提供应有的信息，并起保护作用。

封面不是必不可少的。国家标准GB/T 7713.1—2006《学位论文编写规则》规定：“学位论文可有封面。”此项规定并非强制性规定，因此，毕业论文、学位论文也可以没有封面。

如果使用封面，“封面应包括题名页的主要信息，如论文题名、论文作者等。其他信息可由学位授予机构自行规定。”根据此项规定，一般高校都规定了如下封面著录项：题名，论文作者，作者专业，毕业高校，指导教师，答辩日期等。高职院校学生毕业论文封面著录项目的设置，可以参考本科或研究生毕业论文封面的有关规定。

③ 关于数学、物理和化学式的书写格式和要求，关于计量单位、符号和缩略词等。有关这些方面的规定，应参阅相应的国家标准。

四、毕业论文的评审与答辩

毕业论文完成后，首先要由指导老师审查、评定，但它不是论文评判的唯一形式。论文答辩是论文评判的另一重要形式，它是论文写作的继续。

(一) 毕业论文的评审

毕业论文是有特定要求和明确评定标准的，对论文的选题、论点、论述方法、论述依据、论文的框架结构、语言表述等都有明确的规定。毕业论文的陈述不要平铺直叙地介绍论文的内容，而应该着重介绍自己为什么要写这篇论文、自己的创新点和论文的不足等。由于撰写毕业论文的时间有限，加上种种客观条件限制，撰写的毕业论文不可能尽善尽美。因此，对于不同学生的完成情况，一般各所高校都制定了评价毕业设计和毕业论文水平的量化标准，通常按照论文的水平将其分为优秀、良好、中等、及格和不及格 5 个等级。本科学生毕业设计等级评分和毕业论文等级评定的大致标准分别见本书附录部分的附表Ⅰ和附表Ⅱ。

论文答辩记录和评委关于答辩质量的评议，加上论文指导老师对论文的评语，是毕业论文成绩计分的依据。通常，论文质量占总分值 70%，答辩结果占 30%，但必须论文和答辩成绩都及格，总成绩才能及格。一般地，论文成绩评定如前所述，分为五级：优(相当于百分制 90 分以上)、良(80~89 分)、中等(70~79 分)、及格(60~69 分)、不及格(59 分以下)。

根据有关规定，对毕业论文不及格者，不发毕业证书，也不授予学位，可按结业处理。但允许学生在工作以后的一年内再回学校补充毕业论文并参加答辩。学生在补做毕业论文及格并通过答辩后，应换发毕业证书，补发学位证书。

高职院校毕业论文教学行之有年，各所学校都有自己的毕业论文评分标准，但由于校情等不同，这些评分标准也不尽相同。例如，本书附录部分的附表 3 即为一份高职院校学生毕业论文评分标准(试行)。

(二) 论文答辩的意义

总体而论，毕业论文答辩是审核论文并考察论文作者对课题的掌握程度以及综合研究水平的重要方式，也是锻炼学生反应能力和独立处理问题能力的有效手段，同时又是对答辩人员心理素质的一次检测和考验，它有以下几方面意义。

1. 答辩是论文写作的继续

答辩是对问题的答复和辩解，由老师组成的评审组(或评委会)针对学生论文主题和内容提出质疑，由学生给予答复，最后由评审组给出答辩分数。

学生为了进行答辩，必须准备答辩过程。要求学生既要继续熟悉自己论文的内容，又要考虑到答辩提问的范围。因此，对论文观点的提炼和材料的运用等都要了然于胸，这正是毕业论文写作的继续。

不仅如此，答辩也是一种新的训练，一种对口才、辩才和应变能力的训练。这种训练超出了论文写作的范畴，从过程、内容、形式等方面都相当于演说、讲授、辩论的训练，完全可以看做教学内容的延伸。

另外，毕业答辩委员会一般由具有丰富实践经验和较高专业水平的教师和专家组成，他们在答辩会上提出的问题一般是本论文涉及的根本性问题，是论文作者应具有的基础知识，也是论文没有阐述周全、论述清楚、分析详尽的问题。

通过提问和指点，作者可以了解自己毕业论文中存在的薄弱环节和不足，作为今后研究其他问题时参考。而对自己还没有弄清楚的问题，通过答辩、讨论，评审组还可以直接传教，以使学生有更多的学习机会。

2. 答辩是对指导教师评审论文的必要补充

毕业论文是由指导老师进行评定，作为评定论文书面成绩的依据。然而，一个人由于学术观点、知识面等限制，观点往往带有片面性。而答辩时由许多人组成评审小组，比一个人的意见更公正、更全面，对评审标准的掌握也会较为一致，它恰恰补充了指导老师书面评定的不足。

3. 毕业论文答辩是展示毕业生能力的良机

在当今社会，能言善辩已成为人们必备的素质。而毕业论文答辩是大学毕业生学习、锻炼辩论艺术，全面展示自己的勇气、才能、智慧、风度和口才的一次机会。一个人如果掌握了较高的辩论技巧，在事业、人际交往中就会如鱼得水。毕业论文答辩是即将跨出校门的学生学习和提高辩论技巧、展示自己的良机。

4. 毕业论文答辩是倡导良好学风的保证

近些年，由于高等院校不断扩大招生规模，越来越多青年人进入高等院校学习。虽然这是社会的进步，但也不可避免地带来某些负面效应，个别人在论文写作过程中抄袭、剽窃等学术不端现象时有发生，而答辩无疑是有效制止这种不良风气的具体措施。

（三）论文答辩的准备

论文作者在提交了论文之后，应立即做好答辩准备。论文答辩准备一般分工作准备和论文报告提纲的准备。

1. 论文答辩的工作准备

(1) 论文以外事项的准备。首先要明确答辩目的、过程和要求，熟读有关规定。若能事先参加别人的论文答辩，则可以帮助自己进行针对性的准备。

(2) 论文本身情况的准备。要熟悉自己所写论文的全文，尤其要熟悉主体部分和结论部分的内容。

① 编写论文报告提纲。

② 准备其他辅助表达方式。例如，论文自述过程需要多媒体课件、图表、照片、挂图、幻灯、样品以及现场演示的实验等，必须提前准备。

③ 默讲和试讲。最好模拟正式论文答辩进行试讲，以便在规定时间内重点突出、条理清楚、层次分明。试讲时，可以邀请自己的同学或老师担任模拟评委，从多方面向自己提问。

2. 论文报告提纲的准备

写好论文答辩提纲是答辩成功的重要一环。答辩提纲一般包括以下内容。

(1) 论文选题的意义。主要内容包括：选择这个题目的原因、价值和意义；课题研究的历史现状，前人做过哪些研究，取得哪些成果，有哪些问题还没有解决；自己有什么新的想法，提出并解决了哪些问题等。

(2) 论文使用的研究方法。包括实验的设计、数据的获得。

(3) 论文的重要成果。包括说明和解决了哪些问题、成果的创新点、有什么理论或应用价值等。

另外，还要对评审组老师可能提出问题的回答要点加以准备。

论文报告提纲不同于论文写作提纲，它是一个讲稿提纲，因此，最好写成演讲语体。总字数不能过多，幻灯片应清晰、简洁，连续层次不能太多，最好写成标题或提纲的格式。

(四) 毕业论文的答辩

1. 答辩过程

(1) 答辩开始。答辩开始时，首先由答辩委员会宣布答辩纪律及参加答辩人员名单，答辩次序及其他安排与要求等事项。

(2) 应试人做答辩准备。学生按照报告提纲报告论文，必要时进行演示、板书等。大专生论文答辩时，本人陈述时间一般为 5min 左右，最多不超过 10min。

(3) 问题答辩。论文报告完毕，主答老师一般提出 3 个问题，可让学生准备数分钟后回答，也可连续回答。其他老师也可以提问，答辩时间一般为 5~10min。

(4) 结束答辩。学生答辩完成，按照答辩委员会主席的示意，礼貌地表示谢意后退场。答辩委员会集体根据论文质量和答辩情况，商定通过或不通过，并拟定成绩和评语。

2. 注意事项

毕业论文及其答辩得分各占一定比例，且论文本身分数高于答辩分数。但是，答辩环节成绩具有一票否决权，即若答辩不及格，则论文分数再多也不能及格。因此，必须事先充分准备，掌握一定的答辩技巧。这要求学生做到以下几点。

（1）临场整理资料。重新整理已经用过的资料，以便更加熟悉、全面掌握。

（2）携带资料进场。参加论文答辩会，要带上自己论文的底稿和重要资料，以备临时查阅。

（3）自如得体答辩。在答辩过程中，一定要做到态度从容、表达流畅、观点明确、语言简洁。在遇到自己无法回答的问题时，要实事求是地说明。

（4）虚心接受指正。在答辩过程中，对回答不出的问题不可狡辩。学生对于不懂的问题要如实说明情况，虚心请教，切忌不懂装懂，乱说一气。当答辩委员会老师提出的问题超过论文课题的研究范围，学生也可作必要的说明。如果答辩委员会有相反的观点，学生可以辩论，但一定要抱着谦虚的态度，勇于补充论文的不足，不要坚持自己的观点。

（5）真诚表达谢意。答辩结束时，主持答辩的老师通常会对答辩情况做出小结，对论文及其答辩会给以肯定、补充和纠正，答辩者应虚心听取。最后答辩者表示感谢后离席。

附　录

附表Ⅰ　本科生毕业设计评分标准

项目	权重	分值	优秀	良好	中等	及格	不及格	评分
			$(90<X\leqslant 100)$	$(80<X\leqslant 90)$	$(70<X\leqslant 80)$	$(60<X\leqslant 70)$	$(X<60)$	
			参考标准	参考标准	参考标准	参考标准	参考标准	
文献阅读 外文翻译 开题报告	0.20	100	除全部阅读指导教师指定的参考资料、文献外，还阅读较多的自选资料。 出色完成规定的外文翻译，译文准确质量好。 较好理解课题任务并提出2500字以上开题报告实施方案	除全部阅读教师指定的参考资料、文献外，还能阅读一些自选资料。 能较好完成规定的外文翻译，译文质量较好。 提出2500字以上较合理的开题报告实施方案	能阅读教师指定的参考资料、文献。 能按时完成规定的外文翻译，译文质量尚可。 有2500字以上的开题报告实施方案	能阅读教师指定的参考资料。 基本完成规定的外文翻译，译文无大错。 有2500字以上的开题报告实施方案	未完成教师指定参考资料及文献阅读任务。 外文翻译达不到规定的要求。 开题报告实施方案不合理。	
技术水平与实际能力	0.20	100	设计合理，理论分析与计算正确，实验数据准确可靠，有较强的实际动手能力、经济分析能力和计算机应用能力	设计比较合理，理论分析与计算正确、实验数据比较准确，有一定实际动手能力、经济分析能力和计算机应用能力	设计比较合理，理论分析与计算基本正确，实验数据基本准确，实际动手能力尚可，论文涉及经济问题	设计基本合理，理论分析与计算无差错	设计不合理，理论分析与计算有原则错误，实验数据不可靠，实际动手能力差	

续表

项目	权重	分值	优秀 (90<X≤100) 参考标准	良好 (80<X≤90) 参考标准	中等 (70<X≤80) 参考标准	及格 (60<X≤70) 参考标准	不及格 (X<60) 参考标准	评分
创新	0.10	100	有重大改进或独特见解，有一定实用价值	有较大改进或新颖的见解，实用性尚可	有一定改进或新见解	有一定见解	观念陈旧	
综合应用基础理论与专业知识的能力	0.20	100	对研究的问题能较深刻分析或有独到之处，成果突出，反映作者很好掌握了有关基础理论与专业知识	对研究的问题能正确分析或有新见解，成果比较突出，反映作者较好掌握了有关基础理论与专业知识	对研究的问题能提出自己见解，成果有一定意义，反映作者基本掌握有关基础与专业知识	对某些问题提出个人见解，并得出研究结果，作者对基础理论和专业知识基本掌握	缺乏研究能力，未取得任何成果，反映作者基础理论和专业知识很不扎实	
文字表达	0.10	100	结构严谨，逻辑性强，论述层次清晰，语言准确，文字流畅	结构合理，符合逻辑，层次分明，语言准确，文字流畅，达到规范化要求	结构基本合理，层次较分明，文理通顺，基本达到规范化要求	结构基本合理，论证基本清楚，文字尚通顺，勉强达到规范化要求	结构不合理，论证不清楚，文字不通顺，达不到规范化要求	
答辩情况	0.10	100	能简明扼要、重点突出地阐述论文主要内容，准确流利地回答各种问题	能比较流利、清晰地阐述论文主要内容，较恰当地回答论文有关问题	基本能叙述出论文主要内容，对主要问题一般能回答，无原则错误	能阐明自己基本观点，答辩错误经提示能补充或纠正	不能阐明基本观点，主要问题答不出或有原则错误，经提示仍不能回答问题	
学习态度与规范要求	0.10	100	态度认真，作风严谨，保证设计时间并按任务书中规定的任务和进度开展各项工作，成果完全符合规范化要求	态度较认真，作风良好，能按期圆满完成任务书规定的任务和工作量，成果完全符合规范化要求	态度尚好，遵守组织纪律，基本保证设计时间，按期完成任务书规定的任务和工作量，成果符合规范化要求	态度尚可，在指导教师帮助下能按期完成任务书规定的任务和工作量，成果基本符合规范化要求	学习马虎，纪律涣散，工作作风不严谨，不能保证设计时间和进度，没完成规定工作量，成果不符合规范化要求	

附表Ⅱ　本科生毕业论文评分标准

项目	权重	分值	优秀（90<X≤100）参考标准	良好（80<X≤90）参考标准	中等（70<X≤80）参考标准	及格（60<X≤70）参考标准	不及格（X<60）参考标准	评分
文献阅读 外文翻译 开题报告	0.20	100	除全部阅读教师指定的参考资料、文献，还阅读较多自选资料。认真写出读书心得。 出色完成规定的外文翻译，译文准确质量好。 出色完成2500字以上开题报告	除全部阅读教师指定参考资料、文献，还阅读自选资料。认真写出读书笔记。 较好完成规定的外文翻译，译文质量较好。 认真完成2500字以上开题报告	阅读了教师指定参考资料、文献。写出读书笔记。 按时完成规定的外文翻译，译文质量尚可。 完成2500字以上开题报告	阅读教师指定参考资料，写出读书笔记。 基本完成规定的外文翻译，译文无大错。 基本完成2500字以上开题报告	未完成教师指定阅读资料，未写出读书笔记。 外文翻译达不到规定的要求。 开题报告不符合要求	
学术水平与创新	0.25	100	论文见解独到，富有新意或对某些问题有较深刻分析，有较高学术水平或较大实用价值	论文有一定见解，或对某一问题分析较深，有一定学术水平或实用价值	论文能提出自己看法，选题有一定价值，内容能理论联系实际	选题有一定的价值，但论文中自己见解不多	论题不能成立或有重大毛病	
论证能力	0.25	100	论点鲜明，论据确凿，论文表现出对实际问题有较强的分析和概括能力，文章材料翔实可靠，有说服力	论点正确，论据可靠，对事物有一定的分析和概括能力，能运用所学理论和知识阐述有关问题	观点正确，论述有理有据，材料能说明观点，面比较宽，但独立研究不足，论文缺乏一定深度	观点基本正确，能进行一定论述，但缺乏分析概括研究能力，照搬他人观点，拼凑痕迹比较明显	基本观点有错误或主要材料不能说明观点	

续表

项目	权重	分值	优秀	良好	中等	及格	不及格	评分
			(90<X≤100)	(80<X≤90)	(70<X≤80)	(60<X≤70)	(X<60)	
			参考标准	参考标准	参考标准	参考标准	参考标准	
论文撰写质量	0.10	100	结构严谨，逻辑性强，论述层次清晰，语句通顺，语言准确、生动	结构合理，符合逻辑，文章层次分明，语言通顺、准确	结构基本合理，层次较为清楚，文理通顺	结构有不合理部分，逻辑性不强，论说基本清楚，但不严密、不完整，或说服力不强	内容空泛，结构混乱，文字表达不清，文题不符或文理不通，有抄袭现象	
答辩情况	0.10	100	能简明扼要阐述论文主要内容，准确流利回答各种问题	能比较流利、清晰阐述论文主要内容，能较恰当地回答与论文有关的问题	能叙述论文主要内容，对提出主要问题一般能回答，无原则错误	能阐明自己基本观点，对某些主要问题虽不能回答或有错误，但经提示能补充说明或纠正	不能阐明基本观点，主要问题答不出或有原则错误，经提示仍不能回答有关问题	
学习态度与规范要求	0.10	100	态度认真，作风严谨，保证论文时间并按任务书规定的任务和进度开展各项工作，论文完全符合规范化要求	态度较认真，作风良好，能按期圆满完成任务书规定的任务，论文达到规范化要求	态度尚好，遵守组织纪律，论文基本达到规范化要求	态度不太认真，组织纪律较差，论文勉强达到规范化要求	学习马虎，纪律涣散，论文达不到规范化要求	

附表Ⅲ　高职院校学生毕业论文评分标准（试行）

一级指标/满分值	二级指标/满分值	评分细则/满分值	得分
形式/45	结构/20	结构完整，各组成部分齐备/10	
		要素齐全，各部分相应要素齐全/5	
		章节有序，该分则分，该合即合/5	
	体例/10	论文主体各章分节基本一致/10	
	格式/15	页面设置相对一致/3	
		标题级别对应一致/2	
		字体、字号对应统一/2	
		外文字母使用格式符合要求/2	
		文字格式保持一致/1	
		页码设置合理区分/2	
		参考文献著录项目排序有误/3	
内容/35	选题/15	选题符合生产、销售或所学专业实际等/7	
		选题范畴设定符合教学要求，既不过大也不偏小/5	
		标题简练、明晰、准确，符合相关要求/3	
	撰写/20	主体内容为原创，引用率不超过 30%，引用处皆有标注/8	
		文风朴实，数据真实，符合学术道德要求/4	
		重点突出，叙述完整，内容无前后重复和冗余/4	
		无错别字，无病句、错句等文字差错/4	
逻辑/20	概念理解/5	正确理解所用概念，不存在误用、错用或偏用等/5	
	关系使用/5	逻辑关系运用准确、得体，无差错/5	
	顺序排列/5	内容顺序安排符合文理，符合内在逻辑关系/5	
	种类划分/5	种类划分运用标准合理，无内涵交叉、涵盖或远离等情况/5	
合　计			

参 考 文 献

[1] 姚钟尧．化学化工科技文献检索[M].3版．广州：华南理工大学出版社，2007.
[2] 秦殿启．文献检索与信息素养教育[M]．南京：南京大学出版社，2008.
[3] 曾建民．信息检索技术使用教程[M]．北京：清华大学出版社，2012.
[4] 郑霞忠，黄正伟．科技论文写作与文献检索[M]．武汉：武汉大学出版社，2012.
[5] 饶宗政．现代文献检索与利用[M]．北京：机械工业出版社，2012.
[6] 曾健民，洪锦霞，周云玲．信息检索技术实用教程[M]．北京：清华大学出版社，2012.
[7] 马林山．信息检索与利用[M]．合肥：安徽科学技术出版社，2013.
[8] 王细荣，韩玲，张勤．文献信息检索与论文写作[M].3版．上海：上海交通大学出版社，2013.
[9] 潘杏仙．科技文献检索：入门与提高[M]．芜湖：安徽师范大学出版社，2013.
[10] 邢彦辰．毕业论文写作与文献检索[M].2版．北京：北京邮电大学出版社，2013.
[11] 孙平，伊雪峰．科技写作与文献检索[M]．北京：清华大学出版社，2013.
[12] 邢彦辰．毕业论文写作与文献检索[M].2版．北京：北京邮电大学出版社，2013.
[13] 王立诚．科技文献检索与利用[M].5版．南京：东南大学出版社，2014.
[14] 马三梅，王永飞，张立杰．科技文献检索与利用[M]．北京：科学出版社，2014.
[15] 冷士良．化工文献检索实用教程[M].2版．北京：化学工业出版社，2014.
[16] 王良超，高丽．文献检索与利用教程[M]．北京：化学工业出版社，2014.
[17] 李其港．文献检索实用技术[M]．北京：人民邮电出版社，2014.